COLLECTION POÉSIE

JULES LAFORGUE

POÉSIES COMPLÈTES I

Les Complaintes

SUIVIES DES

Premiers poèmes

Édition présentée,
établie et annotée
par Pascal Pia

GALLIMARD

PRÉFACE

Le premier recueil de vers que fait paraître un inconnu passe presque toujours inaperçu. Tirée à cinq cents exemplaires en 1885, l'édition originale des Complaintes ne s'épuisa certes pas en quelques jours, mais elle suscita assez rapidement la curiosité, puis la sympathie des seuls lecteurs au jugement desquels Jules Laforgue attachait du prix.

Laforgue avait alors vingt-cinq ans. Après avoir vécu cinq ans plus tôt à Paris dans une pauvreté qui confinait à la misère, et que par pudeur il s'était efforcé de dissimuler, il occupait depuis la fin de 1881, à la cour d'Allemagne, un poste de lecteur de français auprès de l'impératrice. Sans être considérables, ses émoluments lui procuraient désormais une agréable aisance. Il pouvait donc se faire éditer à ses dépens, comme devaient et doivent le faire encore la plupart des poètes qui débutent. Le hasard lui fut propice, qui voulut que la publication de ses Complaintes fût confiée à Léon Vanier.

Libraire quai Saint-Michel, Vanier caressait l'ambition d'être l'éditeur attitré des nouveaux poètes qualifiés de « symbolistes » ou de « décadents », et d'acquérir ainsi une réputation comparable à celle qu'Alphonse Lemerre s'était assurée en accueillant et en éditant les parnassiens. Il venait de publier à ses propres frais une plaquette de Verlaine, Jadis et Naguère, attirant ainsi dans sa librairie la clientèle, restreinte mais attentive, des amateurs de poésie sensibles au charme de la

mélodie verlainienne et rebutés, au contraire, par la grandi-
loquence d'un Leconte de Lisle ou le prosaïsme d'un Coppée.

Quelque négligence qu'ait pu à bon droit lui reprocher
Laforgue, Vanier était assurément le meilleur éditeur que
pussent avoir Les Complaintes. *Peu avant leur mise en*
vente, il fit insérer quelques-unes d'entre elles dans un hebdo-
madaire, Lutèce, *qui, s'il ne comptait guère qu'un millier de*
lecteurs, présentait du moins l'avantage d'intéresser les gens
curieux de nouveauté dans la littérature et les arts.

Quand le recueil de Laforgue sortit de presses à la mi-
juillet, les libertés de style que s'était accordées le poète, la
façon désinvolte dont il s'écartait de la prosodie traditionnelle,
lui avaient déjà valu d'âpres reproches de la part de médiocres
versificateurs persuadés que la création poétique consiste à
mettre la banalité en alexandrins soigneusement césurés à
l'hémistiche. Un Haraucourt et un Trouillot, qui se croyaient
poètes, ne pouvaient reconnaître cette qualité à l'auteur de
strophes *comme celles de la* Complainte *de l'automne*
monotone :

Le vent, la pluie, oh! le vent, la pluie!
Antigone, écartez mon rideau ;
Cet ex-ciel tout suie,
Fond-il *decrescendo, statu quo, crescendo* ?
Le vent qui s'ennuie,
Retourne-t-il bien les parapluies ?

En revanche, ces fantaisies rythmiques, l'audace avec
laquelle Laforgue s'adressait familièrement à Antigone et
associait la fille d'Œdipe à des impressions de mauvais temps
et à des images de parapluies retournés, n'étaient nullement
pour déplaire aux deux ou trois cents jeunes gens qui affec-
tionnaient Verlaine et Charles Cros, révéraient Mallarmé
et allaient s'éprendre de Rimbaud. Dès leur publication,
Les Complaintes *ont si bien pénétré les esprits ouverts à*
la poésie de Laforgue qu'il n'a pas fallu plus de deux ans

*pour que certains des vers qu'on y trouve devinssent proverbiaux
dans la République des Lettres :*

Ah! que la Vie est quotidienne
. . . .
    Les morts
    C'est discret,
      Ça dort
    Trop au frais.

*Sans doute se rencontre-t-il encore des lecteurs qu'irritent
ou que déconcertent* Les Complaintes *mais, pour peu que
l'on soit capable de saisir les finesses d'un langage, ce que
Laforgue laisse entendre pour n'avoir pas à le dire ne présente
guère de difficultés d'interprétation. Si sa poésie se dégingande,
ce n'est pas pour faire scandale, c'est au contraire par discré-
tion ; si elle bouffonne, c'est parce que le respect humain lui
interdit les effusions romantiques d'un Musset et ses pleur-
nicheries d'enfant gâté. Laforgue est facile à déchiffrer, et
je ne crois pas qu'on puisse le faire sans éprouver pour lui
une sympathie de même nature que la sympathie qu'il inspira
à ceux de ses contemporains qui eurent l'avantage de le fré-
quenter et qui, même quand ils ont eu sur maints sujets des
opinions très différentes (comme Bourget et Fénéon), se sont
tous accordés à lui reconnaître une rare qualité d'âme. Vers
1920, j'ai vu Édouard Dujardin, qui approchait alors de
la soixantaine, abréger la conversation que j'avais avec lui
sur Laforgue, parce que le souvenir de celui-ci l'emplissait
d'une émotion qui lui nouait la gorge. À la même époque,
Fénéon m'a dit de Laforgue : « La noblesse même, sans
particule, sans adjectifs. La délicatesse en personne. »*

★

Laforgue n'avait quasi rien publié avant ses Complaintes.
Son nom n'avait figuré que dans trois ou quatre périodiques,

et le plus souvent à Toulouse, d'où correspondaient avec lui un ou deux garçons de son âge qui avaient été ses condisciples au lycée de Tarbes. Les Complaintes ne sont cependant pas d'un apprenti qui fait ses gammes. Leur composition se situe approximativement entre 1882 et 1885 mais, au cours des deux années précédentes, Laforgue avait écrit quantité de vers qu'il envisageait alors de réunir dans un recueil qui se serait intitulé Le Sanglot de la Terre. Il a renoncé à les mettre au jour à partir du moment où il a trouvé dans ses Complaintes un mode d'expression répondant à ses exigences et à ses scrupules, mais il n'a pas renié les poèmes que, sur un ton un peu moqueur, il appelait ses « poèmes philo ». Il a même tenu à nous assurer de la sincérité avec laquelle sa jeunesse inquiète et douloureuse s'y était épanchée. Les Préludes autobiographiques qu'il a placés au début de son recueil de « Complaintes » offrent un échantillon de ses « poèmes philo » et constituent une sorte d'ex-voto attestant la permanence de sentiments exprimés d'abord avec trop de verbosité. On trouvera dans les notes de la présente édition quelques lignes extraites d'une lettre de Laforgue répondant à Gustave Kahn qui lui avait déconseillé l'insertion de ses Préludes dans Les Complaintes : « J'ai sacrifié un gros volume de vers philo d'autrefois parce qu'ils étaient mauvais manifestement, mais enfin ce fut une étape, et je tiens à dire qu'avant d'être dilettante et pierrot, j'ai séjourné dans le Cosmique. »

★

À sa mort prématurée, survenue en 1887, Laforgue laissait une masse de papiers. Nous ne savons s'il s'intéressait à ses manuscrits une fois leur texte imprimé dans un livre, mais la preuve nous a été fournie cent fois qu'il conservait soigneusement ses papiers inédits, ne détruisant même aucun des nombreux brouillons et des états successifs d'un poème ou d'une page de prose.

Sa veuve, qui était anglaise, n'avait vécu qu'un peu moins de huit mois avec lui. Bien que sachant le français, elle n'était vraisemblablement pas en mesure de servir l'œuvre posthume de Laforgue. Au surplus, la maladie qui allait bientôt l'emporter à son tour ne devait pas être pour l'engager à s'instituer la gérante d'une propriété littéraire, dont le revenu ne pouvait être alors que dérisoire. Elle s'en remit aux amis du poète du soin de tirer parti de ses papiers.

Selon Camille Mauclair, c'est à Teodor de Wyzewa qu'elle aurait confié tous les manuscrits qu'elle détenait, conformément au « dernier désir » qu'aurait exprimé Laforgue. Mais Mauclair n'a jamais été très soucieux de vérité. Ajoutons qu'il n'a pas connu Laforgue (il avait quatorze ans et demi à la mort du poète), et, si l'on en juge d'après l'édition qu'il en a établie, il ne l'a même pas lu avec beaucoup d'attention.

Il est peu vraisemblable que Laforgue, près de s'éteindre, ait prescrit à sa femme de remettre tous ses papiers à Wyzewa. Dix jours avant de disparaître, loin de croire que sa fin fût proche, il envisageait d'aller passer deux semaines à Versailles. À supposer qu'il ait mesuré in extremis la gravité de son état, eût-il choisi Wyzewa pour dépositaire de ses manuscrits ? Ce dernier se trouvait alors à Cracovie, et Laforgue ne l'ignorait pas, qui lui avait, peu avant, écrit là-bas.

À son retour de Pologne, Wyzewa récupéra le manuscrit d'un ouvrage de Laforgue sur l'Allemagne, chez l'éditeur auquel il avait inutilement recommandé cet ouvrage, et sans doute est-ce avec l'acquiescement de Mme Laforgue qu'il en conserva les feuillets, mais il ne semble pas avoir recueilli beaucoup d'autres papiers.

Les manuscrits de Laforgue n'ont certainement pas été livrés en bloc à un seul mandataire. Certains allèrent, indirectement peut-être, à Édouard Dujardin et à Félix Fénéon, notamment ceux des Fleurs de bonne volonté et des Derniers vers, édités par eux un peu plus tard. D'autres furent probablement communiqués aux plus anciens intimes du

poète : Paul Bourget et Gustave Kahn. Camille Mauclair,
comme l'a remarqué M. Debauve, s'abstient systématiquement
de citer le nom de Gustave Kahn dans ses pages sur Laforgue,
mais ce silence calculé ne saurait empêcher que les deux poètes
aient été très liés. En 1885, c'est à son ami Kahn, que, de
Berlin, Laforgue s'adresse quand il désire apporter une correc-
tion à ses Complaintes, *en cours d'impression. En 1886,*
Kahn, dans la revue La Vogue, *qu'il vient de fonder, réserve*
une large place à la collaboration de Laforgue, et quand,
la même année, au mois d'octobre, Laforgue rentre définiti-
vement d'Allemagne, c'est Kahn qui l'héberge avant qu'il
ait trouvé un appartement, rue de Commaille. Tout porte
à croire que Kahn aura été un des familiers de Laforgue
invités à en examiner les papiers et à se prononcer sur leur
répartition.

Paul Bourget a dû, lui aussi, être appelé en consultation.
On sous-estime sans doute l'influence qu'il exerça sur Laforgue,
faute de renseignements sur leurs entretiens. Bourget dut recevoir
de nombreuses lettres de Laforgue durant le séjour de celui-ci
en Allemagne. Aucune n'a été publiée ; on n'en a rencontré
aucune dans les ventes publiques ni dans les catalogues des
marchands d'autographes. Bourget les aurait-il détruites ?
Lui non, mais on ne parierait pas que ses héritiers en
aient pris soin. Le silence opposé par eux aux demandes
des chercheurs semble, en tout cas, dénoter une sincère
indifférence aux questions de littérature qui passionnaient
Bourget.

Quoique Mauclair ait prétendu que Wyzewa remit une
partie des papiers de Laforgue au romancier Jean Thorel,
qui en détint effectivement, peut-être est-ce Bourget qui avait
communiqué ou fait communiquer des manuscrits à ce Thorel,
lequel n'en publia aucun et, en fin de compte, se débarrassa
de ceux qu'il avait reçus en les transmettant à Francis Vielé-
Griffin, directeur des Entretiens politiques et littéraires.
En mars 1889, Le Décadent, *à propos d'un ouvrage de*
Thorel, s'étonnait que ce dernier fît profession d'aimer Lafor-

gue et se prévalût du parrainage de MM. Anatole France et Paul Bourget. Le Décadent méconnaissait la sympathie que Bourget avait montrée à Laforgue, l'admiration et le respect que Laforgue avait éprouvés pour Bourget. Mais il se pourrait bien que Jean Thorel, sans Paul Bourget, n'eût jamais eu part à la dispersion des papiers de Laforgue et ne se fût même jamais soucié de leur existence.

Kahn, Bourget, Wyzewa, Dujardin, Fénéon, Charles Henry ont pu avoir accès à ces papiers, qui, peu après la mort de Laforgue, commencèrent à s'éparpiller. Cependant, comme c'étaient encore des pièces sans valeur marchande, le Mercure de France n'eut sans doute pas de grandes difficultés à surmonter pour en obtenir communication quand fut arrêté en 1896 le principe d'une édition des œuvres complètes de Laforgue. Mauclair, chargé de préparer cette édition, eut notamment à sa disposition de nombreux autographes de poèmes composés entre 1879 et 1881. Parmi ces inédits, il en choisit, ou en préleva, au petit bonheur, vingt-neuf, qu'il plaça en tête du second tome des Œuvres complètes, les coiffant du titre de Sanglot de la Terre, sans se demander s'il n'en retenait pas de postérieurs à l'abandon du projet de recueil poétique dont il prétendait donner un aperçu.

Nous avons eu la chance de rencontrer entre 1960 et 1970, soit chez des libraires, soit chez des collectionneurs, plus d'une centaine de poèmes que Mauclair avait eus en main et dont il n'a pas fait connaître les meilleurs. Il nous est arrivé couramment de trouver ici le brouillon d'un poème, là un texte corrigé de la même pièce, ailleurs une ou deux autres versions sensiblement différentes. Il nous est advenu aussi de découvrir chez un marchand ou un amateur d'autographes la fin d'un poème, dont un autre collectionneur détient le premier feuillet.

Ces manuscrits, communiqués jadis à Mauclair par Alfred Vallette, directeur du Mercure de France, à qui ils avaient dû être confiés par différents amis de Laforgue pour l'établis-

13

*sement des Œuvres complètes, restèrent, semble-t-il, dans
les bureaux du Mercure, après que Mauclair eut bâclé son
travail. On les y oublia si bien que ni Vallette ni son bras
droit, Louis Dumur, ne s'en rappelèrent l'existence, quand,
en 1922, le Mercure de France entreprit, avec le concours
bénévole de G. Jean-Aubry, la publication, dans une collec-
tion in-8°, d'une nouvelle édition complète de Laforgue, laquelle
devait comporter huit volumes, dont six seulement ont paru.
De l'édition Mauclair de 1901-1903 à l'édition Mauclair
amendée par Jean-Aubry, le progrès n'a pas été considérable,
mais, répétons-le, personne n'avait signalé à Jean-Aubry
l'existence des pièces originales parmi lesquelles Mauclair
avait prélevé les éléments de sa disparate.*

★

*Dans l'édition que nous présentons aujourd'hui, les poèmes
de Laforgue antérieurs aux* Complaintes *ont été rassemblés
et rejetés après celles-ci, afin de ne pas desservir le poète en
plaçant au seuil de ce livre ce qu'il s'était abstenu de soumettre
au public. Mais s'il nous a semblé que la lecture des* Complain-
tes *devait précéder celle des premiers poèmes, il ne nous échappe
pas que ces vers de débutant sont indispensables à la connais-
sance du séjour que Laforgue disait avoir fait dans le Cosmique.
Ils nous révèlent le caractère obsessionnel qu'eurent pour
Laforgue les tourments que peut entraîner la perte de la
foi.*

*Laforgue ne s'est jamais libéré de l'angoisse métaphysique
qui assombrissait son adolescence, mais il a tiré parti de
cette angoisse comme Baudelaire de sa déréliction : il en a fait
sourdre une musique bien à lui, et qu'on n'oubliera pas.*

Pascal Pia

VIE DE JULES LAFORGUE
1860-1887

1860. 16 août. Naissance de Jules Laforgue à Montevideo (Uruguay). Son père, Charles Laforgue, d'origine tarbaise, occupe un emploi dans une banque d'affaires, la banque Duplessis, dont la clientèle est constituée surtout de Français du Béarn et de Bigorre installés en Uruguay et en Argentine. Mᵐᵉ Charles Laforgue, née Pauline Lacolley, originaire du Havre, est la fille d'un Normand, qui dirige à Montevideo une fabrique de chaussures. Jules est son second enfant. Le premier, Émile, a dix-huit mois de plus que Jules.
28 août. Baptême de Jules Laforgue en l'église Saint-François d'Assise à Montevideo.

1866. Mᵐᵉ Laforgue, ses enfants (elle en a eu un chaque année depuis 1860) et leurs grands-parents maternels se rendent à Tarbes. La traversée de Montevideo à Bordeaux qu'ils ont faite à bord d'un voilier a duré soixante-quinze jours.

1867. Charles Laforgue vient passer quelques semaines en France, puis repart pour l'Uruguay avec sa femme et leurs plus jeunes enfants. Émile et Jules restent à Tarbes, sous la tutelle d'un cousin, Pascal Darré, qui, après avoir exploité une boulangerie à Montevideo, s'est retiré dans son pays natal.

1869. Émile et Jules Laforgue entrent ensemble au lycée de Tarbes, comme internes. Les rapports d'inspection de cet établissement disent que « la force des études classiques » y est alors médiocre. Il n'y a aucun agrégé parmi les professeurs.

1870. À la fin de sa première année de lycée, en classe de huitième, Jules n'obtient qu'un premier accessit d'écriture.

1871 et 1872. Ni en septième, ni en sixième, Jules Laforgue ne se distingue. Son nom ne figure pas au palmarès de ces deux années. Son frère et lui ont alors pour « pion » un adolescent d'à peine vingt ans, Théophile Delcassé, qui, au début du siècle suivant, sera plusieurs fois ministre des Affaires étrangères.

1873. Jules se voit gratifié d'un second accessit d'instruction religieuse et d'un troisième accessit de composition française.

1874. Son année en classe de quatrième vaut au lycéen un premier prix d'instruction religieuse, un second accessit de langue allemande, un troisième accessit de dessin et un quatrième accessit de récitation. Ce seront là ses plus grands succès universitaires.

1875. En troisième, un deuxième prix de récitation, un deuxième accessit d'allemand et un troisième accessit d'instruction religieuse.

   La famille Laforgue est rentrée définitivement en France au mois de mai. Elle s'installe provisoirement à Tarbes. Elle compte alors dix enfants : Émile, Jules, Marie, Madeleine, Charles, Pauline, Louise, Adrien, Charlotte et Édouard. En novembre, Mme Laforgue met au monde un autre garçon : Albert.

1876. Jules termine sa seconde avec deux premiers accessits, l'un d'histoire, l'autre d'histoire naturelle, et un quatrième accessit de version latine. Peut-être la poésie l'a-t-elle distrait quelque peu de l'enseignement du lycée. Depuis deux ans, il compose des vers et en dédie notamment à une fillette de son âge dont nous savons seulement qu'elle s'appelait Marguerite.

   En octobre, toute la famille Laforgue quitte Tarbes pour venir habiter Paris. Elle s'installe 66, rue des Moines, dans le quartier des Épinettes. Jules poursuit des études au lycée Fontanes, — aujourd'hui lycée Condorcet.

1877. Débilitée par des grossesses trop rapprochées, Mme Charles Laforgue, après avoir fait une fausse couche au début de l'année, meurt le 6 avril, à l'âge de trente-huit ans, emportée par une pneumonie. Jules, en fin d'année scolaire, échoue au baccalauréat.

1878. Nouvel échec de Jules au baccalauréat. Selon ce qu'a raconté plus tard sa sœur Marie, il aurait à trois reprises tenté d'obtenir le diplôme de bachelier. Une fois au moins il aurait passé l'écrit avec succès, mais se serait effondré à l'oral, victime d'une timidité qui le privait de ses moyens.

1879. Pour des raisons d'économie, Charles Laforgue et ses enfants changent de domicile et vont habiter, dans le quartier du Val-de-Grâce, au 5 rue Berthollet, un logement situé au premier étage. Mais le chef de famille se sentant malade décide bientôt de repartir pour Tarbes, avec les huit plus jeunes de ses onze enfants. L'aîné, Émile, accomplit son service militaire, Jules et sa sœur Marie restent donc seuls rue Berthollet. On a peu de renseignements sur l'existence qu'ils y mènent. Il est probable que Jules, qui a renoncé à toute préparation d'examen, cherche à collaborer à des journaux, afin de se procurer un peu d'argent. Il fait ses débuts en donnant, à partir du mois de mai, des chroniques parisiennes, des poèmes et même des dessins, à deux petites feuilles toulousaines, *La Guêpe* et *L'Enfer*, où il compte des amis, anciens élèves, comme lui, du lycée de Tarbes. Un de ses poèmes, intitulé *Au lieu de songer à se créer une position*, semble bien exprimer les réflexions que lui inspirent les recommandations de son père, inquiet de le voir enclin à « nager dans le bleu ». En réalité, le jeune poète a nettement conscience des difficultés qu'il devrait surmonter, mais elles ne freinent pas son appétit de lectures. Il fréquente assidûment la bibliothèque Sainte-Geneviève, lit des ouvrages scientifiques, des essais philosophiques — notamment *La Philosophie de l'Inconscient* de Hartmann, dans la traduction de Nolen, parue en 1877 — et des recueils de poésie (Leconte de Lisle, Sully Prudhomme, Mme Ackermann, etc.).

1880. Dans les soirées des Hydropathes, soirées de récitations et de chant, organisées en diverses salles du quartier Latin par un groupe de poètes, de chansonniers, de comédiens et de musiciens, Laforgue lie connaissance avec plusieurs des participants ou des spectateurs, et notamment avec un jeune littérateur de son âge, Gustave Kahn, et avec un jeune chercheur, Charles Henry, physicien et chimiste, qu'intéressent à la fois l'histoire politique, l'histoire des mœurs et l'histoire des idées. Il entre également en relations avec Paul Bourget, alors âgé de vingt-huit ans et déjà connu dans les milieux littéraires. Les poèmes « philosophiques » qu'il compose en ce temps-là lui valent les encouragements de Bourget, nuancés cependant de maintes critiques. Le 25 décembre, un texte en prose de Laforgue, *Les Fiancés de Noël*, paraît dans le magazine *La Vie moderne*, publié par l'éditeur Charpentier et dont le rédacteur en chef est Émile Bergerat, gendre de Théophile Gautier. C'est la première fois que le nom de Laforgue apparaît au sommaire d'un périodique parisien.

1881. Laforgue suit les cours d'esthétique que donne Taine à l'École des Beaux-Arts, visite des musées, assiste aux ventes de tableaux faites à l'Hôtel Drouot et fréquente quelques artistes. Il projette d'écrire une série d'essais sur les peintres qui ont « créé un monde » (Angelico, Michel-Ange, Vinci, Rembrandt, Watteau, Delacroix, Manet, etc.). Le directeur de la *Gazette des Beaux-Arts*, Charles Éphrussi, riche amateur d'art apparenté aux Rothschild, l'emploie le matin comme secrétaire, aux appointements de 150 francs par mois. Il écrit une nouvelle, *Stéphane Vassiliew*, que, volontairement ou non, il ne publie pas, envisage la composition d'un roman dont le principal personnage serait un raté : « autobiographie de mon organisme, de ma pensée, transposée à un peintre », dira-t-il plus tard avec une ironie douce-amère. Il compose de nouveaux poèmes « philosophiques », qu'il compte réunir dans un recueil, *Le Sanglot de la Terre*, où s'exprimerait l'angoisse métaphysique qui l'obsède depuis l'époque où, peu après la mort de sa mère, il a complètement perdu la foi. Il continue de soumettre ses vers à Paul Bourget et en fait lire à une femme de lettres très minaudière, Mme Multzer. Séparée de son mari, cette dame reçoit chez elle, rue Denfert-Rochereau, des écrivains, des journalistes et les directeurs des petites revues qui veulent bien accueillir ses propres poèmes, qu'elle signe du pseudonyme vaguement hindou de Sanda Mahali. Peut-être n'eût-il tenu qu'à Laforgue de se concilier les faveurs de ce bas-bleu dont il corrige avec complaisance les fautes de syntaxe et les alexandrins mal venus. Il semble que sa timidité l'en ait empêché, mais peut-être a-t-il craint aussi qu'une liaison l'entraînât à des dépenses trop lourdes pour lui. Au cours de l'été, sa sœur Marie ayant dû le quitter pour aller soigner leur père, gravement malade à Tarbes, il se trouve si court d'argent qu'il lui faut souvent limiter ses repas à une petite tablette de chocolat Lombart (le moins cher des chocolats) et à deux sous de pain. Il renonce au logement de la rue Berthollet et loue une chambre à la semaine, dans un garni de la rue Monsieur-le-Prince.

En janvier ou février, et probablement grâce à Bourget, il a collaboré au moins une fois à un magazine littéraire allemand en y donnant sur *En ménage* de Huysmans un article que nous ne connaissons pas. En juin, *La Vie moderne* publie quelques pages dans lesquelles il décrit, en se moquant un peu, « le public des dimanches au Salon ». En septembre, la même revue insère encore un texte de lui, *Tristesse des réverbères*, qu'on pourrait qualifier de poème en prose. En septembre également, il fait imprimer une *Ballade de retour* dans un autre périodique parisien, *L'Art de la Mode*. On sait, par une de ses lettres à sa sœur, que son poème en prose lui a rapporté vingt francs. En revanche, il attendit en vain le paiement de la ballade publiée dans *L'Art de la Mode*.

Pour rendre service à Laforgue, Bourget, ayant appris qu'Amédée Pigeon, qui occupe un poste de lecteur auprès de l'impératrice d'Allemagne, s'apprête à rentrer définitivement en France, suggère à ce dernier de proposer, pour lui succéder, le jeune poète sans ressources. Appuyée par Charles Éphrussi, important personnage de la gentry internationale, la candidature de Laforgue est retenue et acceptée. Le 18 novembre, il apprend sa nomination au poste vacant. Les avantages n'en sont pas négligeables : 9 000 francs par an, un appartement à Berlin dans le Prinzessinen Palais, les services d'un domestique particulier. Laforgue n'eut pourtant pas lieu d'être joyeux car cette nouvelle lui parvint le jour même où son père mourait à Tarbes. Ses préparatifs de départ pour l'Allemagne l'empêchent d'aller assister aux obsèques. Il fait aussitôt savoir à sa sœur Marie qu'il prendra entièrement à sa charge l'entretien de leurs deux plus jeunes frères, Charles et Adrien. Le 29 novembre, il se rend à Coblentz, où se trouve alors l'impératrice. Il se présente à elle le lendemain : « Elle m'a souhaité la bienvenue, m'a questionné sur ma carrière, m'a plaint longuement de la mort de notre père, m'a demandé qui soignerait mes jeunes frères et sœurs, que je lui en donne des nouvelles, et cela si sincère! j'étais confondu. » Il prend ses fonctions immédiatement. Sa tâche consiste à donner lecture à la souveraine, chaque soir, pendant une heure environ, et souvent aussi, en fin de matinée, des principaux articles du *Figaro*, du *Journal des Débats* et des romans que recommande *La Revue des Deux Mondes*. Le 1er décembre, l'impératrice rentrant à Berlin, il l'y suit, comme il la suivra dans ses changements saisonniers de résidence. Quelques jours plus tard, il lie connaissance avec un journaliste, Th. Lindenlaub, correspondant du *Temps*, et avec deux jeunes musiciens, Belges de Wallonie, le violoniste Eugène Ysaye, et son frère, le pianiste Théophile Ysaye, qui seront en Allemagne ses plus chers compagnons.

1882. L'impératrice Augusta a pour habitude de quitter Berlin au printemps. C'est pourquoi, à partir du 20 avril, Laforgue passe une dizaine de jours à Wiesbaden, où il s'ennuie. Du début de mai jusqu'au 7 juin, il est à Baden-Baden, où il s'ennuie encore. Ensuite, retour à Berlin, pour une semaine.

De la mi-juin au 25 juillet, séjour à Coblentz, où il se plaît : « C'est une ville que j'adore », écrit-il à son ami Charles Henry. « Il y a des ruelles extraordinaires, des maisons à pignons, un vieux pont gigantesque aux piles duquel poussent des arbustes. Et les quais, la manœuvre des radeaux, etc. J'apaise toutes mes nostalgies de bonhomme né dans un port de mer. » Du 25 juillet au 15 août, séjour à Hombourg, station thermale très mondaine encore en ce temps-là, quoique les jeux qui, vingt ans auparavant, y attiraient une clientèle internationale n'y fussent plus autorisés. « Beaucoup d'Anglaises, des fêtes, des toilettes, des gentlemen à bracelets, des Anglaises à chaussettes, des chapeaux Greenaway. » Après le château de Hombourg, et durant trois semaines environ, le château de Babelsberg, à un quart d'heure de Potsdam. Vers le 5 septembre, l'impératrice accorde à son lecteur, dont elle se montre très satisfaite, un congé de près de deux mois, qu'il passera presque entièrement à Tarbes auprès de ses frères et sœurs.

À Berlin, Laforgue est entré en relations avec un artiste allemand, Max Klinger, sculpteur, peintre et graveur, dont il apprécie surtout les eaux-fortes. L'intérêt que l'art lui inspire depuis plusieurs années ne faiblit pas. On peut supposer qu'un sentiment de gratitude lui a, en partie au moins, dicté l'article que, dans la *Gazette des Beaux-Arts* du 1er juin, il consacre à un ouvrage de Charles Éphrussi sur les dessins de Dürer, mais il est certain que l'attention qu'il accorde aux diverses manifestations de la vie artistique ne procède d'aucun calcul. Le 5 juillet, dans la *Chronique des Arts et de la Curiosité*, qui constitue une sorte de complément à la *Gazette des Beaux-Arts*, il rend compte de l'exposition de peinture qui s'était ouverte au printemps à Berlin.

Notons qu'au mois d'août, Hombourg n'étant pas très loin de Francfort, Laforgue est allé deux fois dans cette ville pour y visiter la maison de Schopenhauer, ce qui surprend un peu l'impératrice. « Elle me taquine, rapport à ce " vilain homme " », écrit-il à Charles Henry. À la fin d'octobre, en revenant de Tarbes, il s'arrête quatre ou cinq jours à Paris, avant d'aller reprendre ses fonctions à Baden, où il a une assez longue conversation avec Maxime Du Camp, qui, chaque année, vient voir l'impératrice dont il est « un vieil ami ». On devine quel fut le principal sujet de cet entretien : Du Camp, dans sa jeunesse, avait été un des intimes de Flaubert.

Après Baden, une quinzaine de jours à Coblentz, puis le retour à Berlin dans la dernière semaine de novembre. Les lettres de Laforgue datées de 1882, qu'elles soient adressées à son protecteur Éphrussi, à son ami Charles Henry ou à Sanda Mahali, qui continue de recourir à l'obligeance du poète, témoignent d'une alacrité, due évidemment à l'aisance inespérée que lui ont procurée ses fonctions de lecteur de Sa Majesté. Ses poèmes « philosophiques » composés en des jours difficiles lui paraissent médiocres. Il ne les renie pas, mais il en écrit d'autres, d'un ton différent, qui s'accentuera dans *Les Complaintes*. Il écrit aussi plusieurs nouvelles (dont une intitulée *Mort curieuse de la femme d'un professeur de quatrième en province*), une étude sur Paul Bourget, un essai sur l'art allemand et une comédie en un acte, plus noire, selon lui, que *Les Corbeaux*, de Henry Becque. Rien de tout cela n'a encore été mis au jour. Pourtant, Laforgue ne détruisait pas ses manuscrits (nous avons eu en main jusqu'à cinq ou six brouillons de certains de ses poèmes).

1883. Durant le premier trimestre, qu'il passe à Berlin, Laforgue assiste à de nombreux concerts, où l'entraînent ses amis Ysaye. « Que faire à Berlin, sinon entendre beaucoup de musique? » dit-il à Charles Henry. Il s'absente deux jours pour aller voir des Rembrandt à Dresde. En avril et mai, il est de nouveau à Baden, d'où il peut, le 21 mai, se permettre une escapade à Strasbourg : « On se croirait en France. Les enseignes sont en français. On entend partout parler notre douce langue, excepté, hélas! par les petits enfants qui jouent dans les ruisseaux, chose qui m'a touché au cœur. » (Les autorités prussiennes veillaient à la germanisation de l'enseignement primaire.) Le 28 mai, il revient à Berlin avec l'impératrice, qui ne s'y attarde pas, et repart avec elle pour Coblentz, où il séjournera environ deux mois, durant lesquels la liberté lui sera laissée de faire de courts voyages à Cologne et à Munich pour y visiter des musées.

Ses vacances commencent le 10 août. Comme l'année précédente, elles s'écouleront surtout à Tarbes, où Laforgue n'arrive cependant qu'après s'être arrêté une semaine en Belgique chez les Ysaye et une semaine à Paris. Au retour, il ne fait qu'une halte de vingt-quatre heures dans la capitale. Il reprend son poste à Baden le 3 novembre, suit l'impératrice à Coblentz et rentre avec elle à Berlin vers la fin du mois.

Il avait rendu compte du Salon de Berlin dans la *Gazette des Beaux-Arts* du 1er août, et pris quantité de notes, encore inédites, sur tout ce qu'il avait vu dans les musées de Berlin, de Dresde et de Munich, sans négliger pour cela la poésie. Il a renoncé à réunir en volume les poèmes de son *Sanglot de la Terre*, et projette maintenant d'en recueillir d'autres — les plus récents — sous le titre de *Quelques Complaintes de la vie.*

On sait, par un agenda qu'il tenait en 1883, qu'il eut dans les six premiers mois de l'année un flirt assez poussé. On a écrit que sa partenaire devait avoir quelque emploi à la cour impériale, mais c'est une hypothèse bien fragile. Dans l'agenda, elle n'est désignée que par une initiale : R...

Ses fonctions contraignaient Laforgue à de nombreuses lectures sans attrait pour lui : elles ne firent pas s'égarer son goût. On voit par sa correspondance que les ouvrages qui, en 1883, l'emplirent vraiment d'admiration furent *Sagesse* de Verlaine et les *Contes cruels* de Villiers de l'Isle-Adam. En dépit de sa jeunesse et de son exil, Laforgue montrait un discernement que sont loin d'avoir eu alors d'influents critiques comme Brunetière et Anatole France.

1884. Dans les premiers jours de janvier, et peut-être même dès la fin de 1883, Laforgue demande à son ami Charles Henry d'entrer en négociations avec l'éditeur Alphonse Lemerre, pour la publication, à compte d'auteur bien entendu, de son recueil de *Complaintes* dont il lui envoie le manuscrit. Lemerre pressenti établit un devis qui s'élève à 700 francs, prix nettement excessif et qui fait dire à Laforgue que ce Lemerre doit se sentir grisé par le succès de ses livres d'étrennes illustrés d'images en couleurs, pour « traiter si familionnairement un rimeur considérablement modeste ».

Étant donné les prétentions de Lemerre, il faut s'informer des conditions que poserait Léon Vanier, qui édite les plaquettes de Verlaine sur « un divin papier d'épicerie ». Laforgue souhaiterait que son ouvrage sortît au printemps. Vanier est beaucoup moins exigeant que Lemerre, mais c'est un lambin. Il laisse s'écouler trois mois avant de conclure un accord ferme, puis retient encore le manuscrit des *Complaintes* pendant cinq ou six mois avant de le confier à l'imprimeur Épinette, auteur lui-même sous le pseudonyme de Léo Trézenik et directeur d'un hebdomadaire littéraire, *Lutèce*, auquel, excepté Verlaine, ne collaborent que des débutants.

Les déplacements que ses fonctions imposent à Laforgue semblent avoir été un peu moins nombreux en 1884. Après une saison d'hiver berlinoise plus longue que d'habitude, il se retrouve en mai à Baden, d'où il se hasarde à Cassel, qui possède un musée. En juillet, il est à Coblentz, mais doit bientôt en partir, l'impératrice, sur les conseils de ses médecins, ayant décidé de finir l'été au château de Mainau, dans une île du lac de Constance. On ne sait pas exactement à quelle date Laforgue put s'en aller en vacances; vraisemblablement au cours du mois d'août. On ne sait pas non plus quand ses vacances prirent fin, mais sa correspondance prouve qu'en novembre il était de nouveau à Coblentz. Son retour à Berlin eut lieu le 1er décembre.

C'est également par ses lettres qu'on a pu voir que la bienveillance de Charles Éphrussi à son égard ne se manifestait pas en toutes circonstances. Il semble bien que ce dernier n'ait pas attaché beaucoup de prix aux textes que Laforgue lui envoyait pour la *Gazette des Beaux-Arts*. En 1884, cette revue n'insère qu'un seul article de Laforgue, relatif à une exposition de tableaux du peintre allemand Menzel à la National-Gallerie de Berlin. Or, cet article, avant d'être imprimé, a été si profondément remanié par un certain Gonse, collaborateur attitré d'Éphrussi, que Laforgue, constatant le traitement infligé à sa prose, écrit à Charles Henry : « Vous me ferez plaisir en ne lisant pas le Menzel. Il n'est pas de moi. Vous n'imaginez pas le français, la psychologie, l'esprit et même les affirmations de faits que me prête ce monsieur. » Pourtant, si mécontent qu'il fût, Laforgue se sentait trop petit garçon en comparaison du puissant Éphrussi pour oser se plaindre à celui-ci de la désinvolture de son assistant. En novembre, il propose encore à la *Gazette des Beaux-Arts* des articles qui n'y ont jamais trouvé place.

Pour compléter les renseignements déjà donnés sur les relations berlinoises de Laforgue, ajoutons que dans une lettre adressée à Charles Henry en avril 1884, il annonce le prochain voyage à Paris du peintre allemand « le plus habile ». Il s'agissait de Franz Skarbina, lequel, né à Berlin, n'était cependant pas un Allemand, mais un sujet autrichien, d'origine croate. Il fit plusieurs portraits de Laforgue. Il avait pour familier un personnage dont l'originalité paraît avoir séduit Laforgue, « le docteur Dumond, dentiste de l'impératrice, adorable Bruxellois, artiste collectionneur, bon comme un Belge », et qui, ayant étudié la chirurgie dentaire aux États-Unis, se flattait d'y avoir connu Edgar Poe, et même de l'avoir, à Washington, ramassé ivre mort « sur les trottoirs des tavernes ».

1885. Laforgue reçoit en février les premières épreuves des *Complaintes*. Il y apporte quantité de corrections et, jusqu'à la veille du tirage, procède à des remaniements et à des additions. Son ami Gustave Kahn, redevenu parisien après avoir accompli son service militaire en Afrique du Nord, se charge de veiller au respect des corrections demandées. Durant les quatre premiers mois de l'année, passés à Berlin,

Laforgue compose les poèmes qu'il réunira dans *L'Imitation de Notre-Dame la Lune* (le volume paraîtra en novembre suivant) et plusieurs de ses *Moralités légendaires*. Il espère encore « venir à bout de son premier roman », pour lequel il choisit un titre provisoire : *Saison*, mais il semble bien que cet espoir n'ait été fondé que sur des plans, abandonnés les uns après les autres.

Vers la fin mars, il se rend à Dresde en compagnie de Théophile Ysaye pour y parcourir durant trois jours toutes les salles du musée qu'il n'avait visité que très rapidement deux ans plus tôt. Ce qu'il y voit l'émerveille. Il y a là 35 Rubens, 20 Van Dyck, 20 Rembrandt, 17 Véronèse, 13 Ribera, 5 Giorgione, 9 Titien, 8 Tintoret, 38 Canaletto et de nombreux primitifs. « Conçois-tu une pareille galerie ? » écrit-il à Gustave Kahn. En mai, il est à Baden et y reste un peu plus d'un mois. Il s'en absente un samedi pour aller entendre à Karlsruhe un grand concert où le hasard le fait s'asseoir à côté de Liszt septuagénaire. Il va passer deux jours à Strasbourg pour y rencontrer Kahn, en route vers la Bohême où l'attirent des recherches sur Casanova.

On manque de précisions touchant la date et la durée des vacances que Laforgue prit cette année-là. Il fit à Paris un voyage antérieur seulement de quelques jours à la sortie des *Complaintes*, qui furent mises en librairie le 25 juillet. Il était à Coblentz lorsque lui parvinrent les premiers exemplaires de son ouvrage. Il devait en partir peu après pour Hombourg.

À l'instigation de Vanier, Trézenik, dans son journal *Lutèce*, avait déjà inséré différentes *Complaintes* dont l'originalité avait suscité des commentaires contradictoires. Deux versificateurs fidèles à la prosodie classique, le grandiloquent Haraucourt et un nommé Trouillot, qui allait faire carrière dans la politique et devenir quelque chose comme sous-ministre des P.T.T., s'indignèrent des libertés que s'octroyait Laforgue en matière de composition poétique. Ces vitupérations n'émurent qu'assez peu celui-ci. Il fut en revanche beaucoup plus sensible à la sympathie que lui exprimèrent, après avoir lu son recueil, Mallarmé, Huysmans et plusieurs jeunes écrivains de son âge, comme Henri de Régnier, Édouard Dujardin et Félix Fénéon. Delcassé, qu'il avait eu autrefois pour pion au lycée de Tarbes, signa complaisamment dans un quotidien parisien un compte rendu des *Complaintes* dû en réalité à Laforgue lui-même.

Au début de septembre, Laforgue revoit Kahn, de passage à Berlin. Il peut, au début de l'automne, aller retrouver ses frères et sœurs à Tarbes et, selon son expression, errer là-bas dans les paysages de ses quatorze ans, mais ce séjour pyrénéen semble avoir été assez court. En novembre, Laforgue est de nouveau à Coblentz. Un concert dirigé par Bülow l'attire deux jours à Cologne. Il rentre à Berlin dans les tout derniers jours de novembre. Malgré ses offres de collaboration, la *Gazette des Beaux-Arts* n'a rien publié de lui durant l'année 1885.

1886. Un congé d'une semaine permet à Laforgue un voyage au Danemark. Une traversée de sept heures le conduit de Kiel à Korsör. Il passe le Jour de l'An à Helsingœr, c'est-à-dire à Elseneur, et à Copenhague. « Un horrible jour de l'An », dira-t-il en se rappelant le vent glacial qui venait du large et la boue dans laquelle il fallait patauger. Au retour, il s'arrête deux jours à Hambourg, où l'arrivée d'un paquebot battant pavillon uruguayen lui remet en mémoire des souvenirs ensoleillés. L'intérêt que lui inspirent les œuvres de Shakespeare n'a certainement pas été étranger à son désir de respirer, fût-ce en plein hiver, l'air d'Elseneur. Il a lu Shakespeare en anglais, mais en s'aidant de diverses traductions. Alors qu'il ne cherche pas à acquérir une sérieuse connaissance de l'allemand, il va s'efforcer de perfectionner son anglais, se disant qu'il pourra peut-être gagner ensuite quelque argent en devenant à son tour traducteur. Un tel projet surprend un peu. Sa situation de lecteur de l'impératrice, bien rétribué, logé, nourri, servi gratis, n'aurait-elle pas dû épargner à Laforgue tout souci de fin de mois ? Pourtant, sa correspondance fait état à maintes reprises de dettes qu'il a contractées çà et là. Il est assurément venu en aide à sa famille, il semble bien que ses embarras d'argent aient tenu surtout à de trop fréquents achats d'objets d'art, de gravures et de bibelots. Mais l'ambition de se pourvoir de nouvelles ressources explique-t-elle, à elle seule, que Laforgue, à vingt-cinq ans, ait estimé utile de recourir aux leçons d'un professeur d'anglais ? En 1882, le spectacle que lui offrait l'élégante société réunie à Hombourg pour la saison d'été lui faisait dire qu'il y a trois sexes : « l'homme, la femme, l'Anglaise ». En 1886, c'est à une jeune Britannique résidant à Berlin depuis deux ans qu'il demande des entretiens destinés à améliorer sa prononciation de l'anglais.

Excepté ces leçons particulières et, bien entendu, les lectures qu'il doit à l'impératrice, il ne fait à peu près rien dans les premiers mois de l'année. Il le reconnaît sans ambages dans une lettre à son ami Kahn, qui, ayant pris la direction d'une petite revue littéraire, *La Vogue*, lui réclame de la prose ou des vers. « Je n'écris pas une ligne », lui répond Laforgue, « je ne lis pas un livre [...] J'erre beaucoup, je passe chaque jour deux ou trois heures sur la glace, je suis parvenu à décrire des 8 8 8 8 huit, et j'en reviens toujours stupide et rayonnant... » Cette lettre n'est pas d'une franchise sans défaut. Au lieu de dire à son ami et confident : « Je m'intéresse vivement à une Anglaise, à qui je suis censé demander des leçons de prononciation », il feint de lui soumettre un menu sujet d'étude psychologique : « Je cause longuement avec des êtres absolument inédits pour moi, qui sont des jeunes filles. Les connais-tu ? Moi, j'en suis encore tout suffoqué. Ça me déconcerte bien mieux que les romans naturalistes. » Le pluriel qu'utilise ici Laforgue est évidemment fallacieux. « Les » jeunes filles ne sont qu'*une* seule jeune fille, qui s'appelle Miss Leah Lee. Dans une autre lettre à Kahn, Laforgue, sans rien dire de son professeur d'anglais, confesse un très net besoin de vie conjugale : « Tout ce que je vois, — et tout ce que je puis imaginer de mieux, — me rive au cœur et par-dessus la tête l'idée d'un mariage charmant et simple. » Nous ne connaissons pas les réponses de Kahn à Laforgue, mais ce que ce dernier écrit encore le mois suivant donne à penser que Kahn a quelque peu moqué la sentimentalité que révèlent des rêves de « mariage charmant ». « À propos de mariage, dit-il à Kahn, ta lettre est louablement drôle, mais ne prouve rien à moi. » Et d'alléger, pour expliquer l'excellence qu'il découvre soudain à l'institution du mariage, l'incapacité où il se trouve désormais de supporter une solitude dont il s'était jusque-là accommodé sans douleur : « Il est stupide de mener la vie qu'on mène quand comme moi on est ainsi bâti qu'on ne peut rester seul une demi-journée. L'an dernier je travaillais, cette année je ne fais rien, je ne peux pas rester 20 minutes chez moi, étant libre, sauf à sommeiller en un canapé. Je ne puis et ne pourrai jamais manger seul. Je ne puis aller seul dans un cirque, un musée, une exposition [...] Il faut, quand j'installerai ma vie, que j'aie un chez moi et que j'y sois retenu ou appelé par un camarade. Et le camarade autant que faire devra alors en outre apporter tout une moitié de choses : être féminin. » Ce langage pâteux, très proche du charabia, tient à la perplexité de Laforgue. Il voudrait revenir à Paris et y vivre de sa plume en compagnie d'une épouse, mais il manque de confiance en lui et peut-être n'est-il même pas sûr d'être durablement épris de Miss Lee. Au cours du mois d'avril, il revient à la poésie et compose en peu de temps une soixantaine de poèmes, qui ne sont point des épithalames, d'où l'on peut inférer que son besoin de présence féminine a cessé alors d'être obsédant. Le 26 mai, quand il part de Berlin pour Baden, il s'interroge encore sur ce qu'il doit faire. Les fonctions qu'il remplit auprès de l'impératrice sont sans attrait pour lui, mais elles ont l'avantage de lui laisser de longues heures de loisirs et d'assez fréquentes journées de relâche. Les conserver deux ou trois ans encore serait sage, mais cela impliquerait l'ajournement de tout projet de mariage. Il est exclu que le lecteur de l'impératrice puisse être gêné dans l'accomplissement de sa tâche par des servitudes familiales. Un choix s'impose donc entre la situation que Laforgue occupe et le sort très incertain auquel l'exposera son retour à Paris, où, faute de diplômes, il ne pourrait briguer que de très médiocres emplois dans l'administration.

Au début d'avril, Édouard Dujardin, directeur de la *Revue Wagnérienne*, et le savant Teodor de Wyzewa, de passage à Berlin, ont tenu à y rencontrer Laforgue, qu'ils n'avaient jamais vu, mais dont ils aiment *Les Complaintes*. Une solide amitié s'est nouée entre Laforgue et ces deux voyageurs, visiblement disposés à lui rendre service, s'il revient à Paris pour s'y fixer. Gustave Kahn, qui a pris la direction d'une petite revue littéraire, demande avec insistance que Laforgue lui envoie de la prose ou des vers. Il est prêt à insérer dans *La Vogue* tout ce que Laforgue consentira à lui donner. La présence répétée du nom de Laforgue au sommaire de cette revue ne peut qu'affermir la réputation qu'a value au poète, dans les milieux littéraires de la Rive gauche, la publication, l'année précédente, de son premier recueil de vers. Ces amitiés, cette sympathie agissante eurent certainement pour effet d'encourager Laforgue dans ses idées de retour en France. Le 17 avril, il écrit à Kahn qu'il ne passera pas d'autre hiver en Allemagne et qu'il compte même très fermement être réinstallé à Paris le 16 août, jour de son vingt-sixième anniversaire. Il pense pouvoir quitter Berlin toutes dettes payées, avec 2 000 francs dans sa poche.

En juin, de multiples raisons le poussent à faire une brève incursion à Paris. Ses intentions de retour se précisant de jour en jour, il lui faut se préoccuper des problèmes que ce retour va soulever. Où envoyer les tableaux, les gravures, les livres que lui ont permis d'acquérir ses appointements de lecteur de l'impératrice ? Il revoit à Paris son frère Émile, mais c'est au dévoué Gustave Kahn qu'il demande d'être le dépositaire de ce qu'il expédiera bientôt de Berlin en France. Sans qu'on puisse voir là une compensation, car ses relations avec Kahn n'ont rien de commercial, il accepte que celui-ci, qui, en juillet, publiera *Le Concile féerique* dans *La Vogue*, fasse de ce poème dialogué une édition en plaquette, tirée à petit nombre et réservée par priorité aux abonnés de la revue.

En juillet et août, il passe sept ou huit semaines à Schlangenbad, « un singulier endroit », dit-il. Il achève le mois d'août au château de Babelsberg et revient à Berlin le 1er septembre, soit quelques jours seulement avant une démission dont il n'a pas avisé Éphrussi, qui, en 1881, l'avait recommandé à l'impératrice. Ce manque d'égards surprend un peu, car Laforgue était courtois, mais peut-être faut-il en chercher l'explication dans le souci qu'il eut de laisser croire à Berlin que sa démission lui était imposée par quelque malheur frappant sa famille.

Il quitte l'Allemagne le 9 septembre. Trois jours plus tôt, il s'est déclaré à Miss Lee et a obtenu d'elle le « oui » qu'il en attendait. C'est du moins ce que dit la lettre qu'il adresse alors à sa sœur Marie, mais, à supposer que le contenu en soit tout à fait véridique et qu'un engagement réciproque n'ait été très fermement pris que le 6 septembre entre la jeune Anglaise et son soupirant, il est évident que le « oui » de Miss Lee n'aura pas été une réponse donnée sans délai à une question posée *ex abrupto*. Parlant de Miss Lee à sa sœur, Laforgue lui dit que c'est « un petit personnage impossible à décrire ». Après quoi, il lui en donne une description, incomplète certes, mais précise dans ses détails. Ce « petit personnage » est une jeune Anglaise, aussi grande que lui, très maigre et très anglaise, « très anglaise surtout, avec ses cheveux châtains à reflets roux [...] Une figure de bébé avec un sourire malicieux et de grands yeux (couleur goudron) toujours étonnés, [...] un drôle de petit accent en parlant français, avec des manières si distinguées et si délicates, mélange de timidité naturelle et de jolie franchise ». Elle tousse un peu. Il serait mauvais pour elle de passer un nouvel hiver à Berlin, mais elle doit, avant d'en partir, donner encore quelques leçons à divers élèves. Laforgue et elle conviennent de se séparer jusqu'au moment où, vers la fin du mois, elle se trouvera dégagée de toute obligation professorale.

Le 6 septembre, Laforgue part pour Arlon, en Belgique, où ses amis Ysaye l'hébergeront trois semaines. Le 30 septembre, à Verviers probablement, Miss Lee passe quelques heures avec lui. Elle est en route vers l'Angleterre, où elle a des arrangements à prendre avec sa famille et où elle attendra que Laforgue vienne la chercher, après avoir choisi et loué à Paris le logement dont ils auront besoin, une fois mariés.

Laforgue a quitté l'Allemagne, beaucoup moins argenté qu'il ne l'avait espéré en avril. Il lui faudrait se procurer de nouvelles ressources. Peu avant son départ de Berlin, la direction de *L'Illustration* lui a demandé s'il accepterait d'écrire quelques articles sur la cour impériale. Le bruit courait alors que le Kaiser, âgé de quatre-vingt-neuf ans, était sur le point de mourir, et les dirigeants de *L'Illustration*, soucieux de tirer parti de l'actualité, envisageaient la confection d'un numéro spécial sur le vainqueur de l'Autriche et de la France. Ils avaient offert à Laforgue de lui payer sa prose au tarif de 40 centimes pour une ligne de 42 lettres et signes. Quoiqu'il n'eût pas acquiescé nettement à cette proposition, Laforgue se mit à rédiger dès son retour à Paris plusieurs articles qu'il se proposait de faire entrer plus tard dans un livre sur l'Allemagne. Mais Guillaume Ier s'obstinant à vivre, *L'Illustration* ne jugea pas nécessaire de renouveler l'offre à laquelle Laforgue n'avait répondu que de façon évasive.

Les périodiques où Laforgue est sûr d'être bien accueilli — *La Vogue*, *Le Décadent*, *Le Symboliste* — sont malheureusement de petites revues ou de petites feuilles, trop pauvres pour rétribuer leurs collaborateurs. Laforgue a dû toucher trois ou quatre louis pour un article que la *Gazette des Beaux-Arts* a accepté et publié en octobre sans en modifier le contenu : peut-être a-t-il reçu vingt francs pour un poème inséré dans le numéro de novembre de la *Revue Indépendante*, mais il semble bien que ce soit là les seuls revenus qu'il ait tirés de sa production littéraire dans le dernier trimestre de 1886. Par économie, il accepte l'hospitalité que lui offre Gustave Kahn, et c'est seulement dans la seconde quinzaine de décembre qu'il loue 8 rue de Commaille un logement déjà vacant sans doute, puisqu'il peut y procéder à des aménagements sans attendre le terme habituel de janvier.

Il part pour Londres dans la soirée du 30 décembre, y arrive le lendemain matin à 6 heures et demie, retrouve Leah Lee à 10 heures et, dès le début de l'après-midi, se rend avec elle dans une petite église protestante de Kensington, où, pour 25 francs, un clergyman les marie en un tourne-main, sans leur demander de papiers.

1887. Laforgue et sa femme commencent l'année à Londres et s'installent à Paris le 3 janvier. Un rhume, que Laforgue dit « vieux de trois mois », dans une lettre à sa sœur, l'amène à consulter un médecin, qu'il va bientôt suspecter de « pousser à la visite ». Il est cependant fort possible que ce praticien soit allé voir Laforgue plusieurs jours de suite, parce qu'il s'inquiétait réellement de l'état de son nouveau client. De pénibles quintes de toux abattent Laforgue, qui ne peut ni travailler ni circuler comme l'exigerait sa situation d'écrivain en quête d'éditeurs et de journaux où placer de la « copie ». Selon ses estimations, un ménage, pour vivre heureux à Paris, a besoin de mille francs par mois (Laforgue, au cours des cinq ans qu'il vient de passer à Berlin, a pris des habitudes de dépense). Après trois semaines de vie à deux, il se trouve dans une telle gêne qu'il en vient, malgré sa timidité, à solliciter de Dujardin le prêt d'un ou deux louis.

Dujardin, qui a pris la direction de la *Revue Indépendante*, s'efforce de venir en aide à Laforgue pour qui il éprouve une très sincère affection. C'est à la demande de Dujardin que pendant six mois Laforgue écrira pour la *Revue Indépendante* six chroniques parisiennes qui lui seront souvent payées d'avance, quoique la revue n'ait qu'un très modeste budget. Les autres amis de Laforgue ne lui seront pas moins dévoués. Paul Bourget, au mois d'avril, lui procure les soins d'un médecin très achalandé, le docteur Robin, lequel, par humanité, se contentera de dire au malade qu'il a un poumon « menacé ». En réalité, Laforgue est atteint d'une phtisie à évolution rapide contre laquelle la médecine, il y a un siècle, ne pouvait lutter. Wyzewa essaie de rendre service à Laforgue en conseillant aux dirigeants de la maison d'éditions Quantin la publication en volume des pages que son ami a écrites sur la vie à Berlin et sur la cour impériale. Mais cette tentative échoue, et c'est grâce à Charles Éphrussi que Laforgue peut, de temps en temps, faire patienter ses fournisseurs en leur payant une partie de ce qu'il leur doit. En juillet, il fait part à sa sœur de son intention d'aller passer l'automne et l'hiver à Alger. Il se sent très faible. Les pilules opiacées qu'on lui donne pour calmer sa toux le stupéfient : « Je n'ai pas pour deux sous d'idées, et cependant je publie des articles et c'est pour mon talent que mes amis s'intéressent à moi. Il y a longtemps que tu ne sais plus rien de mes affaires littéraires. Ce serait trop long à détailler, mais sache d'un mot que j'ai le droit d'être fier ; il n'y a pas un littérateur de ma génération à qui on promette un pareil avenir. »

Ses amis auront adouci autant qu'ils le pouvaient les derniers mois de Laforgue. Ils ont si bien feint de croire que son mal était guérissable que Laforgue n'a jamais lu sur leur visage la tristesse et la compassion que son état leur inspirait. Le 10 août, il s'informait encore du prix auquel sa femme et lui pourraient prendre pension durant une quinzaine dans une maison de repos à Versailles. Il s'éteignit le 20 août. Une dizaine de personnes suivirent son convoi jusqu'au cimetière de Bagneux. Il y avait là le musicien Théophile Ysaye, le peintre Seurat, et cinq écrivains : Paul Bourget, Gustave Kahn, Félix Fénéon, Jean Moréas et Paul Adam. D'autres eussent également assisté à ces obsèques si la saison des vacances ne les eût déjà fait s'éloigner de Paris.

Veuve à vingt-six ans, Leah Lee avait-elle la « vraie santé de maigre » dont Laforgue l'avait créditée dans une lettre à sa sœur Marie? Les événements n'ont pas confirmé cette appréciation. Le 8 juin 1888, Mme Jules Laforgue, revenue en Angleterre, mourait, elle aussi, de phtisie. À vingt-sept ans, comme son époux.

Les Complaintes

Au petit bonheur de la fatalité

Much ado about Nothing.

SHAKESPEARE.

À PAUL BOURGET

En deuil d'un Moi-le-Magnifique
Lançant de front les cent pur-sang
De ses vingt ans tout hennissants,
Je vague, à jamais Innocent,
Par les blancs parcs ésotériques
De l'Armide Métaphysique.

Un brave bouddhiste en sa châsse,
Albe, oxydé, sans but, pervers,
Qui, du chalumeau de ses nerfs,
Se souffle gravement des vers,
En astres riches, dont la trace
Ne trouble le Temps ni l'Espace.

C'est tout. À mon temple d'ascète
Votre Nom de Lac est piqué :
Puissent mes feuilleteurs du quai,
En rentrant, se r'intoxiquer
De vos AVEUX, *ô pur poëte !*
C'est la grâce que je m'souhaite.

PRÉLUDES AUTOBIOGRAPHIQUES

Soif d'infini martyre? Extase en théorèmes
Que la création est belle, tout de même!

En voulant mettre un peu d'ordre dans ce tiroir,
Je me suis perdu par mes grands vingt ans, ce soir
De Noël gras.
    Ah! dérisoire créature!
Fleuve à reflets, où les deuils d'Unique ne durent
Pas plus que d'autres! L'ai-je rêvé, ce Noël
Où je brûlais de pleurs noirs un mouchoir réel,
Parce que, débordant des chagrins de la Terre
Et des frères Soleils, et ne pouvant me faire
Aux monstruosités sans but et sans témoin
Du cher Tout, et bien las de me meurtrir les poings
Aux steppes du cobalt sourd, ivre-mort de doute,
Je vivotais, altéré de *Nihil* de toutes
Les citernes de mon Amour?
      Seul, pur, songeur,
Me croyant hypertrophique! comme un plongeur
Aux mouvants bosquets des savanes sous-marines,
J'avais roulé par les livres, bon misogyne.

Cathédrale anonyme! en ce Paris, jardin
Obtus et chic, avec son bourgeois de Jourdain

À rêveurs; ses vitraux fardés, ses vieux dimanches
Dans les quartiers tannés où regardent des branches
Par dessus les murs des pensionnats, et ses
Ciels trop poignants à qui l'Angélus fait : assez!

Paris qui, du plus bon bébé de la Nature,
Instaure un lexicon mal cousu de ratures.

Bon breton né sous les Tropiques, chaque soir
J'allais le long d'un quai bien nommé *mon rêvoir*,
Et buvant les étoiles à même : « ô Mystère!
« Quel calme chez les astres! ce train-train sur terre!
« Est-il Quelqu'un, vers quand, à travers l'infini,
« Clamer l'universel *lamasabaktani ?*
« Voyons; les cercles du Cercle, en effets et causes,
« Dans leurs incessants vortex de métamorphoses,
« Sentent pourtant, abstrait, ou, ma foi, quelque part,
« Battre un cœur! un cœur simple; ou veiller un Regard!
« Oh! qu'il n'y ait personne et que Tout continue!
« Alors géhenne à fous, sans raison, sans issue!
« Et depuis les Toujours, et vers l'Éternité!
« Comment donc quelque chose a-t-il jamais été!
« Que Tout se sache seul au moins, pour qu'il se tue!
« Draguant les chantiers d'étoiles, qu'un Cri se rue,
« Mort! emballant en ses linceuls aux clapotis
« Irrévocables, ces sols d'impôts abrutis!
« Que l'Espace ait un bon haut-le-cœur et vomisse
« Le Temps nul, et ce Vin aux geysers de justice!
« Lyres des nerfs, filles des Harpes d'Idéal
« Qui vibriez, aux soirs d'exil, sans songer à mal,
« Redevenez plasma! Ni Témoin, ni spectacle!
« Chut, ultime vibration de la Débâcle,
« Et que Jamais soit Tout, bien intrinséquement,
« Très hermétiquement, primordialement! »

Ah! — Le long des calvaires de la Conscience,
La Passion des mondes studieux t'encense,
Aux Orgues des Résignations, Idéal,
Ô Galathée aux pommiers de l'Éden-Natal!

Martyres, croix de l'Art, formules, fugues douces,
Babels d'or où le vent soigne de bonnes mousses;
Mondes vivotant, vaguement étiquetés
De livres, sous la céleste Éternullité :
Vanité, vanité, vous dis-je! — Oh! moi, j'existe,
Mais où sont, maintenant, les nerfs de ce Psalmiste?
Minuit un quart; quels bords te voient passer, aux nuits
Anonymes, ô Nébuleuse-Mère? Et puis,
Qu'il doit agoniser d'étoiles éprouvées,
À cette heure où Christ naît, sans feu pour leurs couvées,
Mais clamant : ô mon Dieu! tant que, vers leur ciel mort,
Une flèche de cathédrale pointe encor
Des polaires surplis! — Ces Terres se sont tues,
Et la création fonctionne têtue!
Sans issue, elle est Tout; et nulle autre, elle est Tout.
X en soi? Soif à trucs! Songe d'une nuit d'août?
Sans le mot, nous serons revannés, ô ma Terre!
Puis tes sœurs. *Et nunc et semper*, *Amen*. Se taire.

Je veux parler au Temps! criais-je. Oh! quelque engrais
Anonyme! Moi! mon Sacré-Cœur! — J'espérais
Qu'à ma mort, tout frémirait, du cèdre à l'hysope;
Que ce Temps, déraillant, tomberait en syncope,
Que, pour venir jeter sur mes lèvres des fleurs,
Les Soleils très navrés détraqueraient leurs chœurs;
Qu'un soir, du moins, mon Cri me jaillissant des moelles,
On verrait, mon Dieu, des signaux dans les étoiles?

Puis, fou devant ce ciel qui toujours nous bouda,
Je rêvais de prêcher la fin, nom d'un Bouddha!

Oh! pâle mutilé, d'un : qui m'aime me suive!
Faisant de leurs cités une unique Ninive,
Mener ces chers bourgeois, fouettés d'alléluias,
Au Saint-Sépulcre maternel du Nirvâna!

Maintenant, je m'en lave les mains (concurrence
Vitale, l'argent, l'art, puis les lois de la France...)

Vermis sum, pulvis es ! où sont mes nerfs d'hier?
Mes muscles de demain? Et le terreau si fier
De Mon âme, où donc était-il, il y a mille
Siècles? et comme, incessamment, il file, file!...
Anonyme! et pour Quoi? — Pardon, Quelconque Loi!
L'être en forme, Brahma seul est Tout-Un en soi.

Ô Robe aux cannelures à jamais doriques
Où grimpent les Passions des grappes cosmiques;
Ô Robe de Maïa, ô Jupe de Maman,
Je baise vos ourlets tombals éperdûment!
Je sais! la vie outrecuidante est une trêve
D'un jour au Bon Repos qui pas plus ne s'achève
Qu'il n'a commencé. Moi, ma trêve, confiant,
Je la veux cuver au sein de l'INCONSCIENT.

Dernière crise. Deux semaines errabundes,
En tout, sans que mon Ange Gardien me réponde.
Dilemme à deux sentiers vers l'Éden des Élus :
Me laisser éponger mon Moi par l'Absolu?
Ou bien, élixirer l'Absolu en moi-même?
C'est passé. J'aime tout, aimant mieux que Tout
                                                    m'aime.
Donc Je m'en vais flottant aux orgues sous-marins,
Par les coraux, les œufs, les bras verts, les écrins,
Dans la tourbillonnante éternelle agonie
D'un Nirvâna des Danaïdes du génie!

Lacs de syncopes esthétiques! Tunnels d'or!
Pastel défunt! fondant sur une langue! Mort
Mourante ivre-morte! Et la conscience unique
Que c'est dans la Sainte Piscine ésotérique
D'un *lucus* à huis-clos, sans pape et sans laquais,
Que J'ouvre ainsi mes riches veines à Jamais.

En attendant la mort mortelle, sans mystère,
Lors quoi l'usage veut qu'on nous cache sous terre.

Maintenant, tu n'as pas cru devoir rester coi;
Eh bien, un cri humain! s'il en reste un pour toi.

COMPLAINTE PROPITIATOIRE
À L'INCONSCIENT

Ô Loi, qui êtes parce que Vous Êtes,
Que Votre Nom soit la Retraite!

— Elles! ramper vers elles d'adoration?
Ou que sur leur misère humaine je me vautre?
Elle m'aime, *infiniment*! Non, d'occasion!
Si non *moi,* ce serait *infiniment* un autre!

Que votre inconsciente Volonté
Soit faite dans l'Éternité!

— Dans l'orgue qui par déchirements se châtie,
Croupir, des étés, sous les vitraux, en langueur;
Mourir d'un attouchement de l'Eucharistie,
S'entrer un crucifix maigre et nu dans le cœur?

Que de votre communion, nous vienne
Notre sagesse quotidienne!

— Ô croisés de mon sang! transporter les cités!
Bénir la Pâque universelle, sans salaires!
Mourir sur la Montagne, et que l'Humanité,
Aux âges d'or sans fin, me porte en scapulaires?

Pardonnez-nous nos offenses, nos cris,
Comme étant d'à jamais écrits!

— Crucifier l'infini dans des toiles comme
Un mouchoir, et qu'on dise : « Oh! l'Idéal s'est tu! »
Formuler Tout! En fugues sans fin dire l'Homme!
Être l'âme des arts à zones que veux-tu?

Non, rien; délivrez-nous de la Pensée,
Lèpre originelle, ivresse insensée,

Radeau du Mal et de l'Exil;
Ainsi soit-il.

COMPLAINTE-PLACET
DE FAUST FILS

Si tu savais, maman Nature,
Comme Je m'aime en tes ennuis,
Tu m'enverrais une enfant pure,
        Chaste aux « *et puis ?* »

Si tu savais quelles boulettes,
Tes soleils de Panurge! dis,
Tu mettrais le nôtre en miettes,
        En plein midi.

Si tu savais, comme la *Table*
De tes Matières est mon fort!
Tu me prendrais comme comptable,
        Comptable à mort!

Si tu savais! les fantaisies!
Dont Je puis être le ferment!
Tu ferais de moi ton Sosie,
        Tout simplement.

COMPLAINTE
À NOTRE-DAME DES SOIRS

L'Extase du soleil, peuh! La Nature, fade
Usine de sève aux lymphatiques parfums.
Mais les lacs éperdus des longs couchants défunts
Dorlotent mon voilier dans leurs plus riches rades,
      Comme un ange malade...
      Ô Notre-Dame des Soirs,
      Que Je vous aime sans espoir!

Lampes des mers! blancs bizarrants! mots à vertiges!
Axiomes *in articulo mortis* déduits!
Ciels vrais! Lune aux échos dont communient les puits!
Yeux des portraits! Soleil qui, saignant son quadrige,
      Cabré, s'y crucifige!
      Ô Notre-Dame des Soirs,
      Certe, ils vont haut vos encensoirs!

Eux sucent des plis dont le frou-frou les suffoque;
Pour un regard, ils battraient du front les pavés;
Puis s'affligent sur maint sein creux, mal abreuvés;
Puis retournent à ces vendanges sexciproques.
      Et moi, moi Je m'en moque!
      Oui, Notre-Dame des Soirs,
      J'en fais, paraît-il, peine à voir.

En voyage, sur les fugitives prairies,
Vous me fuyez; ou du ciel des eaux m'invitez;
Ou m'agacez au tournant d'une vérité;
Or vous ai-je encor dit votre fait, je vous prie?
      Ah! coquette Marie,
      Ah! Notre-Dame des Soirs,
      C'est trop pour vos seuls Reposoirs!

Vos Rites, jalonnés de sales bibliothèques,
Ont voûté mes vingt ans, m'ont tari de chers goûts.
Verrai-je l'oasis fondant au rendez-vous,
Où... vos lèvres (dit-on!) à jamais nous dissèquent?
      Ô Lune sur La Mecque!
      Notre-Dame, Notre-Dame des Soirs,
      De *vrais* yeux m'ont dit : au revoir!

COMPLAINTE DES VOIX
SOUS LE FIGUIER BOUDHIQUE

LES COMMUNIANTES

Ah! ah!
Il neige des hosties
De soie, anéanties!
Ah! ah!
Alleluia!

LES VOLUPTANTES

La lune en son halo ravagé n'est qu'un œil
Mangé de mouches, tout rayonnant des grands deuils.

Vitraux mûrs, déshérités, flagellés d'aurores,
Les Yeux Promis sont plus dans les grands deuils
                                                    encore.

LES PARANYMPHES

Les *concetti* du crépuscule
Frisaient les bouqu(
Son haleine encore

46

Et, leur félinant le satin
Fait s'y pâmer deux renoncules.

Devant ce Maître Hypnotiseur,
Expirent leurs frou-frou poseurs;
Elles crispent leurs étamines,
Et se rinfiltrent leurs parfums
          Avec des mines
          D'œillets défunts.

LES JEUNES GENS

Des rêves engrappés se roulaient aux collines,
Feuilles mortes portant du sang des mousselines,

Cumulus, indolents roulis, qu'un vent tremblé
Vint carder un beau soir de soifs de s'en aller!

LES COMMUNIANTES

          Ah! ah!
      Il neige des cœurs
      Noués de faveurs,
          Ah! ah!
          Alleluia!

LES VOLUPTANTES

Reviens, vagir parmi mes cheveux, mes cheveux
Tièdes, Je t'y ferai des bracelets d'aveux!

Entends partout les Encensoirs les plus célestes,
L'univers te garde une note unique! reste...

LES PARANYMPHES

C'est le nid meublé
Par l'homme idolâtre;
Les vents déclassés
Des mois près de l'âtre;
Rien de passager,
Presque pas de scènes;
La vie est si saine,
Quand on sait s'arranger.
Ô fiancé probe,
Commandons ma robe!
Hélas! le bonheur est là, mais lui se dérobe...

LES JEUNES GENS

Bestiole à chignon, Nécessaire divin,
Os de chatte, corps de lierre, chef-d'œuvre vain!

Ô femme, mammifère à chignon, ô fétiche,
On t'absout; c'est un Dieu qui par tes yeux nous triche.

Beau commis voyageur, d'une Maison là-haut,
Tes yeux mentent! ils ne nous diront pas le Mot!

Et tes pudeurs ne sont que des passes réflexes
Dont joue un Dieu très fort (Ministère des sexes).

Tu peux donc nous mener au Mirage béant,
Feu-follet connu, vertugadin du Néant;

Mais, fausse sœur, fausse humaine, fausse mortelle,
Nous t'écartèlerons de hontes sensuelles!

48

Et si ta dignité se cabre? à deux genoux,
Nous te fermerons la bouche avec des bijoux.

— Vie ou Néant! choisir. Ah! quelle discipline!
Que n'est-il un Éden entre ces deux usines?

Bon; que tes doigts sentimentals
Aient pour nos fronts au teint d'épave
Des condoléances qui lavent
Et des trouvailles d'animal.

Et qu'à jamais ainsi tu ailles,
Le long des étouffants dortoirs,
Égrenant les bonnes semailles,
En inclinant ta chaste taille
Sur les sujets de tes devoirs.

Ah! pour une âme trop tanguée,
Tes baisers sont des potions
Qui la laissent là, bien droguée,
Et s'oubliant à te voir gaie,
Accomplissant tes fonctions
En point narquoise Déléguée.

LES COMMUNIANTES

Des ramiers
Familiers
Sous nos jupes palpitent!
Doux Çakya, venez vite
Les faire prisonniers!

Défaillantes, les Étoiles que la lumière
Épuise, battent plus faiblement des paupières.

Le ver-luisant s'éteint à bout, l'Être pâmé
Agonise à tâtons et se meurt à jamais.

Et l'Idéal égrène en ses mains fugitives
L'éternel chapelet des planètes plaintives.

> Pauvres fous, vraiment pauvres fous!
> Puis, quand on a fait la crapule,
> On revient geindre au crépuscule,
> Roulant son front dans les genoux
> Des Saintes boudhiques Nounous.

COMPLAINTE
DE CETTE BONNE LUNE

On entend les Étoiles :

Dans l'giron
Du Patron,
On y danse, on y danse,
Dans l'giron
Du Patron,
On y danse tous en rond

— Là, voyons, mam'zell' la Lune,
Ne gardons pas ainsi rancune;
Entrez en danse, et vous aurez
Un collier de soleils dorés.

— Mon Dieu, c'est à vous bien honnête,
Pour une pauvre Cendrillon;
Mais, me suffit le médaillon
Que m'a donné ma sœur planète.

— Fi! votre Terre est un suppôt
De la Pensée! Entrez en fête;
Pour sûr, vous tournerez la tête
Aux astres les plus comme il faut.

— Merci, merci, je n'ai que ma mie,
Juste que je l'entends gémir !

— Vous vous trompez, c'est le soupir
Des universelles chimies !

— Mauvaises langues, taisez-vous !
Je dois veiller. Tas de traînées,
Allez courir vos guilledous !

— Va donc, rosière enfarinée !
Hé ! Notre-Dame des gens soûls,
Des filous et des loups-garous !
Metteuse en rut des vieux matous !
Coucou !

Exeunt *les étoiles. Silence et Lune. On entend :*

Sous l'plafond
Sans fond,
On y danse, on y danse,
Sous l'plafond
Sans fond,
On y danse tous en rond.

COMPLAINTE DES PIANOS
QU'ON ENTEND DANS LES QUARTIERS AISÉS

Menez l'âme que les Lettres ont bien nourrie,
Les pianos, les pianos, dans les quartiers aisés !
Premiers soirs, sans pardessus, chaste flânerie,
Aux complaintes des nerfs incompris ou brisés.

       Ces enfants, à quoi rêvent-elles,
       Dans les ennuis des ritournelles ?

           — « Préaux des soirs,
           Christs des dortoirs !

       « Tu t'en vas et tu nous laisses,
       Tu nous laiss's et tu t'en vas,
       Défaire et refaire ses tresses,
       Broder d'éternels canevas. »

Jolie ou vague ? triste ou sage ? encore pure ?
Ô jours, tout m'est égal ? ou, monde, moi je veux ?
Et si vierge, du moins, de la bonne blessure,
Sachant quels gras couchants ont les plus blancs aveux ?

       Mon Dieu, à quoi donc rêvent-elles ?
       À des Roland, à des dentelles ?

   — « Cœurs en prison,
   Lentes saisons!

  « Tu t'en vas et tu nous quittes,
  Tu nous quitt's et tu t'en vas!
  Couvent gris, chœurs de Sulamites,
  Sur nos seins nuls croisons nos bras. »

Fatales clés de l'être un beau jour apparues;
Psitt! aux hérédités en ponctuels ferments,
Dans le bal incessant de nos étranges rues;
Ah! pensionnats, théâtres, journaux, romans!

  Allez, stériles ritournelles,
  La vie est vraie et criminelle.

   — « Rideaux tirés,
   Peut-on entrer?

  « Tu t'en vas et tu nous laisses,
  Tu nous laiss's et tu t'en vas,
  La source des frais rosiers baisse,
  Vraiment! Et lui qui ne vient pas... »

Il viendra! Vous serez les pauvres cœurs en faute,
Fiancés au remords comme aux essais sans fond,
Et les suffisants cœurs cossus, n'ayant d'autre hôte
Qu'un train-train pavoisé d'estime et de chiffons

  Mourir? peut-être brodent-elles,
  Pour un oncle à dot, des bretelles?

   — « Jamais! Jamais!
   Si tu savais!

« Tu t'en vas et tu nous quittes,
Tu nous quitt's et tu t'en vas,
Mais tu nous reviendras bien vite
Guérir mon beau mal, n'est-ce pas? »

Et c'est vrai! l'Idéal les fait divaguer toutes,
Vigne bohême, même en ces quartiers aisés.
La vie est là; le pur flacon des vives gouttes
Sera, *comme il convient*, d'eau propre baptisé.

Aussi, bientôt, se joueront-elles
De plus exactes ritournelles.

« — Seul oreiller!
Mur familier!

« Tu t'en vas et tu nous laisses,
Tu nous laiss's et tu t'en vas.
Que ne suis-je morte à la messe!
Ô mois, ô linges, ô repas! »

COMPLAINTE
DE LA BONNE DÉFUNTE

Elle fuyait par l'avenue,
Je la suivais illuminé,
Ses yeux disaient : « J'ai deviné
Hélas! que tu m'as reconnue! »

Je la suivis illuminé!
Yeux désolés, bouche ingénue,
Pourquoi l'avais-je reconnue,
Elle, loyal rêve mort-né?

Yeux trop mûrs, mais bouche ingénue;
Œillet blanc, d'azur trop veiné;
Oh! oui, rien qu'un rêve mort-né,
Car, défunte elle est devenue.

Gis, œillet, d'azur trop veiné,
La vie humaine continue
Sans toi, défunte devenue.
— Oh! je rentrerai sans dîner!

Vrai, je ne l'ai jamais connue.

COMPLAINTE
DE L'ORGUE DE BARBARIE

Orgue, orgue de Barbarie,
Don Quichotte, Souffre-Douleur,
Vidasse, vidasse ton cœur,
Ma pauvre rosse endolorie.

      Hein, étés idiots,
      Octobres malades,
      Printemps, purges fades,
      Hivers tout vieillots?

— « Quel silence, dans la forêt d'automne,
Quand le soleil en son sang s'abandonne! »

      Gaz, haillons d'affiches,
      Feu les casinos,
      Cercueils des pianos,
      Ah! mortels postiches.

— « Déjà la nuit, qu'on surveille à peine
Le frou-frou de sa titubante traîne. »

      Romans pour les quais,
      Photos élégiaques,
      Escarpins, vieux claques,
      D'un coup de balai!

— « Oh! j'ai peur, nous avons perdu la route;
Paul, ce bois est mal famé! chut, écoute... »

> Végétal fidèle,
> Ève aime toujours
> LUI! jamais pour
> Nous, jamais pour elle.

— « Ô ballets corrosifs! réel, le crime?
La lune me pardonnait dans les cimes. »

> Vêpres, Ostensoirs,
> Couchants! Sulamites
> De province aux rites
> Exilants des soirs!

— « Ils m'ont brûlée; et depuis, vagabonde
Au fond des bois frais, j'implore le monde. »

> Et les vents s'engueulent,
> Tout le long des nuits!
> Qu'est-c'que moi j'y puis,
> Qu'est-ce donc qu'ils veulent?

— « Je vais guérir, voyez la cicatrice,
Oh! je ne veux pas aller à l'hospice! »

> Des berceaux fienteux
> Aux bières de même,
> Bons couples sans gêne,
> Tournez deux à deux.

Orgue, Orgue de Barbarie!
Scie autant que Souffre-Douleur,
Vidasse, vidasse ton cœur,
Ma pauvre rosse endolorie.

COMPLAINTE
D'UN CERTAIN DIMANCHE

L'homme n'est pas méchant, ni la femme éphémère.
Ah! fous dont au casino battent les talons,
.Tout homme pleure un jour et toute femme est mère,
      Nous sommes tous filials, allons!
Mais quoi! les Destins ont des partis-pris si tristes,
Qui font que, les uns loin des autres, l'on s'exile,
Qu'on se traite à tort et à travers d'égoïstes,
Et qu'on s'use à trouver quelque unique Évangile.
Ah! jusqu'à ce que la nature soit bien bonne,
      Moi je veux vivre monotone.

Dans ce village en falaises, loin, vers les cloches,
Je redescends dévisagé par les enfants
Qui s'en vont faire bénir de tièdes brioches;
      Et rentré, mon sacré-cœur se fend!
Les moineaux des vieux toits pépient à ma fenêtre,
Ils me regardent dîner, sans faim, à la carte;
Des âmes d'amis morts les habitent peut-être?
Je leur jette du pain : comme blessés, ils partent!
Ah! jusqu'à ce que la nature soit bien bonne,
      Moi je veux vivre monotone.

Elle est partie hier. Suis-je pas triste d'elle ?
Mais c'est vrai ! Voilà donc le fond de mon chagrin !
Oh ! ma vie est aux plis de ta jupe fidèle !
       Son mouchoir me flottait sur le Rhin....
Seul. — Le Couchant retient un moment son Quadrige
En rayons où le ballet des moucherons danse,
Puis, vers les toits fumants de la soupe, il s'afflige...
Et c'est le Soir, l'insaisissable confidence...
Ah ! jusqu'à ce que la nature soit bien bonne,
       Faudra-t-il vivre monotone ?

Que d'yeux, en éventail, en ogive, ou d'inceste,
Depuis que l'Être espère, ont réclamé leurs droits !
Ô ciels, les yeux pourrissent-ils comme le reste ?
       Oh ! qu'il fait seul ! oh ! fait-il froid !
Oh ! que d'après-midi d'automne à vivre encore !
Le Spleen, eunuque à froid, sur nos rêves se vautre !
Or, ne pouvant redevenir des madrépores,
Ô mes humains, consolons-nous les uns les autres.
Et jusqu'à ce que la nature soit bien bonne,
       Tâchons de vivre monotone.

COMPLAINTE
D'UN AUTRE DIMANCHE

C'était un très-au vent d'octobre paysage,
Que découpe, aujourd'hui dimanche, la fenêtre,
Avec sa jalousie en travers, hors d'usage,
Où sèche, depuis quand! une paire de guêtres
Tachant de deux mals blancs ce glabre paysage.

Un couchant mal bâti suppurant du livide;
Le coin d'une buanderie aux tuiles sales;
En plein, le Val-de-Grâce, comme un qui préside;
Cinq arbres en proie à de mesquines rafales
Qui marbrent ce ciel crû de bandages livides.

Puis les squelettes de glycines aux ficelles,
En proie à des rafales encor plus mesquines!
Ô lendemains de noce! ô bribes de dentelles!
Montrent-elles assez la corde, ces glycines
Recroquevillant leur agonie aux ficelles!

Ah! qu'est-ce que je fais, ici, dans cette chambre!
Des vers. Et puis, après? ô sordide limace!
Quoi! la vie est unique, et toi, sous ce scaphandre,
Tu te racontes sans fin, et tu te ressasses!
Seras-tu donc toujours un qui garde la chambre?

Ce fut un bien au vent d'octobre paysage....

COMPLAINTE
DU FŒTUS DE POÈTE

Blasé dis-je! En avant,
Déchirer la nuit gluante des racines,
À travers maman, amour tout d'albumine,
Vers le plus clair! vers l'alme et riche étamine
D'un soleil levant!

— Chacun son tour, il est temps que je m'émancipe,
Irradiant des Limbes mon inédit type!

En avant!
Sauvé des steppes du mucus, à la nage
Téter soleil! et soûl de lait d'or, bavant,
Dodo à les seins dorloteurs des nuages,
Voyageurs savants!

— À rêve que veux-tu, là-bas, je vivrai dupe
D'une âme en coup de vent dans la fraîcheur des jupes!

En avant!
Dodo sur le lait caillé des bons nuages
Dans la main de Dieu, bleue, aux mille yeux vivants
Aux pays du vin viril faire naufrage!
Courage,
Là, là, je me dégage....

— Et je communierai, le front vers l'Orient,
Sous les espèces des baisers inconscients !

En avant !
Cogne, glas des nuits ! filtre, soleil solide !
Adieu, forêts d'aquarium qui, me couvant,
Avez mis ce levain dans ma chrysalide !
Mais j'ai froid ? En avant !
Ah ! maman....

Vous, Madame, allaitez le plus longtemps possible
Et du plus Seul de vous ce pauvre enfant-terrible.

COMPLAINTE
DES PUBERTÉS DIFFICILES

Un éléphant de Jade, œil mi-clos souriant,
Méditait sous la riche éternelle pendule,
Bon boudha d'exilé qui trouve ridicule
Qu'on pleure vers les Nils des couchants d'Orient,
      Quand bave notre crépuscule.

      Mais, sot Éden de Florian,
En un vase de Sèvre où de fins bergers fades
S'offrent des bouquets bleus et des moutons frisés,
Un œillet expirait ses pubères baisers
Sous la trompe sans flair de l'éléphant de Jade.

      À ces bergers peints de pommade
Dans le lait, à ce couple impuissant d'opéra
Transi jusqu'au trépas en la pâte de Sèvres,
Un gros petit dieu Pan venu de Tanagra
Tendait ses bras tout inconscients et ses lèvres.

      Sourds aux vanités de Paris,
      Les lauriers fanés des tentures,
      Les mascarons d'or des lambris,
      Les bouquins aux pâles reliures
      Tournoyaient par la pièce obscure,
      Chantant, sans orgueil, sans mépris :
« Tout est frais dès qu'on veut comprendre la Nature. »

Mais lui, cabré devant ces soirs accoutumés,
Où montait la gaîté des enfants de son âge,
Seul au balcon, disait, les yeux brûlés de rages :
« J'ai du génie, enfin : nulle ne veut m'aimer ! »

COMPLAINTE
DE LA FIN DES JOURNÉES

Vous qui passez, oyez donc un pauvre être,
Chassé des *Simples* qu'on peut reconnaître
Soignant, las, quelque œillet à leur fenêtre!
        Passants, hâtifs passants,
Oh! qui veut visiter les palais de mes sens?

                Maints ciboires
                De déboires,
                Un encor!

Ah! l'enfant qui vit de ce nom, poète!
Il se rêvait, seul, pansant Philoctète
Aux nuits de Lemnos; ou, loin, grêle ascète.
        Et des vers aux moineaux,
Par le lycée en vacances, sous les préaux!

                Offertoire,
                En mémoire
                D'un consort.

Mon Dieu, que tout fait signe de se taire!
Mon Dieu, qu'on est follement solitaire!
Où sont tes yeux, premier dieu de la Terre
        Qui ravala ce cri :
« Têtue Éternité! je m'en vais incompris...? »

                    Pauvre histoire!
                    Transitoire
                    Passe-port?

J'ai dit : mon Dieu. La terre est orpheline
Aux ciels, parmi les séminaires des Routines.
Va, suis quelque robe de mousseline...
                    — Inconsciente Loi,
Faites que ce crachoir s'éloigne un peu de moi!

                    Vomitoire
                    De la Foire,
                    C'est la mort.

COMPLAINTE DE LA VIGIE
AUX MINUITS POLAIRES

Le Globe, vers l'aimant,
Chemine exactement,
Teinté de mers si bleues,
De cités tout en toits,
De réseaux de convois
Qui grignottent des lieues.

Ô ma côte en sanglots!
Pas loin de Saint-Malo,
Un bourg fumeux vivotte,
Qui tient sous son clocher,
Où grince un coq perché,
L'Ex-Voto d'un pilote!

Aux cierges, au vitrail,
D'un autel en corail,
Une jeune Madone
Tend, d'un air ébaubi,
Un beau cœur de rubis
Qui se meurt et rayonne!

Un gros cœur tout en sang,
Un bon cœur ruisselant,
Qui, du soir à l'aurore,

Et de l'aurore au soir,
Se meurt, de ne pouvoir
Saigner, ah! saigner plus encore!

COMPLAINTE DE LA LUNE
EN PROVINCE

Ah! la belle pleine Lune,
Grosse comme une fortune!

La retraite sonne au loin,
Un passant, monsieur l'adjoint;

Un clavecin joue en face,
Un chat traverse la place :

La province qui s'endort!
Plaquant un dernier accord,

Le piano clôt sa fenêtre.
Quelle heure peut-il bien être?

Calme Lune, quel exil!
Faut-il dire : ainsi soit-il?

Lune, ô dilettante Lune,
À tous les climats commune,

Tu vis hier le Missouri,
Et les remparts de Paris,

Les fiords bleus de la Norwège,
Les pôles, les mers, que sais-je?

Lune heureuse! ainsi tu vois,
À cette heure, le convoi

De son voyage de noce!
Ils sont partis pour l'Écosse.

Quel panneau, si, cet hiver,
Elle eût pris au mot mes vers!

Lune, vagabonde Lune,
Faisons cause et mœurs communes?

Ô riches nuits! je me meurs,
La province dans le cœur!

Et la lune a, bonne vieille,
Du coton dans les oreilles.

COMPLAINTE DES PRINTEMPS

> Permettez, ô sirène,
> Voici que votre haleine
> Embaume la verveine;
> C'est l'printemps qui s'amène!

— Ce système, en effet, ramène le printemps,
Avec son impudent cortège d'excitants.

> Ôtez donc ces mitaines;
> Et n'ayez, inhumaine,
> Que mes soupirs pour traîne :
> Ous'qu'il y a de la gêne....

— Ah! yeux bleus méditant sur l'ennui de leur art!
Et vous, jeunes divins, aux soirs crus de hasard!

> Du géant à la naine,
> Vois, tout bon sire entraîne
> Quelque contemporaine,
> Prendre l'air, par hygiène...

— Mais vous saignez ainsi pour l'amour de l'exil!
Pour l'amour de l'Amour! D'ailleurs, ainsi soit-il...

T'ai-je fait de la peine?
Oh! viens vers les fontaines
Où tournent les phalènes
Des Nuits Élyséennes!

— Pimbêche aux yeux vaincus, bellâtre aux beaux jarrets
Donnez votre fumier à la fleur du Regret.

Voilà que son haleine
N'embaum' plus la verveine!
Drôle de phénomène...
Hein, à l'année prochaine?

— Vierges d'hier, ce soir traîneuses de fœtus,
À genoux! voici l'heure où se plaint l'Angelus.

Nous n'irons plus aux bois,
Les pins sont éternels,
Les cors ont des appels!...

Neiges des pâles mois,
Vous serez mon missel!
— Jusqu'au jour de dégel.

COMPLAINTE
DE L'AUTOMNE MONOTONE

Automne, automne, adieux de l'Adieu!
La tisane bout, noyant mon feu;
        Le vent s'époumonne
À reverdir la bûche où mon grand cœur tisonne.
        Est-il de vrais yeux?
Nulle ne songe à m'aimer un peu.

            Milieux aptères,
            Ou sans divans;
            Regards levants,
            Deuils solitaires
            Vers des Sectaires!

Le vent, la pluie, oh! le vent, la pluie!
Antigone, écartez mon rideau;
        Cet ex-ciel tout suie,
Fond-il *decrescendo, statu quo, crescendo?*
        Le vent qui s'ennuie,
Retourne-t-il bien les parapluies?

            Amours, gibiers!
            Aux jours de givre,
            Rêver sans livre,

Dans les terriers
Chauds de fumiers!

Plages, chemins de fer, ciels, bois morts,
Bateaux croupis dans les feuilles d'or,
Le quart aux étoiles,
Paris grasseyant par chic aux prises de voiles :
De trop poignants cors
M'ont hallalisé ces chers décors.

Meurtres, alertes,
Rêves ingrats!
En croix, les bras;
Roses ouvertes,
Divines pertes!

Le soleil mort, tout nous abandonne.
Il se crut incompris. Qu'il est loin!
Vent pauvre, aiguillonne
Ces convois de martyrs se prenant à témoins!
La terre, si bonne,
S'en va, pour sûr, passer cet automne.

Nuits sous-marines!
Pourpres forêts,
Torrents de frais,
Bancs en gésines,
Tout s'illumine!

— Allons, fumons une pipette de tabac,
En feuilletant un de ces si vieux almanachs,

En rêvant de la petite qui unirait
Aux charmes de l'œillet ceux du chardonneret.

COMPLAINTE
DE L'ANGE INCURABLE

Je t'expire mes Cœurs bien barbouillés de cendres;
Vent esquinté de toux des paysages tendres!

Où vont les gants d'avril, et les rames d'antan?
L'âme des hérons fous sanglote sur l'étang.

                    Et vous, tendres
                        D'antan?

Le hoche-queue pépie aux écluses gelées;
L'amante va, fouettée aux plaintes des allées.

Sais-tu bien, folle pure, où sans châle tu vas?
— Passant oublié des yeux gais, j'aime là-bas...

                    — En allées
                        Là-bas!

Le long des marbriers (Encore un beau commerce!)
Patauge aux défoncés un convoi, sous l'averse.

Un trou, qu'asperge un prêtre âgé qui se morfond,
Bâille à ce libéré de l'être; et voici qu'on

Le déverse
Au fond.

Les moulins décharnés, ailes hier allègres,
Vois, s'en font les grands bras du haut des coteaux
maigres!

Ci-gît n'importe qui. Seras-tu différent,
Diaphane d'amour, ô Chevalier-Errant?

Claque, ô maigre
Errant!

Hurler avec les loups, aimer nos demoiselles,
Serrer ces mains sauçant dans de vagues vaisselles!

Mon pauvre vieux, il le faut pourtant! et puis, va,
Vivre est encor le meilleur parti ici-bas.

Non! vaisselles
D'ici-bas!

Au-delà plus sûr que la Vérité! des ailes
D'Hostie ivre et ravie aux cités sensuelles!

Quoi? Ni Dieu, ni l'art, ni ma Sœur Fidèle; mais
Des ailes! par le blanc suffoquant! à jamais,

Ah! des ailes
À jamais!

— Tant il est vrai que la saison dite d'automne
N'est aux cœurs mal fichus rien moins que folichonne.

COMPLAINTE
DES NOSTALGIES PRÉHISTORIQUES

La nuit bruine sur les villes.
Mal repu des gains machinals,
On dîne; et, gonflé d'idéal,
Chacun sirote son idylle,
　　Ou furtive, ou facile.

Échos des grands soirs primitifs!
Couchants aux flambantes usines,
Rude paix des sols en gésine,
Cri jailli là-bas d'un massif,
　　Violuptés à vif!

Dégringolant une vallée,
Heurter, dans des coquelicots,
Une enfant bestiale et brûlée
Qui suce, en blaguant les échos,
　　De juteux abricots.

Livrer aux langueurs des soirées
Sa toison où du cristal luit,
Pourlécher ses lèvres sucrées,
Nous barbouiller le corps de fruits
　　Et lutter comme essui!

Un moment, béer, sans rien dire,
Inquiets d'une étoile là-haut;
Puis, sans but, bien gentils satyres,
Nous prendre aux premiers sanglots
    Fraternels des crapauds.

Et, nous délèvrant de l'extase,
Oh! devant la lune en son plein,
Là-bas, comme un bloc de topaze,
Fous, nous renverser sur les reins,
    Riant, battant des mains!

La nuit bruine sur les villes :
Se raser le masque, s'orner
D'un frac deuil, avec art dîner,
Puis, parmi des vierges débiles,
    Prendre un air imbécile.

AUTRE COMPLAINTE
DE L'ORGUE DE BARBARIE

Prolixe et monocorde,
Le vent dolent des nuits
Rabâche ses ennuis,
Veut se pendre à la corde
   Des puits! et puis?
   Miséricorde!

— Voyons, qu'est-ce que je veux?
Rien. Je suis-t-il malhûreux!

Oui, les phares aspergent
Les côtes en sanglots,
Mais les volets sont clos
Aux veilleuses des vierges,
   Orgue au galop,
   Larmes des cierges!

— Après? qu'est-ce qu'on y peut?
— Rien. Je suis-t-il malhûreux!

Vous, fidèle madone,
Laissez! Ai-je assisté,
Moi, votre puberté?
Ô jours où Dieu tâtonne,

Passants d'été,
Pistes d'automne!

— Eh bien! aimerais-tu mieux...
— Rien. Je suis-t-il malhûreux!

Cultes, Littératures,
Yeux chauds, lointains ou gais,
Infinis au rabais,
Tout train-train, rien qui dure,
Oh! à jamais
Des créatures!

— Ah! ça qu'est-ce que je veux?
— Rien. Je suis-t-il malhûreux!

Bagnes des pauvres bêtes,
Tarifs d'alléluias,
Mortes aux camélias,
Oh! lendemain de fête
Et paria,
Vrai, des planètes!

— Enfin! quels sont donc tes vœux?
— Nuls. Je suis-t-il malhûreux!

La nuit monte, armistice
Des cités, des labours.
Mais il n'est pas, bon sourd,
En ton digne exercice,
De raison pour
Que tu finisses?

— Bien sûr. C'est ce que je veux.
Ah! Je suis-t-il malhûreux!

COMPLAINTE
DU PAUVRE CHEVALIER-ERRANT

Jupes des quinze ans, aurores de femmes,
Qui veut, enfin, des palais de mon âme ?
Perrons d'œillets blancs, escaliers de flamme,
        Labyrinthes alanguis,
              Édens qui
Sonneront, sous vos pas reconnus, des airs reconquis.

Instincts-levants souriant par les fentes,
Méditations un doigt à la tempe,
Souvenirs clignotant comme des lampes,
        Et, battant les corridors,
              Vains essors,
Les Dilettantismes chargés de colliers de remords.

Oui, sans bruit, vous écarterez mes branches,
Et verrez comme, à votre mine franche,
Viendront à vous mes biches les plus blanches,
        Mes ibis sacrés, mes chats,
              Et, rachats !
Ma Vipère de Lettres aux bien effaçables crachats.

Puis, frêle mise au monde ! ô Toute Fine,
Ô ma Tout-universelle orpheline,
Au fond de chapelles de mousseline
        Pâle, ou jonquille à pois noirs,
              Dans les soirs,
Feu-d'artificeront envers vous mes sens encensoirs !

Nous organiserons de ces parties!
Mes caresses, naïvement serties,
Mourront, de ta gorge aux vierges hosties,
Aux amandes de tes seins!
Ô tocsins,
Des cœurs dans le roulis des empilements de coussins.

Tu t'abandonnes au Bon, moi j'abdique;
Nous nous comblons de nos deux Esthétiques;
Tu condimentes mes piments mystiques,
J'assaisonne tes saisons;
Nous blasons,
À force d'étapes sur nos collines, l'Horizon!

Puis j'ai des tas d'éternelles histoires,
Ô mers, ô volières de ma Mémoire!
Sans compter les passes évocatoires!
Et quand tu t'endormiras,
Dans les draps
D'un somme, je t'éventerai de lointains opéras.

Orage en deux cœurs, ou jets d'eau des siestes,
Tout sera Bien, contre ou selon ton geste,
Afin qu'à peine un prétexte te reste
De froncer tes chers sourcils,
Ce souci :
« Ah! suis-je née, infiniment, pour vivre par ici? »

— Mais j'ai beau parader, toutes s'en fichent!
Et je repars avec ma folle affiche,
Boniment incompris, piteux *sandwiche:*
Au Bon Chevalier-Errant,
Restaurant,
Hôtel meublé, Cabinets de lecture, prix courants.

COMPLAINTE
DES FORMALITÉS NUPTIALES

LUI

Allons, vous prendrez froid.

ELLE

Non; je suis un peu lasse.
Je voudrais écouter toujours ce cor de chasse!

LUI

Dis, veux-tu te vêtir de mon Être éperdu?

ELLE

Tu le sais; mais il fait si pur à la fenêtre...

LUI

Ah! tes yeux m'ont trahi l'Idéal à connaître;
Et je le veux, de tout l'univers de mon être!
Dis, veux-tu?

ELLE

Devant cet univers, aussi, je me veux femme;
C'est pourquoi tu le sais. Mais quoi! ne m'as-tu pas

Prise toute déjà? par tes yeux, sans combats!
À la messe, au moment du grand Alleluia,
          N'as-tu pas eu mon âme?

                    LUI

Oui; mais l'Unique Loi veut que notre serment
Soit baptisé des roses de ta croix nouvelle;
Tes yeux se font mortels, mais ton destin m'appelle,
Car il sait que, pour naître aux moissons mutuelles,
Je dois te caresser bien singulièrement :

Vous verrez mon palais! vous verrez quelle vie!
J'ai de gros lexicons et des photographies,

               De l'eau, des fruits, maints tabacs
               Moi, plus naïf qu'hypocondre,
               Vibrant de tact à me fondre,
               Trempé dans les célibats.
               Bon et grand comme les bêtes,
               Pointilleux mais emballé,
               Inconscient mais esthète,
               Oh! veux-tu nous en aller
               Vers les pôles dont vous êtes?

Vous verrez mes voiliers! vous verrez mes jongleurs!
Vous soignerez les fleurs de mon *bateau de fleurs.*

Vous verrez qu'il y en a plus que je n'en étale,
Et quels violets gros deuil sont ma couleur locale,

Et que mes yeux sont ces vases d'Élection
Des Danaïdes où sans fin nous puiserions!

               Des prairies adorables,
               Loin des mufles des gens;

Et, sous les ciels changeants,
Maints hamacs incassables !

Dans les jardins
De nos instincts
Allons cueillir
De quoi guérir...

Cuirassés des calus de mainte expérience,
Ne mettant qu'en mes yeux leurs lettres de créance,
Les orgues de mes sens se feront vos martyrs
Vers des cieux sans échos étoilés à mourir !

ELLE

Tu le sais ; mais tout est si décevant ! ces choses
Me poignent, après tout, d'un infaillible émoi !
Raconte-moi ta vie, ou bien étourdis-moi.
Car je me sens obscure, et, je ne sais pourquoi,
Je me compare aux fleurs injustement écloses...

LUI

Tu verras, c'est un rêve. Et tu t'éveilleras
Guérie enfin du mal de pousser solitaire.
Puis, ma fine convalescente du Mystère,
On vous soignera bien, nuit et jour, seuls sur terre.
Tu verras ?

ELLE

Tu le sais. Ah ! — si tu savais ! car tu m'as prise !
Bien au-delà ! avec tes yeux, qui me suffisent.
Oui, tes yeux francs seront désormais mon église.
Avec nos regards seulement,
Alors, scellons notre serment ?

LUI

Allons, endormez-vous, mortelle fiancée.
Là, dans mes bras loyaux, sur mon grand cœur bercée,
Suffoquez aux parfums de l'unique pensée
Que la vie est sincère et m'a fait le plus fort.

ELLE

Tiens, on n'entend plus ce cor; vous savez, ce cor...

LUI

L'Ange des Loyautés l'a baisée aux deux tempes;
Elle dort maintenant dans l'angle de ma lampe.

Ô Nuit,
Fais-toi lointaine
Avec ta traîne
Qui bruit!

Ô défaillance universelle!
Mon unique va naître aux moissons mutuelles!
Pour les fortes roses de l'amour
Elle va perdre, lys pubère,
Ses nuances si solitaires,
Pour être, à son tour,
Dame d'atour
De Maïa!

Alleluia!

COMPLAINTE
DES BLACKBOULÉS

« Ni vous, ni votre art, monsieur. » C'était un dimanche,
       Vous savez où.
         À vos genoux,
Je suffoquai, suintant de longues larmes blanches.

L'orchestre du jardin jouait ce « *si tu m'aimes* »
       Que vous savez;
         Et je m'en vais
Depuis, et pour toujours, m'exilant sur ce thème.

Et toujours, ce refus si monstrueux m'effraie
       Et me confond
         Pour vous au fond,
Si Regard-Incarné! si moi-même! si vraie!

Bien. — Maintenant, voici ce que je vous souhaite,
       Puisque, après tout,
         En ce soir d'août,
Vous avez craché vers l'Art, par dessus ma tête.

Vieille et chauve à vingt ans, sois prise pour une autre,
       Et sans raison,
         Mise en prison,
Très loin, et qu'un geôlier, sur toi, des ans, se vautre.

Puis, passe à Charenton, parmi de vagues folles,
                    Avec Paris
                    Là-bas, fleuri,
Ah! rêve trop beau! Paris où je me console.

Et demande à manger, et qu'alors on confonde!
                    Qu'on croie à ton
                    Refus! et qu'on
Te nourrisse, horreur! horreur! horreur! à la sonde.

La sonde t'entre par le nez, Dieu vous bénisse!
                    À bas, les mains!
                    Et le bon vin,
Le lait, les œufs te gavent par cet orifice.

Et qu'après bien des ans de cette facétie,
                    Un interne (aux
                    Regards loyaux!)
Se trompe de conduit! et verse, et t'asphyxie.

Et voilà ce que moi, guéri, je vous souhaite,
                    Cœur rose, pour
                    Avoir un jour
Craché sur l'Art! l'Art pur! sans compter le poète.

COMPLAINTE
DES CONSOLATIONS

Quia voluit consolari.

Ses yeux ne me voient pas, son corps serait jaloux;
Elle m'a dit : « monsieur... » en m'enterrant d'un geste;
Elle est Tout, l'univers moderne et le céleste.
Soit! draguons donc Paris, et ravitaillons-nous,
        Tant bien que mal, du reste.

Les Landes sans espoir de ses regards brûlés,
Semblaient parfois des paons prêts à mettre à la voile...
Sans chercher à me consoler vers les étoiles,
Ah! Je trouverai bien deux yeux aussi sans clés,
        Au Louvre, en quelque toile!

Oh! qu'incultes, ses airs, rêvant dans la prison
D'un *cant* sur le qui-vive au travers de nos hontes!...
Mais, en m'appliquant bien, moi dont la foi démonte
Les jours, les ciels, les nuits, dans les quatre saisons
        Je trouverai mon compte.

Sa bouche! à moi, ce pli pudiquement martyr
Où s'aigrissent des nostalgies de nostalgies!
Eh bien, j'irai parfois, très sincère vigie,

Du haut de Notre-Dame aider l'aube, au sortir
          De passables orgies.

Mais, Tout va la reprendre ! — Alors Tout m'en absout.
Mais, Elle est ton bonheur ! — Non ! je suis trop immense,
Trop chose. Comment donc ! mais ma seule présence
Ici-bas, vraie à s'y mirer, est l'air de Tout :
          De la Femme au Silence !

COMPLAINTE
DES BONS MÉNAGES

L'Art sans poitrine m'a trop longtemps bercé dupe.
Si ses labours sont fiers, que ses blés décevants !
Tiens, laisse-moi bêler tout aux plis de ta jupe
      Qui fleure le couvent.

Le Génie avec moi, serf, a fait des manières ;
Toi, jupe, fais frou-frou, sans t'inquiéter pourquoi,
Sous l'œillet bleu de ciel de l'unique théière,
      Sois toi-même, à part moi.

Je veux être pendu, si tu n'es pas discrète
Et *comme il faut,* vraiment ! Et d'ailleurs tu m'es tout.
Tiens, j'aimerais les plissés de ta collerette
      Sans en venir à bout.

Mais l'Art, c'est l'Inconnu ! qu'on y dorme et s'y vautre,
On peut ne pas l'avoir constamment sur les bras !
Eh bien, ménage au vent ! Soyons Lui, Elle et l'Autre.
      Et puis, n'insistons pas.

COMPLAINTE
DE LORD PIERROT

Au clair de la lune,
Mon ami Pierrot,
Filons, en costume,
Présider là-haut !
Ma cervelle est morte.
Que le Christ l'emporte !
Béons à la Lune,
La bouche en zéro.

Inconscient, descendez en nous par réflexes ;
Brouillez les cartes, les dictionnaires, les sexes.

Tournons d'abord sur nous-même, comme un fakir !
(Agiter le pauvre être, avant de s'en servir.)

J'ai le cœur chaste et vrai comme une bonne lampe ;
Oui, je suis en taille-douce, comme une estampe.

Vénus, énorme comme le Régent,
Déjà se pâme à l'horizon des grèves ;
Et c'est l'heure, ô gens nés casés, bonnes gens,
De s'étourdir en longs trilles de rêves !
Corybanthe, aux quatre vents tous les draps !
Disloque tes pudeurs, à bas les lignes !

En costume blanc, je ferai le cygne,
Après nous le Déluge, ô ma Léda !
Jusqu'à ce que tournent tes yeux vitreux,
Que tu grelottes en rires affreux,
Hop ! enlevons sur les horizons fades
Les menuets de nos pantalonnades !
   Tiens ! l'Univers
   Est à l'envers...

   — Tout cela vous honore,
   Lord Pierrot, mais encore ?

— Ah ! qu'une, d'elle-même, un beau soir sût venir,
Ne voyant que boire à mes lèvres, ou mourir !

Je serais, savez-vous, la plus noble conquête
Que femme, au plus ravi du Rêve, eût jamais faite !

   D'ici là, qu'il me soit permis
   De vivre de vieux compromis.

   Où commence, où finit l'humaine
   Ou la divine dignité ?
   Jonglons avec les entités,
   Pierrot s'agite et Tout le mène !
   Laissez faire, laissez passer ;
   Laissez passer, et laissez faire :
   Le semblable, c'est le contraire,

   Et l'univers, c'est pas assez !
   Et je me sens, ayant pour cible
   Adopté la vie impossible,
   De moins en moins localisé !

— Tout cela vous honore,
Lord Pierrot, mais encore ?

— Il faisait, ah ! si chaud si sec.
Voici qu'il pleut, qu'il pleut, bergères !
Les pauvres Vénus bocagères
Ont la roupie à leur nez grec !

— Oh ! de moins en moins drôle ;
Pierrot sait mal son rôle ?

— J'ai le cœur triste comme un lampion forain...
Bah ! j'irai passer la nuit dans le premier train ;

Sûr d'aller, ma vie entière,
Malheureux comme les pierres. *(Bis.)*

AUTRE COMPLAINTE
DE LORD PIERROT

Celle qui doit me mettre au courant de la Femme !
Nous lui dirons d'abord, de mon air le moins froid :
« La somme des angles d'un triangle, chère âme,
            « Est égale à deux droits. »

Et si ce cri lui part : « Dieu de Dieu ! que je t'aime ! »
— « Dieu reconnaîtra les siens. » Ou piquée au vif :
— « Mes claviers ont du cœur, tu seras mon seul thème. »
            Moi : « Tout est relatif. »

De tous ses yeux, alors ! se sentant trop banale :
« Ah ! tu ne m'aimes pas ; tant d'autres sont jaloux ! »
Et moi, d'un œil qui vers l'Inconscient s'emballe :
            « Merci, pas mal ; et vous ? »

— « Jouons au plus fidèle ! » — « À quoi bon, ô Nature !
« Autant à qui perd gagne ! » Alors, autre couplet :
— « Ah ! tu te lasseras le premier, j'en suis sûre... »
            — « Après vous, s'il vous plaît. »

Enfin, si, par un soir, elle meurt dans mes livres,
Douce ; feignant de n'en pas croire encor mes yeux,
J'aurai un : « Ah ça, mais, nous avions De Quoi vivre !
            « C'était donc sérieux ? »

COMPLAINTE
SUR CERTAINS ENNUIS

Un couchant des Cosmogonies !
Ah! que la Vie est quotidienne....
Et, du plus vrai qu'on se souvienne,
Comme on fut piètre et sans génie....

On voudrait s'avouer des choses,
Dont on s'étonnerait en route,
Qui feraient une fois pour toutes !
Qu'on s'entendrait à travers poses.

On voudrait saigner le Silence,
Secouer l'exil des causeries ;
Et non ! ces dames sont aigries
Par des questions de préséance.

Elles boudent là, l'air capable.
Et, sous le ciel, plus d'un s'explique,
Par quels gâchis suresthétiques
Ces êtres-là sont adorables.

Justement, une nous appelle,
Pour l'aider à chercher sa bague,

Perdue (où dans ce terrain vague ?)
Un souvenir d'AMOUR, dit-elle !

Ces êtres-là sont adorables !

COMPLAINTE
DES NOCES DE PIERROT

Où te flatter pour boire dieu,
Ma provisoire corybante?
Je sauce mon âme en tes yeux,
Je ceins ta beauté pénitente,
Où donc vis-tu? Moi si pieux,
    Que tu m'es lente, lente!

Tes cils m'insinuent : c'en est trop;
Et leurs calices vont se clore,
Sans me jeter leur dernier mot,
Et refouler mes métaphores,
De leur petit air comme il faut?
    Isis, levez le store!

Car cette fois, c'est pour de bon;
Trop d'avrils, quittant la partie
Devant des charmes moribonds,
J'ai bâclé notre eucharistie
Sous les trépieds où ne répond
    Qu'une aveugle Pythie!

Ton tabernacle est dévasté?
Sois sage, distraite égoïste!
D'ailleurs, suppôt d'éternité,

Le spleen de tout ce qui s'existe
Veut qu'en ce blanc matin d'été,
     Je sois ton exorciste!

Ainsi, fustigeons ces airs plats
Et ces dolentes pantomimes
Couvrant d'avance du vieux glas
Mes tocsins à l'hostie ultime!
Ah! tu me comprends n'est-ce pas,
     Toi, ma moins pauvre rime?

Introïbo, voici l'Époux!
Hallali! songe au pôle, aspire;
Je t'achèterai des bijoux,
Garde-moi ton *ut* de martyre...
Quoi! bébé bercé, c'est donc tout?
     Tu n'as plus rien à dire?

— Mon dieu, mon dieu! je n'ai rien eu,
J'en suis encore aux poncifs thèmes!
Son teint me redevient connu,
Et, sur son front tout au baptême,
Aube déjà l'air ingénu!
L'air vrai! l'air non mortel quand même!

     Ce qui fait que je l'aime,

Et qu'elle est même vraiment,
     La chapelle rose
     Où parfois j'expose
     Le Saint-Sacrement
De mon humeur du moment.

COMPLAINTE
DU VENT QUI S'ENNUIE LA NUIT

Ta fleur se fane, ô fiancée?
Oh! gardes-en encore un peu
La corolle qu'a compulsée
Un soir d'ennui trop studieux!
Le vent des toits qui pleure et rage,
Dans ses assauts et ses remords,
Sied au nostalgique naufrage
Où m'a jeté la Toison-d'Or.

Le vent assiège
Dans sa tour,
Le sortilège
De l'Amour;
Et, pris au piège,
Le sacrilège
Geint sans retour.

Ainsi, mon Idéal sans bride
T'ubiquitait de ses sanglots,
Ô calice loyal mais vide
Qui jouais à me rester clos!
Ainsi dans la nuit investie,
Sur tes pétales décevants,

L'Ange fileur d'eucharisties
S'afflige tout le long du vent.

Le vent assiège
    Dans sa tour,
Le sortilège
    De l'Amour,
Et, pris au piège,
    Le sacrilège
Geint sans retour.

Ô toi qu'un remords fait si morte,
Qu'il m'est incurable, en tes yeux,
D'écouter se morfondre aux portes
Le vent aux étendards de cieux!
Rideaux verts de notre hypogée,
Marbre banal du lavabo,
Votre hébétude ravagée
Est le miroir de mon tombeau.

Ô vent, allège
    Ton discours
Des vains cortèges
    De l'humour;
Je rentre au piège,
Peut-être y vais-je,
Tuer l'Amour!

COMPLAINTE
DU PAUVRE CORPS HUMAIN

L'Homme et sa compagne sont serfs
De corps, tourbillonnants cloaques
Aux mailles de harpes de nerfs
Serves de tout et que détraque
Un fier répertoire d'attaques.

     Voyez l'homme, voyez!
     Si ça n'fait pas pitié!

Propre et correct en ses ressorts,
S'assaisonnant de modes vaines,
Il s'admire, ce brave corps,
Et s'endimanche pour sa peine,
Quand il a bien sué la semaine.

     Et sa compagne! allons,
     Ma bell', nous nous valons.

Faudrait le voir, touchant et nu
Dans un décor d'oiseaux, de roses;
Ses tics réflexes d'ingénu,
Ses plis pris de mondaines poses;
Bref, sur beau fond vert, sa chlorose.

Voyez l'Homme, voyez!
Si ça n'fait pas pitié!

Les Vertus et les Voluptés
Détraquant d'un rien sa machine,
Il ne vit que pour disputer
Ce domaine à rentes divines
Aux lois de mort qui le taquinent.

Et sa compagne! allons,
Ma bell', nous nous valons.

Il se soutient de mets pleins d'art,
Se drogue, se tond, se parfume,
Se truffe tant, qu'il meurt trop tard;
Et la cuisine se résume
En mille infections posthumes.

Oh! ce couple, voyez!
Non, ça fait trop pitié.

Mais ce microbe subversif
Ne compte pas pour la Substance,
Dont les déluges corrosifs
Renoient vite pour l'Innocence
Ces fols germes de conscience.

Nature est sans pitié
Pour son petit dernier.

COMPLAINTE DU ROI DE THULÉ

Il était un roi de Thulé,
          Immaculé,
Qui, loin des jupes et des choses,
Pleurait sur la métempsychose
          Des lys en roses,
          Et quel palais !

Ses fleurs dormant, il s'en allait,
          Traînant des clés,
Broder aux seuls yeux des étoiles,
Sur une tour, un certain Voile
          De vive toile,
          Aux nuits de lait !

Quand le voile fut bien ourlé,
          Loin de Thulé,
Il rama fort sur les mers grises,
Vers le soleil qui s'agonise,
          Féerique Église !
          Il ululait :

« Soleil-crevant, encore un jour,
Vous avez tendu votre phare
Aux holocaustes vivipares,
Du culte qu'ils nomment l'Amour.

« Et comme, devant la nuit fauve,
Vous vous sentez défaillir,
D'un dernier flot d'un sang martyr
Vous lavez le seuil de l'Alcôve !

« Soleil ! Soleil ! moi je descends
Vers vos navrants palais polaires,
Dorloter dans ce Saint-Suaire
          Votre cœur bien en sang,
          En le berçant ! »

Il dit, et, le Voile étendu,
          Tout éperdu,
Vers les coraux et les naufrages,
Le roi raillé des doux corsages,
          Beau comme un Mage
          Est descendu !

Braves amants ! aux nuits de lait,
          Tournez vos clés !
Une ombre, d'amour pur transie,
Viendrait vous gémir cette scie :
« Il était un roi de Thulé
          Immaculé... »

COMPLAINTE
DU SOIR DES COMICES AGRICOLES

Deux royaux cors de chasse ont encore un duo

Aux échos,

Quelques fusées reniflent s'étouffer là-haut !

Allez, allez, gens de la noce,

Qu'on s'en donne une fière bosse !

Et comme le jour naît, que bientôt il faudra,

À deux bras,

Peiner, se recrotter dans les labours ingrats,

Allez, allez, gens que vous êtes,

C'est pas tous les jours jour de fête !

Ce violon incompris pleure au pays natal,

Loin du bal,

Et le piston risque un appel vers l'Idéal...

Mais le flageolet les rappelle,

Et allez donc, mâl's et femelles !

Un couple erre parmi les rêves des grillons,

Aux sillons ;

La fille écoute en tourmentant son médaillon.

Laissez, laissez, ô cors de chasse,
Puisque c'est le sort de la race.

Les beaux cors se sont morts; mais cependant qu'au loin,
Dans les foins,
Crèvent deux rêves niais, sans maire et sans adjoint.

Pintez, dansez, gens de la Terre,
Tout est un triste et vieux Mystère.

— Ah! le Premier que prit ce besoin insensé
De danser
Sur ce monde enfantin dans l'Inconnu lancé!

Ô Terre, ô terre, ô race humaine,
Vous me faites bien de la peine.

COMPLAINTE DES CLOCHES

Dimanche, à Liége.

Bin bam, bin bam,
Les cloches, les cloches,
Chansons en l'air, pauvres reproches!
Bin bam, bin bam,
Les cloches en Brabant!

Petits et gros, clochers en fête,
De l'hôpital à l'Évêché,
Dans ce bon ciel endimanché,
Se carillonnent, et s'entêtent,
À tue-tête! à tue-tête!

Bons vitraux, saignez impuissants
Aux allégresses hosannahlles
Des orgues lâchant leurs pédales,
Les tuyaux bouchés par l'encens!
Car il descend! il descend!

Voici les lentes oriflammes
Où flottent la Vierge et les Saints!
Les cloches, leur battant des mains,
S'étourdissent en jeunes gammes
Hymniclames! hymniclames!

Va, Globe aux studieux pourchas,
Où Dieu à peine encor s'épèle!
Bondis, Jérusalem nouvelle,
Vers les nuits grosses de rachats,
        Où les lys! ne filent pas!

Édens mûrs, Unique Bohême!
Nous, les beaux anges effrénés;
Elles, des Regards incarnés,
Pouvant nous chanter, sans blasphème :
        Que je t'aime! pour moi-même!

Oui, les cloches viennent de loin!
Oui, oui, l'Idéal les fit fondre
Pour rendre les gens hypocondres,
Vêtus de noir, tendant le poing
        Vers un Témoin! Un Témoin!

Ah! cœur-battant, cogne à tue-tête
Vers ce ciel niais endimanché!
Clame, à jaillir de ton clocher,
Et nous retombe à jamais BÊTE.
        Quelle fête! quelle fête!

        Bin bam, bin bam,
    Les cloches! les cloches!
Chansons en l'air, pauvres reproches!
        Bin bam, bin bam,
    Les cloches en Brabant! [1]

1. Et ailleurs.

COMPLAINTE DES GRANDS PINS
DANS UNE VILLA ABANDONNÉE

À Bade.

Tout hier, le soleil a boudé dans ses brumes,
Le vent jusqu'au matin n'a pas décoléré,
Mais, nous point des coteaux là-bas, un œil sacré
Qui va vous bousculer ces paquets de bitume!

> — Ah! vous m'avez trop, trop vanné,
> Bals de diamants, hanches roses;
> Et, bien sûr, je n'étais pas né
> Pour ces choses.

— Le vent jusqu'au matin n'a pas décoléré.
Oh! ces quintes de toux d'un chaos bien posthume,

> — Prés et bois vendus! Que de gens,
> Qui me tenaient mes gants, serviles,
> À cette heure, de mes argents,
> Font des piles!

— Délayant en ciels bas ces paquets de bitume
Qui grimpaient talonnés de noirs Misérérés!

> — Elles, coudes nus dans les fruits,
> Riant, changeant de doigts leurs bagues;

Comme nos plages et nos nuits
            Leur sont vagues!

— Oh! ces quintes de toux d'un chaos bien posthume!
Chantons comme Memnon, le soleil a filtré,

            — Et moi, je suis dans ce lit cru
        De chambre d'hôtel, fade chambre,
        Seul, battu dans les vents bourrus
            De novembre.

— Qui, consolant des vents les noirs Misérérés,
Des nuages en fuite éponge au loin l'écume.

            — Berthe aux sages yeux de lilas,
        Qui priais Dieu que je revinsse,
        Que fais-tu, mariée là-bas,
            En province?

— Memnons, ventriloquons! le cher astre a filtré
Et le voilà qui tout authentique s'exhume!

            — Oh! quel vent! adieu tout sommeil;
        Mon Dieu, que je suis bien malade!
        Oh! notre croisée au soleil
            Bon, à Bade.

— Il rompt ses digues! vers les grands labours qui
Saint Sacrement! et *Labarum* des *Nox iræ* !   fument!

            — Et bientôt, seul, je m'en irai,
        À Montmartre, en cinquième classe,
        Loin de père et mère, enterrés
            En Alsace.

COMPLAINTE
SUR CERTAINS TEMPS DÉPLACÉS

Le couchant de sang est taché
Comme un tablier de boucher;
Oh! qui veut aussi m'écorcher!

— Maintenant c'est comme une rade!
Ça vous fait le cœur tout nomade,
À cingler vers mille Lusiades!

Passez, ô nuptials appels,
Vers les comptoirs, les Archipels
Où l'on mastique le bétel!

Je n'aurai jamais d'aventures;
Qu'il est petit, dans la Nature,
Le chemin d'fer Paris-Ceinture!

— V'là l'fontainier! il siffle l'air
(Connu) du bon roi Dagobert;
Oh! ces matins d'avril en mer!

— Le vent galope ventre à terre,
En vain voudrait-on le fair' taire!
Ah! nom de Dieu quelle misère!

— Le Soleil est mirobolant
Comme un poitrail de chambellan,
J'en demeure les bras ballants;

Mais jugez si ça m'importune,
Je rêvais en plein de lagunes
De Venise au clair de la lune!

— Vrai! la vie est pour les badauds;
Quand on a du dieu sous la peau,
On cuve ça sans dire mot.

L'obélisque quadrangulaire,
De mon spleen monte; j'y digère,
En stylite, ce gros Mystère.

COMPLAINTE
DES CONDOLÉANCES AU SOLEIL

Décidément, bien don Quichotte, et pas peu sale,
Ta Police, ô Soleil! malgré tes grands Levers,
Et tes couchants des beaux Sept-Glaives abreuvés,
Rosaces en sang d'une aveugle Cathédrale!

Sans trêve, aux spleens d'amour sonner des hallalis!
Car, depuis que, majeur, ton fils calcule et pose,
Labarum des glaciers! fais-tu donc autre chose
Que chasser devant toi des dupes de leurs lits?

Certes, dès qu'aux rideaux aubadent tes fanfares,
Ces piteux d'infini, clignant de gluants deuils,
Rhabillent leurs tombeaux, en se cachant de l'œil
Qui cautérise les citernes les plus rares!

Mais tu ne te dis pas que, là-bas, bon Soleil,
L'autre moitié n'attendait que ta défaillance,
Et déjà se remet à ses expériences,
Alléguant quoi? la nuit, l'usage, le sommeil....

Or, à notre guichet, tu n'es pas mort encore,
Pour aller fustiger de rayons ces mortels,
Que nos bateaux sans fleurs rerâlent vers leurs ciels
D'où pleurent des remparts brodés contre l'aurore!

Alcôve des Danaïdes, triste astre! — Et puis,
Ces jours où, tes fureurs ayant fait les nuages,
Tu vas sans pouvoir les percer, blême de rage
De savoir seul et tout à ses aises l'Ennui!

Entre nous donc, bien don Quichotte, et pas moins
Ta Police, ô Soleil, malgré tes grands Levers,   sale,
Et tes couchants des beaux Sept-Glaives abreuvés,
Rosaces en sang d'une aveugle Cathédrale!

COMPLAINTE
DE L'OUBLI DES MORTS

Mesdames et Messieurs,
Vous dont la mère est morte,
C'est le bon fossoyeux
Qui gratte à votre porte.

Les morts
C'est sous terre;
Ça n'en sort
Guère.

Vous fumez dans vos bocks,
Vous soldez quelque idylle,
Là bas chante le coq,
Pauvres morts hors des villes!

Grand-papa se penchait,
Là, le doigt sur la tempe,
Sœur faisait du crochet,
Mère montait la lampe.

Les morts
C'est discret,
Ça dort
Trop au frais.

Vous avez bien dîné,
Comment va cette affaire?
Ah! les petits mort-nés
Ne se dorlotent guère!

Notez, d'un trait égal,
Au livre de la caisse,
Entre deux frais de bal :
Entretien tombe et messe.

C'est gai,
Cette vie;
Hein, ma mie,
Ô gué?

Mesdames et Messieurs,
Vous dont la sœur est morte,
Ouvrez au fossoyeux
Qui claque à votre porte;

Si vous n'avez pitié,
Il viendra (sans rancune)
Vous tirer par les pieds,
Une nuit de grand'lune!

Importun
Vent qui rage!
Les défunts?
Ça voyage....

COMPLAINTE
DU PAUVRE JEUNE HOMME

Sur l'air populaire :
« Quand le bonhomm' revint du bois. »

Quand ce jeune homm' rentra chez lui,
Quand ce jeune homm' rentra chez lui ;
Il prit à deux mains son vieux crâne,
Qui de science était un puits !
   Crâne
    Riche crâne,
Entends-tu la Folie qui plane ?
Et qui demande le cordon,
Digue dondaine, digue dondaine,
Et qui demande le cordon,
Digue dondaine, digue dondon !

Quand ce jeune homm' rentra chez lui,
Quand ce jeune homm' rentra chez lui ;
Il entendit de tristes gammes,
Qu'un piano pleurait dans la nuit !
   Gammes,
    Vieilles gammes,
Ensemble, enfants, nous vous cherchâmes !
Son mari m'a fermé sa maison,
Digue dondaine, digue dondaine,

Son mari m'a fermé sa maison,
Digue dondaine, digue dondon!

Quand ce jeune homm' rentra chez lui,
Quand ce jeune homm' rentra chez lui;
Il mit le nez dans sa belle âme,
Où fermentaient des tas d'ennuis!
        Âme,
          Ma belle âme,
Leur huile est trop sal' pour ta flamme!
Puis, nuit partout! lors, à quoi bon?
Digue dondaine, digue dondaine,
Puis, nuit partout! lors, à quoi bon?
Digue dondaine, digue dondon!

Quand ce jeune homm' rentra chez lui,
Quand ce jeune homm' rentra chez lui;
Il vit que sa charmante femme,
Avait déménagé sans lui!
        Dame,
          Notre-Dame,
Je n'aurai pas un mot de blâme!
Mais t'aurais pu m'laisser l'charbon [1]
Digue dondaine, digue dondaine,
Mais t'aurais pu m'laisser l'charbon,
Digue dondaine, digue dondon.

Lors, ce jeune homme aux tels ennuis,
Lors, ce jeune homme aux tels ennuis;
Alla décrocher une lame,
Qu'on lui avait fait cadeau avec l'étui!
        Lame,
          Fine lame,

---

1. Pour s'asphyxier.

Soyez plus droite que la femme!
Et vous, mon Dieu, pardon! pardon!
Digue dondaine, digue dondaine,
Et vous, mon Dieu, pardon! pardon!
Digue dondaine, digue dondon!

Quand les croq'morts vinrent chez lui,
Quand les croq'morts vinrent chez lui;
Ils virent qu'c'était un'belle âme,
Comme on n'en fait plus aujourd'hui!
Âme,
Dors, belle âme!
Quand on est mort c'est pour de bon,
Digue dondaine, digue dondaine,
Quand on est mort c'est pour de bon,
Digue dondaine, digue dondon!

COMPLAINTE
DE L'ÉPOUX OUTRAGÉ

Sur l'air populaire :
« Qu'allais-tu faire à la fontaine ? »

— Qu'alliez-vous faire à la Mad'leine,
    Corbleu, ma moitié.
Qu'alliez-vous faire à la Mad'leine ?

  — J'allais prier pour qu'un fils nous vienne,
    Mon Dieu, mon ami ;
J'allais prier pour qu'un fils nous vienne.

   — Vous vous teniez dans un coin, debout,
    Corbleu, ma moitié !
Vous vous teniez dans un coin debout.

 — Pas d'chaise économis' trois sous,
    Mon Dieu, mon ami ;
Pas d'chaise économis' trois sous.

 — D'un officier, j'ai vu la tournure,
    Corbleu, ma moitié !
D'un officier, j'ai vu la tournure.

— C'était ce Christ grandeur nature,
        Mon Dieu, mon ami;
C'était ce Christ grandeur nature.

— Les Christs n'ont pas la croix d'honneur,
        Corbleu, ma moitié!
Les Christs n'ont pas la croix d'honneur.

— C'était la plaie du Calvaire, au cœur,
        Mon Dieu, mon ami;
C'était la plaie du Calvaire au cœur.

— Les Christs n'ont qu'au flanc seul la plaie,
        Corbleu, ma moitié!
Les Christs n'ont qu'au flanc seul la plaie!

— C'était une goutte envolée,
        Mon Dieu, mon ami;
C'était une goutte envolée.

— Aux Crucifix on n' parl' jamais,
        Corbleu, ma moitié!
Aux Crucifix on n' parl' jamais!

— C'était du trop d'amour qu'j'avais,
        Mon Dieu, mon ami,
C'était du trop d'amour qu'j'avais!

— Et moi j'te brûl'rai la cervelle,
        Corbleu, ma moitié,
Et moi j'te brûl'rai la cervelle!

— Lui, il aura mon âme immortelle,
        Mon Dieu, mon ami,
Lui, il aura mon âme immortelle!

COMPLAINTE
VARIATIONS SUR LE MOT
« FALOT, FALOTTE »

Falot, falotte !
Sous l'aigre averse qui clapote.
Un chien aboie aux feux-follets,
Et puis se noie, taïaut, taïaut !
La Lune, voyant ces ballets,
      Rit à Pierrot !
      Falot ! falot !

Falot, falotte !
Un train perdu, dans la nuit, stoppe
Par les avalanches bloqué ;
Il siffle au loin ! et les petiots
Croient ouïr les méchants hoquets
      D'un grand crapaud !
      Falot, falot !

Falot, falotte !
La danse du bateau-pilote,
Sous l'œil d'or du phare, en péril !
Et sur les *steamers*, les galops
Des vents filtrant leurs longs exils
      Par les hublots !
      Falot, falot !

Falot, falotte!
La petite vieille qui trotte,
Par les bois aux temps pluvieux,
Cassée en deux sous le fagot
Qui réchauffera de son mieux
        Son vieux fricot!
        Falot, falot!

Falot, falotte!
Sous sa lanterne qui tremblotte,
Le fermier dans son potager
S'en vient cueillir des escargots,
Et c'est une étoile au berger
        Rêvant là-haut!
        Falot, falot!

Falot, falotte!
Le lumignon au vent toussotte,
Dans son cornet de gras papier;
Mais le passant en son pal'tot
Ô mandarines des Janviers,
        File au galop!
        Falot, falot!

Falot, falotte!
Un chiffonnier va sous sa hotte;
Un réverbère près d'un mur
Où se cogne un vague soulaud,
Qui l'embrasse comme un pur,
        Avec des mots!
        Falot, falot!

Falot, falotte!
Et c'est ma belle âme en ribotte,
Qui se sirote et se fait mal,

Et fait avec ses grands sanglots,
Sur les beaux lacs de l'Idéal
        Des ronds dans l'eau!
    Falot, falot!

COMPLAINTE DU TEMPS
ET DE SA COMMÈRE L'ESPACE

Je tends mes poignets universels dont aucun
N'est le droit ou le gauche, et l'Espace, dans un
Va-et-vient giratoire, y détrame les toiles
D'azur pleines de cocons à fœtus d'Étoiles.
Et nous nous blasons tant, je ne sais où, les deux
Indissolubles nuits aux orgues vaniteux
De nos pores à Soleils, où toute cellule
Chante : Moi! Moi! puis s'éparpille, ridicule!

Elle est l'infini sans fin, je deviens le temps
Infaillible. C'est pourquoi nous nous perdons tant.
Où sommes-nous? Pourquoi? Pour que Dieu
Mais l'Éternité n'y a pas suffi! Calice   s'accomplisse?
Inconscient, où tout cœur crevé se résout,
Extrais-nous donc alors de ce néant trop tout!
Que tu fisses de nous seulement une flamme,
Un vrai sanglot mortel, la moindre goutte d'âme!

Mais nous bâillons de toute la force de nos
Touts, sûrs de la surdité des humains échos.
Que ne suis-je indivisible! Et toi, douce Espace,
Où sont les steppes de tes seins, que j'y rêvasse?
Quand t'ai-je fécondée à jamais? Oh! ce dut
Être un spasme intéressant! Mais quel fut mon but?

127

Je t'ai, tu m'as. Mais où? Partout, toujours. Extase
Sur laquelle, quand on est le Temps, on se blase.

Or, voilà des spleens infinis que je suis en
Voyage vers ta bouche, et pas plus à présent
Que toujours, je ne sens la fleur triomphatrice
Qui flotte, m'as-tu dit, au seuil de ta matrice.
Abstraites amours! quel infini mitoyen
Tourne entre nos deux Touts? Sommes-nous deux? ou
(Tais-toi si tu ne peux me prouver à outrance,   bien,
Illico, le fondement de la connaissance,

Et, par ce chant : Pensée, Objet, Identité!
Souffler le Doute, songe d'un siècle d'été.)
Suis-je à jamais un solitaire Hermaphrodite,
Comme le Ver solitaire, ô ma Sulamite?
Ma complainte n'a pas eu de commencement,
Que je sache, et n'aura nulle fin; autrement,
Je serais l'anachronisme absolu. Pullule
Donc, azur possédé du mètre et du pendule!

Ô Source du Possible, alimente à jamais
Des pollens des soleils d'exil, et de l'engrais
Des chaotiques hécatombes, l'automate
Universel où pas une loi ne se hâte.
Nuls à tout, sauf aux rares mystiques éclairs
Des Élus, nous restons les deux miroirs d'éther
Réfléchissant, jusqu'à la mort de ces Mystères,
Leurs Nuits que l'Amour distrait de fleurs éphémères.

GRANDE COMPLAINTE
DE LA VILLE DE PARIS

PROSE BLANCHE

Bonne gens qui m'écoutes, c'est Paris, Charenton
compris. Maison fondée en... à louer. Médailles à
toutes les expositions et des mentions. Bail immortel.
Chantiers en gros et en détail de bonheurs sur mesure.
Fournisseurs brevetés d'un tas de majestés. Maison
recommandée. Prévient la chute des cheveux. En
loteries! Envoie en province. Pas de morte-saison.
Abonnements. Dépôt, sans garantie de l'humanité,
des ennuis les plus comme il faut et d'occasion. Faci-
lités de paiement, mais de l'argent. De l'argent, bonne
gens!

Et ça se ravitaille, import et export, par vingt gares
et douanes. Que tristes, sous la pluie, les trains de mar-
chandise! À vous, dieux, chasublerie, ameublements
d'église, dragées pour baptêmes, le culte est au troi-
sième, clientèle ineffable! Amour, à toi, des maisons
d'or aux hospices dont les langes et loques feront le
papier des billets doux à monogrammes, trousseaux
et layettes, seules eaux alcalines reconstituantes, ô
chlorose! bijoux de sérail, falbalas, tramways, miroirs
de poches, romances! Et à l'antipode, qu'y fait-on?
Ça travaille, pour que Paris se ravitaille....

D'ailleurs, des moindres pavés, monte le Lotus Tact. En bataille rangée, les deux sexes, toilettés à la mode des passants, mangeant dans le ruolz! Aux commis, des Niobides; des faunesses aux Christs. Et sous les futaies seigneuriales des jardins très-publics, martyrs niaisant et vestales minaudières faisant d'un clin d'œil l'article pour l'Idéal et C^{le} (Maison vague, là haut), mais d'elles-mêmes absentes, pour sûr. Ah! l'Homme est un singulier monsieur; et elle, sa voix de fausset, quel front désert! D'ailleurs avec du tact...

Mais l'inextirpable élite, d'où? pour où? Maisons de blanc : pompes voluptiales; maisons de deuil : spleenuosités, rancœurs à la carte. Et les banlieues adoptives, humus teigneux, haridelles paissant bris de vaisselles, tessons, semelles, de profil sur l'horizon des remparts. Et la pluie! trois torchons à une claire-voie de mansarde. Un chien aboie à un ballon là haut. Et des coins claustrals, cloches exilescentes des *dies iræmissibles*. Couchants d'aquarelliste distinguée, ou de lapidaire en liquidation. Génie au prix de fabrique, et ces jeunes gens s'entraînent en auto-litanies et formules vaines, par vaines cigarettes. Que les vingt-quatre heures vont vite à la discrète élite!...

Mais les cris publics reprennent. Avis important! l'Amortissable a fléchi, ferme le Panama. Enchères, experts. Avances sur titres cotés ou non cotés, achat de nu-propriétés, de viagers, d'usufruit; avances sur successions ouvertes et autres; indicateurs, annuaires, étrennes. Voyages circulaires à prix réduits. Madame Ludovic prédit l'avenir de 2 à 4. Jouets *Au Paradis des enfants* et accessoires pour cotillons aux grandes personnes. Grand choix de principes à l'épreuve. Encore des cris! Seul dépôt! soupers de centième! Machines cylindriques Marinoni! Tout garanti, tout pour rien! Ah! la rapidité de la vie aussi seul dépôt....

Des mois, les ans, calendriers d'occasion. Et l'automne s'engrandeuille au bois de Boulogne, l'hiver gèle les fricots des pauvres aux assiettes sans fleurs peintes. Mai purge, la canicule aux brises frivoles des plages fane les toilettes coûteuses. Puis, comme nous existons dans l'existence où l'on paie comptant, s'amènent ces messieurs courtois des Pompes Funèbres, autopsies et convois salués sous la vieille Monotopaze du soleil. Et l'histoire va toujours dressant, raturant ses Tables criblées de piteux *idem*, — ô Bilan, va quelconque! ô Bilan, va quelconque...

COMPLAINTE DES MOUNIS
DU MONT-MARTRE

Dire que, sans filtrer d'un divin Cœur,
Un air divin, et qui veut que tout s'aime,
    S'in-Pan-filtre, et sème
Ces vols d'oasis folles de blasphèmes
Vivant pour toucher quelque part un Cœur...

    Un tic-tac froid rit en nos poches,
    Chronomètres, réveils, coucous;
    Faut remonter ces beaux joujoux,
    Œufs à heures, mouches du coche,
    Là haut s'éparpillant en cloches...

        Voici le soir,
        Grince, musique
        Hypertrophique
        Des remontoirs!

Dire que Tout est un Très-Sourd Mystère;
Et que le Temps, qu'on ne sait où saisir,
    Oui, pour l'avertir!
Sarcle à jamais les bons soleils martyrs,
Ô laps sans digues des nuits du Mystère!...

Allez, coucous, réveils, pendules;
Escadrons d'insectes d'acier,
En un concert bien familier,
Jouez sans fin des mandibules,
L'Homme a besoin qu'on le stimule!

      Sûrs, chaque soir,
      De la musique
      Hypertrophique
      Des remontoirs!

Moucherons, valseurs d'un soir de soleil,
Vous, tout comme nous, nerfs de la nature,
      Vous n'avez point cure
De ce que peut être cette aventure :
Les mondes penseurs s'errant au Soleil!

      Triturant bien l'heure en secondes,
      En trois mil six-cents coups de dents,
      De nos parts au gâteau du Temps
      Ne faites qu'un hachis immonde
      Devant lequel on se morfonde!

      Sûrs, chaque soir,
      De la musique
      Hypertrophique
      Des remontoirs!

Où le trouver, ce Temps, pour lui tout dire,
Lui mettre le nez dans son Œuvre, un peu!
      Et cesser ce jeu!
C'est vrai, la Métaphysique de Dieu
Et ses amours sont infinis! — mais, dire...

Ah! plus d'heure? fleurir sans âge?
Voir les tableaux lents des Saisons
Régir l'écran des horizons,
Comme autant de belles images
D'un même Aujourd'hui qui voyage?

Voici le soir!
Grince, musique
Hypertrophique
Des remontoirs!

COMPLAINTE-LITANIES
DE MON SACRÉ-CŒUR

Prométhée et Vautour, châtiment et blasphème,
Mon Cœur, cancer sans cœur, se grignotte lui-même.

Mon cœur est une urne où j'ai mis certains défunts,
Oh ! chut, refrains de leurs berceaux ! et vous, parfums...

Mon Cœur est un lexique où cent littératures
Se lardent sans répit de divines ratures.

Mon Cœur est un désert altéré, bien que soûl
De ce vin revomi, l'universel dégoût.

Mon Cœur est un Néron, enfant gâté d'Asie,
Qui d'empires de rêve en vain se rassasie.

Mon Cœur est un noyé vide d'âme et d'essors,
Qu'étreint la pieuvre Spleen en ses ventouses d'or.

C'est un feu d'artifice hélas ! qu'avant la fête,
A noyé sans retour l'averse qui s'embête.

Mon Cœur est le terrestre Histoire-Corbillard,
Que traînent au néant l'instinct et le hasard.

Mon Cœur est une horloge oubliée à demeure,
Qui, me sachant défunt, s'obstine à sonner l'heure!

Mon aimée était là, toute à me consoler;
Je l'ai trop fait souffrir, ça ne peut plus aller.

Mon Cœur, plongé au Styx de nos arts danaïdes,
Présente à tout baiser une armure de vide.

Et toujours, mon Cœur, ayant ainsi déclamé,
En revient à sa complainte : Aimer, être aimé!

COMPLAINTE
DES DÉBATS MÉLANCOLIQUES
ET LITTÉRAIRES

On peut encore aimer, mais confier toute son âme est un bonheur qu'on ne retrouvera plus.

Corinne ou l'Italie.

Le long d'un ciel crépusculâtre,
Une cloche angéluse en paix
L'air exilescent et marâtre
Qui ne pardonnera jamais.

Paissant des débris de vaisselle,
Là-bas, au talus des remparts,
Se profile une haridelle
Convalescente; il se fait tard.

Qui m'aima jamais? Je m'entête
Sur ce refrain bien impuissant,
Sans songer que je suis bien bête
De me faire du mauvais sang.

Je possède un propre physique,
Un cœur d'enfant bien élevé,
Et pour un cerveau magnifique
Le mien n'est pas mal, vous savez!

137

Eh bien, ayant pleuré l'Histoire,
J'ai voulu vivre un brin heureux;
C'était trop demander, faut croire;
J'avais l'air de parler hébreux.

Ah! tiens, mon cœur, de grâce, laisse!
Lorsque j'y songe, en vérité,
J'en ai des sueurs de faiblesse,
À choir dans la malpropreté.

Le cœur me piaffe de génie
Éperdûment pourtant, mon Dieu!
Et si quelqu'une veut ma vie,
Moi je ne demande pas mieux!

Eh va, pauvre âme véhémente!
Plonge, être, en leurs Jourdains blasés,
Deux frictions de vie courante
T'auront bien vite exorcisé.

Hélas, qui peut m'en répondre!
Tenez, peut-être savez-vous
Ce que c'est qu'une âme hypocondre?
J'en suis une dans les prix doux.

Ô Hélène, j'erre en ma chambre;
Et tandis que tu prends le thé,
Là-bas, dans l'or d'un fier septembre,
Je frissonne de tous mes membres,
En m'inquiétant de ta santé.

Tandis que, d'un autre côté....

COMPLAINTE
D'UNE CONVALESCENCE EN MAI

Nous n'avons su toutes ces choses qu'après sa mort.

Vie de Pascal par Mme Perier.

Convalescent au lit, ancré de courbatures,
Je me plains aux dessins bleus de ma couverture,

Las de reconstituer dans l'art du jour baissant
Cette dame d'en face auscultant les passants :

Si la Mort, de son van, avait chosé mon être,
En serait-elle moins, ce soir, à sa fenêtre ?...

Oh ! mort, tout mort ! au plus jamais, au vrai néant
Des nuits où piaule en longs regrets le chat-huant !

Et voilà que mon Âme est tout hallucinée !
Puis s'abat, sans avoir fixé sa destinée.

Ah ! que de soirs de mai pareils à celui-ci ;
Que la vie est égale ; et le cœur endurci !

Je me sens fou d'un tas de petites misères.
Mais maintenant, je sais ce qu'il me reste à faire.

Qui m'a jamais rêvé? Je voudrais le savoir!
Elles vous sourient avec âme, et puis bonsoir,

Ni vu ni connu. Et les voilà qui rebrodent
Le canevas ingrat de leur âme à la mode;

Fraîches à tous, et puis reprenant leur air sec
Pour les christs déclassés et autres gens suspects.

Et pourtant, le béni grand bol de lait de ferme
Que me serait un baiser sur sa bouche ferme!

Je ne veux accuser personne, bien qu'on eût
Pu, ce me semble, mon bon cœur étant connu...

N'est-ce pas; nous savons ce qu'il nous reste à faire,
Ô Cœur d'or pétri d'aromates littéraires,

Et toi, cerveau confit dans l'alcool de l'Orgueil!
Et qu'il faut procéder d'abord par demi-deuils...

Primo : mes grandes angoisses métaphysiques
Sont passées à l'état de chagrins domestiques;

Deux ou trois spleens locaux. — Ah! pitié, voyager
Du moins, pendant un an ou deux à l'étranger...

Plonger mon front dans l'eau des mers, aux matinées
Torrides, m'en aller à petites journées,

Compter les clochers, puis m'asseoir, ayant très chaud,
Aveuglé des maisons peintes au lait de chaux...

Dans les Indes du Rêve aux pacifiques Ganges,
Que j'en ai des comptoirs, des hamacs de rechange!

— Voici l'œuf à la coque et la lampe du soir.
Convalescence bien folle, comme on peut voir.

COMPLAINTE
DU SAGE DE PARIS

Aimer, uniquement, ces jupes éphémères ?
Autant dire aux soleils : fêtez vos centenaires.

Mais tu peux déguster, dans leurs jardins d'un jour,
Comme à cette dînette unique Tout concourt ;

Déguster, en menant les rites réciproques,
Les trucs Inconscients dans leur œuf, à la coque.

Soit en pontifiant, avec toute ta foi
D'Exécuteur des hautes-œuvres de la Loi ;

Soit en vivisectant ces claviers anonymes,
Pour l'art, sans espérer leur *ut* d'hostie ultime.

Car, crois pas que l'hostie où dort ton paradis
Sera d'une farine aux levains inédits.

Mais quoi, leurs yeux sont tout ! et puis la nappe est mise,
Et l'Orgue juvénile à l'aveugle improvise.

Et, sans noce, voyage, curieux, colis,
Cancans, et fadeur d'hôpital du même lit,

Mais pour avoir des vitraux fiers à domicile,
Vivre à deux seuls est encor le moins imbécile.

Vois-la donc, comme d'ailleurs, et loyalement,
Les passants, les mots, les choses, les firmaments.

Vendange chez les arts enfantins; sois en fête
D'une fugue, d'un mot, d'un ton, d'un air de tête.

La science, outre qu'elle ne peut rien savoir,
Trouve, tels les ballons, l'Irrespirable Noir.

Ne force jamais tes pouvoirs de Créature,
Tout est écrit et vrai, rien n'est contre-nature.

Vivre et peser selon le Beau, le Bien, le Vrai?
Ô parfums, ô regards, ô fois! soit, j'essaierai;

Mais, tel Brennus avec son épée, et d'avance,
Suis-je pas dans l'un des plateaux de la balance?

Des casiers de bureau, le Beau, le Vrai, le Bien;
Rime et sois grand, la Loi reconnaîtra les siens.

Ah! démaillotte-toi, mon enfant, de ces langes
L'Occident! va faire une pleine eau dans le **Gange**.

La logique, la morale, c'est vite dit;
Mais! gisements d'instincts, virtuels paradis,

Nuit des hérédités et limbes des latences!
Actif? passif? ô pelouses des Défaillances,

Tamis de pores! Et les bas-fonds sous-marins,
Infini sans foyer, forêt vierge à tous crins!

Pour voir, jetez la sonde, ou plongez sous la cloche;
Oh! les velléités, les anguilles sous roche,

Les polypes sournois attendant l'hameçon,
Les vœux sans état-civil, ni chair, ni poisson!

Les guanos à Geysers, les astres en syncope,
Et les métaux qui font loucher nos spectroscopes!

Une capsule éclate, un monde de facteurs
En prurit, s'éparpille assiéger les hauteurs;

D'autres titubent sous les butins génitoires,
Ou font un feu d'enfer dans leurs laboratoires!

Allez! laissez passer, laissez faire; l'Amour
Reconnaîtra les siens : il est aveugle et sourd.

Car la vie innombrable va, vannant les germes
Aux concurrences des êtres sans droits, sans terme.

Vivottez et passez, à la grâce de Tout;
Et voilà la pitié, l'amour et le bon goût.

L'Inconscient, c'est l'Éden-Levant que tout saigne;
Si la Terre ne veut sécher, qu'elle s'y baigne!

C'est la grande Nounou où nous nous aimerions
À la grâce des divines sélections.

C'est le Tout-Vrai, l'Omniversel Ombelliforme
Mancenilier, sous qui, mes bébés, faut qu'on dorme!

(Nos découvertes scientifiques étant
Ses feuilles mortes, qui tombent de temps en temps.)

Là, sur des oreillers d'étiquettes d'éthiques,
Lévite félin aux égaux ronrons lyriques,

Sans songer : « Suis-je moi? Tout est si compliqué!
« Où serais-je à présent, pour tel coche manqué? »

Sans colère, rire, ou pathos, d'une foi pâle,
Aux riches flirtations des pompes argutiales,

Mais sans rite emprunté, car c'est bien malséant,
Sirote chaque jour ta tasse de néant;

Lavé comme une hostie, en quelconques costumes
Blancs ou deuil, bref calice au vent qu'un rien parfume,

— « Mais, tout est un rire à la Justice! et d'où vient
Mon cœur, ah! mon sacré-cœur, s'il ne rime à rien? »

— Du calme et des fleurs. Peu t'importe de connaître
Ce que tu fus, dans l'à jamais, avant de naître?

Eh bien, que l'autre éternité qui, Très-Sans-Toi,
Grouillera, te laisse aussi pieusement froid.

Quant à *ta* mort, l'éclair aveugle en est en route
Qui saura te choser, va, sans que tu t'en doutes.

— « Il rit d'oiseaux, le pin dont *mon* cercueil viendra! »
— Mais *ton* cercueil sera *sa* mort! etc....

Allons, tu m'as compris. Va, que ta seule étude
Soit de vivre sans but, fou de mansuétude.

COMPLAINTE DES COMPLAINTES

Maintenant! pourquoi ces complaintes?
Gerbes d'ailleurs d'un défunt Moi
Où l'ivraie art mange la foi?
Sot tabernacle où je m'éreinte
À cultiver des roses peintes?
Pourtant ménage et sainte-table!
Ah! ces complaintes incurables,
      Pourquoi? pourquoi?

Puis, Gens à qui les fugues vraies
Que crie, au fond, ma riche voix
— N'est-ce pas, qu'on les sent parfois? —
Attoucheraient sous leurs ivraies
Les violettes d'une Foi,
Vous passerez, imperméables
À mes complaintes incurables?
      Pourquoi? pourquoi?

Chut! tout est bien, rien ne s'étonne.
Fleuris, ô Terre d'occasion,
Vers les mirages des Sions!
Et nous, sous l'Art qui nous bâtonne,
Sisyphes par persuasion,
Flûtant des christs les vaines fables,
Au cabestan de l'incurable
      POURQUOI! — Pourquoi?

COMPLAINTE-ÉPITAPHE

La Femme,
Mon âme :
Ah! quels
Appels!

Pastels
Mortels,
Qu'on blâme
Mes gammes!

Un fou
S'avance,
Et danse.

Silence...
Lui, où?
Coucou.

Autres Complaintes

COMPLAINTE DES JOURNÉES
Monologue, s.v.p.

(Il arrive, reste une minute profondément absorbé, tire un flacon de sels de son chapeau claque, l'hume convulsivement à sept reprises, puis commence, si résigné.)

Ayant quitté mon lit... peuh... à l'heure ordinaire,
J'ai très-spontanément caché mon pauvre corps
— Après avoir lavé ce qu'on laisse dehors —
Sous des choses en drap d'une coupe arbitraire.

      Et je n'étais pas le seul !

Dans une maison... propre, un être m'a coiffé
Puis rasé (menaçant!) sans me faire d'entailles,
Et je lui ai remis de petites médailles,
Car j'avais remarqué que c'est ainsi qu'on fait.

      Et je n'étais pas le seul !

Dans une autre.... maison, j'ai devant une... table,
Mangé des plantes cuites et puis de la chair
De bêtes des forêts, du ciel et de la mer,
Et bu. (Tout ce qu'ici j'avance est véritable).

      Et je n'étais pas le seul !

Je rencontrais des gens. Nous nous félicitions
De nous voir. Être au monde, au fond, simple aventure ?
Puis des dames, parfois plus belles que nature,
Qui me causaient... différentes impressions.

Et je n'étais pas le seul !

Puis encor des gens pas plus que moi z'insolites ;
Des affiches — Des boîtes à chevaux pensifs ;
Et des vendeurs de tout, sachant mille tarifs !
Je leur donnais parfois des médailles susdites.

Et je n'étais pas le seul !

J'ai parlé au passé, au présent, au futur !
J'ai appris divers faits dont j'ai flairé les causes !
À mon tour j'ai soutenu mille et mille choses
De tout ordre, et d'un air exorbitamment sûr.

Et je n'étais pas le seul !

Puis remangé. Puis dans les lieux où je travaille,
Écrit des faits historiques mais compilés,
Et des messieurs prudents, là, m'ont renouvelé
D'une provision de petites médailles.

Et je n'étais pas le seul !

Enfin, dévêtu, je me suis, acte peu subtil
Réintégré entre mes draps. — Que de choses ! j'y rêve...
Pourtant l'Humanité ne peut se mettre en grève
N'est-ce pas ? Alors, quoi ? quoi ? rien *(furioso)* — Ainsi
soit-il.

(Muet, immobile, il couve ces gens de ses
yeux mélancoliques, fait un geste d'universelle
résignation — et se fond.)

150

COMPLAINTE DE L'ORGANISTE
DE NOTRE-DAME DE NICE

Voici que les corbeaux hivernaux
Ont psalmodié parmi nos cloches,
Les averses d'automne sont proches,
Adieu les bosquets des casinos.

Hier, elle était encor plus blême,
Et son corps frissonnait tout transi,
Cette église est glaciale aussi!
Ah! nul ici-bas que moi ne l'aime.

Moi! Je m'entaillerai bien le cœur,
Pour un sourire si triste d'elle!
Et je lui en resterai fidèle
À jamais, dans ce monde vainqueur.

Le jour qu'elle quittera ce monde,
Je vais jouer un *Miserere*
Si cosmiquement désespéré
Qu'il faudra bien que Dieu me réponde!

Non, je resterai seul, ici-bas,
Tout à la chère morte phtisique,
Berçant mon cœur trop hypertrophique
Aux éternelles fugues de Bach.

Et tous les ans, à l'anniversaire,
Pour nous, sans qu'on se doute de rien,
Je déchaînerai ce *Requiem*
Que j'ai fait pour la mort de la Terre!

COMPLAINTE DU LIBRE ARBITRE

Rencontrant un jour le Christ,
Pierrot de loin lui a fait : psitt!
Venez-ça; êt' vous fatalist' ?

Pourriez-vous m' concilier un peu
Comment l'homme est libre et responsableu,
Si tout c' qui s' fait est prévu d' Dieu ?

Et voici que not' Seigneur Jésus,
Tout pâle, il lui a répondu :
« Ça ne serait pas de refus,

« Mais... votre conduite accuse
« Un cœur que le malheur amuse,
« Et puis vous êtes sans excuse,

« Pire que le méchant soldat
« Romain qui m' molesta
« Quand j'étais su' l' Golgotha.

« Dieu, qui voit tout, apprécie
« Vot' conduite envers le Messie,
« Que vous lui montez une scie.

« En enfer, et sans façon,
« Vous irez, triste polisson,
« Et ce s'ra un' bonne leçon. »

Et il lui tourna les talons.
Mais Pierrot dit : « T'en sais pas long,
Car t'as déplacé la question. »

LA COMPLAINTE DES MONTRES

1

Je suis, avec mon tic-tac grêle,
Vade-mecum rond et têtu,
Indispensable sentinelle,
Le sacré cœur d'or revêtu.

     Voici le soir,
     Grince, musique
     Hypertrophique
     Des remontoirs.

2

Partout, je veille dans vos poches,
Je trône en vos appartements,
Et fais valser éperdument
Sur les cités folles les cloches!

     Et puis le soir,
     C'est la musique
     Hypertrophique
     Des remontoirs.

3

Chacun aux foules que je mène,
Sent battre mon cœur sur son sein (!)
Chaque maison m'a par dizaines,
Et je remplis des magasins.

> Partout, le soir,
> C'est la musique
> Hypertrophique
> Des remontoirs.

4

Maisons, horloges, clochers, foules,
Milliards d'échos à mon appel
Scandé d'un tic-tac éternel
L'orchestre fou des choses roule.

> Et chaque soir,
> C'est la musique
> Hypertrophique
> Des remontoirs!

5

Allez coucous, réveils, pendules,
Bataillons d'insectes d'acier,
Jouez sans fin des mandibules
Dans un concert très-familier.

> Sûrs, chaque soir,
> De la musique
> Hypertrophique
> Des remontoirs!

Triturant bien l'heure en secondes
Par trois mil six cents coups de dents,
De leurs parts au gâteau du temps
Ne faites qu'un hachis immonde

      Et puis le soir,
      Hop! la musique
      Hypertrophique
      Des remontoirs.

Ah! plus d'heures? N'avoir pas d'âge?
Voir les saisons, les jours, les nuits
Flotter dans le halo sauvage
D'un vague éternel aujourd'hui!

      Voici le soir!
      Grince, musique
      Hypertrophique
      Des remontoirs!

Premiers poèmes

LA CHANSON DES MORTS

Fragment d'un poème : *Un Amour dans les Tombes.*

> « *Qui vous dit que la mort n'est pas une autre vie ?* »

Une nuit que le vent pleurait dans les bruyères,
À l'heure où le loup maigre hurle au fond des forêts,
Où la chouette s'en va miaulant dans les gouttières,
Où le crapaud visqueux râle au fond des marais,
Disputant ma pelisse à la bise glaciale,
Par les sentiers perdus je m'en allais rêvant,
Fouetté par l'âpre neige et l'ardente rafale
Le saule échevelé se tordait en pleurant,
L'ombre sur le chemin finissait de s'étendre.
Un chien poussait au loin de plaintifs hurlements,
Derrière moi sans cesse il me semblait entendre
Un pas qui me suivait et des ricanements !...
Tandis que je suivais ces routes isolées,
La chevelure au vent et frissonnant d'effroi,
S'éparpillant au loin en lugubres volées
Minuit sonna bientôt au clocher du beffroi.
Je m'assis sur un tertre où jaunissait le lierre,
Devant moi s'étendait l'immense cimetière...
. . . .
... Quand je vis tout à coup, légion vagabonde,
Se prendre par la main des squelettes glacés.

On commence, et tandis que tournoyait leur ronde
Ils glapissent en chœur l'hymne des trépassés :

I

Tandis qu'à ton front passe
Un nuage orageux,
Lune, voile ta face
Et détourne tes yeux.
Nous allons en cadence
Et que chacun s'élance
Donnons à cette danse
Nos bonds les plus joyeux.

Ils hurlent en sifflant et l'ardente rafale
Emporte les éclats de leur voix sépulcrale.

II

Pauvre sagesse humaine
Dont le monde est si fier,
Tu te disais certaine
D'un ciel et d'un enfer.
Enfer et ciel, chimère!
On vit au cimetière
Sans Dieu ni Lucifer!

Ils hurlent en sifflant et l'ardente rafale
Emporte les éclats de leur voix sépulcrale.

III

Oui, c'est au cimetière
Qu'on vit après la mort ;
Sur l'oreiller de pierre
Le trépassé s'endort.
Mais quand l'ombre s'étale
Il soulève sa dalle
Et de sa tombe il sort.

Ils hurlent en sifflant et l'ardente rafale
Emporte les éclats de leur voix sépulcrale.

IV

Nous narguons de la lune
Les regards pudibonds,
Nous dansons à la brune
Ainsi que les démons,
Puis la danse passée,
Sur la pierre glacée,
Près de notre fiancée,
Mieux que vous nous aimons.

Ils hurlent en sifflant et l'ardente rafale
Emporte les éclats de leur voix sépulcrale.

V

Puisqu'ils oublient si vite
Leurs plus proches parents,
Que leur regret habite
En eux si peu de temps,

Crachons-leur ce blasphème :
À leur ciel anathème !
Anathème à Dieu même !
Anathème aux vivants !

Ils hurlent en sifflant et l'ardente rafale
Emporte les éclats de leur voix sépulcrale.

Et moi pétrifié de ces clameurs funèbres,
De mon gosier en feu sort un cri de terreur ;
Et je les vis soudain dans l'ombre et les ténèbres
Qui fuyaient en tumulte harcelés par la peur,
Puis tout se tut bientôt. De nouveau le silence
Commençait à régner quand j'ouïs tout à coup
L'un d'entre eux fureter comme un spectre en démence
Et hurler en pleurant : « On m'a volé mon trou ! »

OURAPHLE.

Paris, février 1878.

164

IDYLLE

Il est minuit. — Ils sont sous les grands marronniers.
Lasticot, caporal dans les carabiniers,
Le coupe-choux au flanc, le shako sur l'oreille,
Fier comme un Dumanet! — À ses côtés, vermeille
Comme une pomme à cidre, exhalant une odeur
D'ail et de vieux fricot, son gros œil gris rêveur,
Est assise Justine, actuellement bonne
Chez Monsieur Coquardeau, trois, place Tiquetonne.
Comme ils sont beaux tous deux! Comme elle a les pieds
Lui les a plus petits, mais odoriférants,   grands!
Dam! les grandes chaleurs... Vous savez... on transpire...
Mais si vous voulez bien revenons à mon dire,
Justine et Lasticot, l'un près de l'autre assis,
Roucoulent tendrement, tous leurs sens assoupis,
Dans la tiédeur fondante où baigne la nature.
Vrai! Coppée en ferait une bonne peinture!
L'arbre sent fermenter la sève en ses rameaux
À voir se becqueter sous lui ces tourtereaux
Qu'endort en soupirant la capiteuse haleine
Du clair de lune pâle et de la nuit sereine.
Entre les deux amants reluit le coupe-choux
Ainsi que la prunelle ardente d'un jaloux
Qui perpètre dans l'ombre une vengeance épique.
L'âme, tulipe d'or au calice mystique,
Aspire... et dans leurs cœurs qu'on entend palpiter
L'amour ouvre son aile et se met à chanter.

LA FEMME EST UNE MALADE

(Michelet)

La noce touche à sa fin. La tête me bout
Depuis huit jours. J'enrage, oh! quand je vois surtout
De mes nouveaux parents la cohue attendrie,
Je crois que j'en ferais, certe, une maladie!
— Mais enfin tout cela sera fini ce soir.
Profitons d'un instant où nul ne peut me voir
Pour aller un moment respirer dans la serre.
Ah! qu'on est... — Allons bon! voilà ma belle-mère!

      — Ah! mon gendre, je vous cherchais,
      Car j'avais hâte de vous dire,
      Mon Dieu... le peu que désormais
      Pour ma pauvre enfant je désire.
      Croyez-moi, c'est un vrai trésor,
      Mon cher gendre, que je vous donne,
      Et je crois, le ciel me pardonne,
      Que vous êtes un peu butor.
      Si vous la rendiez malheureuse,
      Oh! je vous grifferais les yeux.
      Dorlotez-la de votre mieux,
      Elle est si faible, si nerveuse.
      Soyez constamment inquiet

De ce qui peut la satisfaire,
Prenez enfin pour bréviaire
La Femme du grand Michelet.

— Pour bréviaire? Soit. Allez, ma belle-mère.
— Et depuis ce jour-là mon épouse est sous verre.

EXCUSE MACABRE

À Hamlet, prince de Danemark.

Margaretha, ma bien-aimée, or donc voici
Ton crâne. Quel poli! l'on dirait de l'ivoire.
(Je le savonne assez, chaque jour, Dieu merci,
Et me permets d'ailleurs fort rarement d'y boire.)
Te voilà!... Dans ces deux trous, deux beaux yeux jadis,
      Miroirs de ton âme enrhumée,
Rêvaient... Las! où sont tes belles tresses d'or, dis,
      Margaretha, ma bien-aimée?

Margaretha, ma bien-aimée, ainsi pour moi,
Qui crois qu'ici-bas tout finit au cimetière,
Un vieux crâne est le peu qui reste encor de toi!
Et, n'est-ce pas le sort de la nature entière?
Les Hugo, les Césars, — un peu de cendre au vent;
      Soleils dont la voûte est semée,
Mondes, tout doit un jour s'abîmer au néant,
      Margaretha, ma bien-aimée!

Margaretha, ma bien-aimée, et puis enfin,
Contemple le cosmos! — l'humanité, qu'est-elle,
Dans cet océan plein de vertige? Un essaim
D'atomes emportés dans la course éternelle!

Et puisque, en fin de compte, il n'est rien ici-bas
        Qui ne soit vanité, fumée,
Ton crâne..., je puis bien le vendre, n'est-ce pas,
        Margaretha, ma bien-aimée?

Impassible en ses lois la Force universelle
  Ivre de sa fécondité
En aveugles rayons par la paix solennelle
  Vibrait de toute éternité.
Sans repos, sans remords, de vivantes flottilles
  Elle criblait l'immensité,
Et les soleils flambants entraînaient leurs familles
  Au béant vide illimité.
Et la terre troublée en sa vieille inertie
  Sentit, du fond des cieux venu,
Comme un étrange appel à bondir dans la vie
  À se ruer dans l'inconnu.
Ce fut un coup de sève une ivresse pareille
  Au vague et joyeux aiguillon
Qui fait qu'au renouveau le germe obscur s'éveille
  Aux fentes chaudes du sillon.
Ivre, elle s'élança de la houle sauvage
  Et bouillonnante du chaos
Mais soudain vers les cieux jaillit un cri de rage
  Le Mal s'accrochait à son dos
Le Mal qui là dans l'ombre allait flairant sa proie
  Puis détendant son corps raidi
Sur ce globe innocent avec un cri de joie
  Ainsi qu'un fauve avait bondi.

— Oh! ce fut formidable et tragique! l'abîme
   Était l'azur des anciens jours.
En silence, tous deux, le Mal et sa victime
   Luttaient, luttaient sous les cieux sourds
La terre secouant, aveuglée, en délire,
   Par l'azur ce vautour géant
Lui, toujours, enfonçant ses ongles de vampire
   Toujours plus avant dans son flanc,
Éploya vastement ses grandes ailes noires
   Et le sanglot des âges commença.

     Galerie d'Orléans, Dimanche, août
    1879, après-midi 4 h en sortant de la
    rue Colbert.

Leur âge nous confond! Pour l'horloge éternelle
   Ils s'éteignent dès qu'ils ont lui :
Nous disons hier, demain, ô stupeur, c'est pour elle
   Éternellement aujourd'hui.

AU LIEU DE SONGER
À SE CRÉER UNE POSITION

Oh! fi, fi de ce monde.

(Hamlet)

Mon cher fils,

      Retenez bien ce que je vous dis :
« L'homme est un animal qui se fait des outils [1]. »
« Le temps, c'est de l'argent. » « Moi, je n'aime pas Rome,
« Ça sent la mort [2]. » On n'est pas ici-bas, jeune homme,
Pour « nager dans le bleu », pour se mettre au balcon,
Cracher sur un certain pavé, suivre un flocon
De nuage qui passe et vivre à l'aventure.
« Un père est un ami donné par la nature [3] »,
Et vous êtes dans l'âge où l'on devrait chercher
Une position,

      Ton père.

           — Oh! chevaucher
Sur le vent, à travers les steppes infinies,
Où solennellement, inondés d'harmonies,
Voguent mondes, soleils, atomes d'un instant,
Dont la pensée écrase, et qui marquent pourtant

---

1. Franklin.
2. Émile de Girardin.
3. *Démétrius*, tragédie du sieur Baudouin.

172

Une seconde à peine à l'horloge éternelle,
Qui regarde en pitié la ronde universelle!
Chevaucher! chevaucher! d'un vol si foudroyant
Que le vent de ma course, au loin la balayant,
Éteigne la poussière ardente des étoiles!
Que j'entende siffler mes os vides de moelles!
Et, roulant éperdu par ces champs de la mort,
Où les soleils éteints roulent fumants encor,
Que je brise l'écorce où mon cerveau se fige
Et que je montre alors l'âme ivre de vertige!
Sous le mystique aspect d'une langue de feu,
Semblable à ce fripon de feu-follet tout bleu
Qui vient valser, la nuit, sur la tombe d'ivoire
Où, depuis quinze jours, — si j'ai bonne mémoire, —
Pourrit la bien-aimée aux longues tresses d'or.
Pauvre Lotte! Ah! misère! — Ou bien pareille encor
À la belle grenade en drap couleur garance
Des collets d'artilleurs au doux pays de France,
Des ailes!
                    Vains espoirs! Sur la terre d'exil
Il faut ramper, ainsi que la limace au fil
D'argent! Ramper! toujours ramper! Voir des notaires
Et des grammairiens, Coppée et des rosières!
— Ah! pour me consoler, Sarah, toi qui jamais
N'as parlé ni souri, toi dont les yeux de jais
Semblent toujours chercher au delà de l'espace,
Apporte, apporte une outre et remplis-la, de grâce,
De ce vin de palmier capiteux et vermeil
Qui jaillit de ton sein au coucher du soleil;
Car je sens grelotter mon cœur contre mes côtes
Et le spleen m'envahir, et le froid, tristes hôtes!

INTÉRIEUR

On vient de se lever. Les sueurs de la nuit
Montent des lits défaits dans l'atmosphère chaude.
Monsieur prend dans un coin son bain de pied sans
bruit;
La femme, en cheveux, hume un bas, qu'elle ravaude,
Tandis qu'assis par terre — oh! le vilain méchant!
Toto sauce du poing un vieux débris d'écuelle,
Gémit, piaille, renifle et, tout en pleurnichant,
Fait des bulles de morve et suce une chandelle.

INTÉRIEUR

Dans l'estomac des gueux la faim met son galop.
Ici tout est cossu. Toinon lève la table
Après avoir donné les miettes à Jacquot.
Madame fait la caisse avec un air capable.
Lui, content et repu, gilet déboutonné,
Songeant que seul le vice amène la misère
Et qu'on est vertueux si l'on a bien dîné,
Tourne placidement ses pouces — et digère.

LES HUMBLES

(Tableau parisien)

Képi, pantalon bleu, veston court, collet droit
Brodé de fils d'argent. — Les gros sous qu'il reçoit
Vont dans un sac de cuir qu'il porte en bandoulière.
Un beau cheval galope, à flottante crinière
Sur la plaque d'étain que notre homme a poli
Ce matin même encore avec du tripoli
Et qui de son emploi fort pittoresque insigne
Orne ses pectoraux d'un air tout-à-fait digne.
À cette plaque pend un sifflet. Sur le zinc
Vite il boit. L'omnibus s'ébranle. Clinc, clinc, clinc
Pour chaque voyageur. (Mystérieux système!)
Il tire la ficelle, on arrête, et lui-même
Aide très-galamment les dames à monter

CE QU'AIME LE GROS FRITZ

Oui, j'aime à promener ma belle âme allemande
À travers l'Esthétique et les brouillards d'Hegel;
Un nuage en bouteille est tout ce que demande
L'âme éprise de vague et d'immatériel.

La nuit, quand s'ouvre en moi la fleur des rêveries,
De ma blonde Gretchen, oh! j'aime bien encor
À contempler les yeux de pervenches fleuries,
Oh! j'aime à caresser les belles tresses d'or.

J'aime à charmer aussi mon ouïe allemande
Quand l'orgue de Cologne, aux gothiques accents,
Éveille dans mon cœur quelque vieille légende
Où passent des Willis dans des rayons flottants.

Mais surtout, au tic-tac des pendules de France,
Le soir, j'aime, repu de choucroute au gratin,
Voir, en fumant ma pipe à fourneau de faïence,
Mousser la bière ambrée aux bords des brocs d'étain.

ÉPICURÉISME

Je suis heureux gratis! — Il est bon ici-bas
De faire, s'il se peut, son paradis, en cas
Que celui de là-haut soit une balançoire,
Comme il est, après tout, bien permis de le croire.
S'il en est un, tant mieux! Ce n'est qu'au paradis
Que l'on pourrait aller, vivant comme je vis.
Je ne suis pas obèse, et je vais à merveille;
Je ne quitte mon lit que lorsque je m'éveille;
Je déjeune et je sors. Je parcours sans façon
Dessins, livres, journaux, autour de l'Odéon.
Puis je passe la Seine, en flânant, je regarde
Près d'un chien quelque aveugle à la voix nasillarde.
Je m'arrête, et je trouve un plaisir tout nouveau,
Contre l'angle d'une arche, à voir se briser l'eau,
À suivre en ses détours, balayé dans l'espace,
Le panache fumeux d'un remorqueur qui passe.
Et puis j'ai des jardins, comme le Luxembourg,
Où, si le cœur m'en dit, je m'en vais faire un tour.
Je possède un musée unique dans le monde,
Où je puis promener mon humeur vagabonde
De Memling à Rubens, de Phidias à Watteau,
Un musée où l'on trouve et du piètre et du beau,
Des naïfs, des mignards, des païens, des mystiques,
Et des bras renaissance à des torses antiques!

À la bibliothèque ensuite, je me rends.
— C'est la plus belle au monde! — Asseyons-nous. Je prends
Sainte-Beuve et Théo, Banville et Baudelaire,
Leconte, Heine, enfin, qu'aux plus grands je préfère.
« Ce bouffon de génie », a dit Schopenhauer,
Qui sanglote et sourit, mais d'un sourire amer!
Puis je reflâne encor devant chaque vitrine.
Bientôt la nuit descend; tout Paris s'illumine;
Et mon bonheur, enfin, est complet, si je vais
M'asseoir à ton parterre, ô Théâtre-Français!

INTÉRIEUR

Il fait nuit. Au dehors, à flots tombe la pluie.
L'âtre aux vieux murs couverts d'une lèpre de suie,
D'une résine en feu s'éclaire pauvrement.
Tapi dans son coin noir, mélancoliquement,
Un grillon solitaire, en son cri-cri sonore,
Regrette son cher trou, dans les prés, à l'aurore,
Alors que la rosée, au soleil s'allumant,
À chaque pointe d'herbe allume un diamant!
Autour des feux mourants, qui dans l'âtre blêmissent,
Des paysans penchés par degrés s'assoupissent,
Plongés dans l'hébétude, et le regard pareil
À ceux des bœufs repus ruminant au soleil.
L'aïeule aux grêles mains, branlant le chef, tricote;
À ses pieds, un matou joue avec la pelote.
Ses maigres doigts noueux vont et viennent sans fin,
Poussant l'aiguille en bois dans les mailles de lin;
Elle écoute le vent, rêve parfois, s'arrête,
Tire la longue aiguille et s'en gratte la tête;
Puis reprend aussitôt, avec son air songeur.
Et moi j'intitulai ma pièce : *Intérieur*.

MÉMENTO

Sonnet triste

À Jean Richepin, auteur de « Frère, il faut vivre. »

Frère il faut mourir.

Depuis l'Éternité jusqu'à l'Éternité,
Le tourbillonnement universel des mondes,
Enchevêtrant, muet, ses [......[vagabondes,
Crible d'oasis d'or le noir illimité.

Partout de lourds soleils avec solennité
Roulent irradiant leurs effluves fécondes
Pour retourner, éteints, aux ténèbres profondes.
Et la Mère sourit en sa sérénité.

Là-bas... là-bas... pourtant, pèlerin solitaire
Du vide sans échos à tout jamais béant,
Râle un globe gelé. Ce globe, c'est toi, Terre!

Or, comme tout est seul, que tout sombre au néant,
Que nul témoin ne rêve au fond des bleus abîmes,
Dissous-toi, bloc sublime, en cendres anonymes.

Jules Laforgue — Mouni.

27 septembre 18[79].

SOLEIL COUCHANT

L'astre calme descend vers l'horizon en feu.
Aux vieux monts du Soudan qui, dans le crépuscule
Et le poudroiement d'or, s'estompent peu à peu,
— Amas de blocs géants où le fauve circule —
Là-haut, sur un talus voûtant un gouffre noir,
De ses pas veloutés foulant à peine l'herbe,
Secouant sa crinière à la fraîcheur du soir,
Lentement, un lion vient se camper, superbe!
De sa queue au poil roux il se fouette les flancs;
Sous les taons, par moments, son pelage frissonne;
Ses naseaux dans l'air frais soufflant deux jets brûlants.
Fier, solitaire, alors, songeant à sa lionne,
Dans sa cage à Paris exposée aux badauds
Et qu'un bourgeois taquine avec son parapluie,
Il bâille et jette aux monts roulant leurs longs échos
Son vaste miaulement de vieux roi qui s'ennuie!

SOLEIL COUCHANT

Le soleil s'est couché, cocarde de l'azur!
C'est l'heure où le fellah, près de sa fellahine,
Accroupi sur sa natte, avec son doigt impur,
De son nombril squameux épluche la vermine.

Dans la barbe d'argent du crasseux pèlerin
Dont le chauve camail est orné de coquilles,
Ivre et fou de printemps, le pou chante un refrain,
Plus heureux que le roi de toutes les Castilles.

Sur les rives du Nil, le goitreux pélican
Songe à la vanité morne de toutes choses
Avec des airs bourrus, comme Monsieur Renan;
Sur une patte, auprès, rêvent les flamants roses.

Déjà sortent du fleuve, étincelant miroir,
Les crocodiles bruns. Sur les berges vaseuses
Ils viennent aspirer, dans la fraîcheur du soir,
Les souffles d'air chargés de senteurs capiteuses.

Cependant qu'à Paris, sur sa porte arrêté,
Le ventre en bonne humeur, mon gros propriétaire
Ricane du bohème au jabot non lesté,
Tourne béatement ses pouces — et digère.

*La société peut se diviser en gens qui ont
plus de dîners que d'appétits et en gens qui
ont plus d'appétits que de dîners.*

Chamfort.

On les voit chaque jour, filles-mères, souillons,
Béquillards mendiant aux porches des églises,
Gueux qui vont se vêtir à la halle aux haillons,
Crispant leurs pieds bleuis aux morsures des bises;
Mômes pieds nus, morveux, bohèmes loqueteux,
Peintres crottés, ratés, rêveurs humanitaires
Aux coffres secoués de râles caverneux,
Dans leur immense amour oubliant leurs misères;
Les rouleurs d'hôpitaux, de souffrance abrutis,
Les petits vieux cassés aux jambes grelottantes
Dont le soleil jamais n'égaye les taudis,
Clignant des yeux éteints aux paupières sanglantes
Et traînant un soulier qui renifle aux ruisseaux;
— Tous, vaincus d'ici-bas, — quand Paris s'illumine,
On les voit se chauffer devant les soupiraux,
Humer joyeusement les odeurs de cuisine,
Et le passant qui court à ses plaisirs du soir
Lit dans ces yeux noyés de lueurs extatiques
Brûlant de pleurs de sang un morceau de pain noir :
Oh! les parfums dorés montant des lèchefrites!

NOËL SCEPTIQUE

Noël! Noël! j'entends les cloches dans la nuit...
Et j'ai, sur ces feuillets sans foi, posé ma plume :
Ô souvenirs, chantez! tout mon orgueil s'enfuit,
Et je me sens repris de ma grande amertume.

Ah! ces voix dans la nuit chantant Noël! Noël!
M'apportent de la nef qui, là-bas, s'illumine,
Un si tendre, un si doux reproche maternel
Que mon cœur trop gonflé crève dans ma poitrine...

Et j'écoute longtemps les cloches, dans la nuit...
Je suis le paria de la famille humaine,
À qui le vent apporte en son sale réduit
La poignante rumeur d'une fête lointaine.

Ô gouffre aspire-moi! Néant, repos divin...
Assis sur le fumier des siècles, seul j'écoute
Les heures de mes nuits s'écouler goutte à goutte
Ô père laisse-moi me fondre dans ton sein.

Noël 1879.

Certes, ce siècle est grand! quand on songe à la bête
De l'âge du silex, cela confond parfois
De voir ce qu'elle a fait de sa pauvre planète,
Malgré tout, en domptant une à une les Lois.

Le télescope au loin fouille les Nébuleuses,
Le microscope atteint l'infiniment petit,
Un fil nerveux qui court sous les mers populeuses
Unit deux continents dans l'éclair de l'esprit;

Des peuples de démons qui vivent dans la terre,
En extraient les granits, la houille, les métaux,
Et des cités de bois monte au ciel un tonnerre
De fourneaux haletants, de sifflets, de marteaux;

Les ballons vont rêver aux solitudes bleues,
Un moteur met en branle une usine d'enfer,
Les trains et les vapeurs soufflent mangeant les lieues,
On perce des tunnels dans les monts, sous la mer;

Nous avons les parfums, les tissus, l'eau-de-vie,
Les fusils compliqués, les obusiers ventrus,
Les livres, l'art, le gaz, et la photographie,
Nous sommes libres, fiers; nous vivons mieux et plus;

Jamais l'Homme pourtant n'a tant pleuré. La Terre
Meurt de se savoir seule ainsi dans l'Infini,
Et trouvant tout menteur depuis qu'elle est sans Père
Ne sait plus que ce mot : *lamasabacktani.*

Ah! l'homme n'a qu'un jour; que lui font la science,
La santé, le bien-être, et les arts superflus,
Si l'au-delà suprême est clos à l'espérance?
Et quel but à sa vie alors qu'on ne croit plus?

Oh n'est-ce pas mon Christ, mieux valait l'esclavage,
Les terreurs et la lèpre et la mort sans linceul,
Et sous un ciel de plomb l'éternel Moyen-Age,
Avec la certitude au moins qu'on n'est pas seul!

Ah! la vie est bien peu! ses douleurs sont sacrées
Quand on est sûr d'entrer après ce mauvais jour
Dans la grande douceur où, toujours altérées,
Les âmes se fondront de tristesse et d'amour!

JUSTICE

De profundis clamavi ad te...

Depuis qu'au vent du doute et des dogmes contraires
S'est envolé l'essaim de mes douces chimères
Me laissant seul sans but, sans espoir, sans appui,
Tout le jour, par la ville, incessante cohue,
Curée aux vanités où la foule se rue,
J'erre, lassé de tout, le cœur mangé d'ennui.

Et quand tombe le soir, quand aux loins les toits
                                fument,
Qu'une à une en tremblant les étoiles s'allument
Là-haut, dans l'infini que nul œil n'a sondé,
J'ouvre aux cieux ma fenêtre, et, devant ces abîmes,
Prise invinciblement de tristesses sublimes,
Mon âme se recueille et je songe accoudé.

Je songe aux jours bénis où je croyais encore,
Où j'allais, confiant dans ce Dieu qu'on adore,
Ivre des grands espoirs qui ne reviendront plus,
Puis au moment fatal, où sans foi, sans doctrines,
Je me retrouvai seul pleurant sur mes ruines,
Maudissant les écrits d'enfer que j'avais lus.

Je songe à ce que fait l'impassible ouvrière,
De ces morts bienheureux dont à l'heure dernière
Le front s'illumina de lointains paradis,
À tout ce qu'elle a fait des siècles d'espérances,
D'iniquités sans nombre et d'obscures souffrances,
Dans le gouffre des temps pêle-mêle engloutis.

Ô pauvre Humanité, pourquoi donc es-tu née?
Qui jouit de tes pleurs? Quelle est ta destinée?
Faudra-t-il s'en aller sans connaître le mot?
Mais les cieux restent sourds. La Mère universelle
Est toute à son labeur et la plainte immortelle
À ses flancs en travail n'arrache pas d'écho!

Et toujours cependant monte dans la nuit noire
Le concert désolé des appels de l'Histoire
Le juste meurt vaincu, le crime est impuni
Et martyr ou bourreau, formidable mystère,
Chacun fait ici-bas une même poussière,
Que le Destin balaie aux hasards de l'oubli!

C'est l'éternel sanglot, c'est l'éternel cantique,
C'était celui que Job sur le fumier biblique,
Grattant sa chair pourrie avec un vil tesson,
Jetait au Dieu jaloux, au maître du tonnerre
Qui flagellait son droit du vent de sa colère,
C'est l'éternel sanglot et rien ne lui répond.

Seul Dieu, dans mon désert, auquel je croie encore,
Ô Justice, vers toi tout mon espoir s'essore.
N'es-tu que dans nos cœurs et pour les torturer?
Réponds-moi, car tu tiens, tu tiens encor ma vie,
Justice montre-toi car si tu m'es ravie,
Dans le calme néant je n'ai plus qu'à rentrer.

Tu te tais, tu te tais. Et toujours le temps passe
Et tout sombre à son tour et pour jamais s'efface,
Aux flots de l'éternel et vaste écoulement,
L'Univers continue et toujours cette terre
Aux déserts du silence, épave solitaire,
Avec ses exilés roule stupidement.

Alors, elle est sans but cette amère odyssée?
Et quand muet tombeau, cette terre glacée
S'enfoncera déserte au vide illimité,
Tout sera dit pour elle et dans la nuit suprême
Il ne restera rien, ni témoin, ni nom même,
De ce labeur divin qui fut l'humanité?

Et tout n'est plus, torrent universel des choses
S'entretenant sans fin dans leurs métamorphoses
Que le déroulement de la nécessité,
L'homme entre deux néants qu'un instant de misère
Et le globe orgueilleux qu'un atome éphémère
Dans le flux éternel au hasard emporté!

Et cela seul nous reste, ô splendeurs étoilées.
Le blasphème et l'injure aux heures affolées
Et le mépris de tout aux heures de raison.
Et j'étouffe un cri sourd de rage et d'impuissance
Et je pleure devant la grande indifférence
Le cœur crevé soudain d'un immense abandon.

29 mars 1880.

Oh! je sais qu'en ce siècle où pour les saintes fièvres
La jeunesse porte un cœur mort
Et ne va plus s'user les genoux et les lèvres
Que pour l'idole au ventre d'or,
Le jour vient des paris sur un cheval de course,
Discute un nouveau pantalon
Ou flatte de sa main gantée après la Bourse
Poitrail de femme ou d'étalon
Et la nuit — à cette heure où tout être qui pense
Devrait contempler loin du bruit
Les sphères d'or vaguant par l'éternel silence
Aux solennités de minuit, —
Vautre son corps poussif sur quelque fille nue,
Aux baisers puant le vin bleu
Et qu'il a ramassée au premier coin de rue
Ou dans l'égout d'un mauvais lieu,
Ne sait plus sangloter aux heures solitaires
N'a pas gémi, n'a pas douté,
Et veut pour tout bonheur cuver au choc des verres
Ses sens repus de volupté.
Je sais que le poète assez lâche ou candide
Pour ne pas ravaler ses pleurs
Soulève le dédain et qu'un rire stupide
Se fait l'écho de ses douleurs.

Mais moi si dans ces jours de blasphème et de doute
       J'ai devant toi tordu mon cœur
Pour lui faire suinter ces sanglots goutte à goutte
       Ce n'est pas...
Ce n'est pas pour gueuser quelque caresse impure
       De cette catin de ruisseau
Qui dans tous les égouts de la littérature
       Se fait tirer par le manteau.
Non, non si j'ai crié c'est que le cri soulage
       C'est que le mien gonflait mon sein
Plus haut encor, ô marâtre, ô nature,
       Puisque rien ne peut t'émouvoir
Je veux, moi, m'enivrer, sans trêve et sans mesure
       Des voluptés du désespoir

AU LIEU DES « DERNIERS SACREMENTS »

Il me fit appeler; c'était un soir d'automne.
        Dans sa mansarde au froid de loup,
Il grelottait au lit, phtisique et le teint jaune
        Comme une chandelle d'un sou.
Son coffre caverneux râlait comme un vieil orgue,
        Sa peau prenait déjà le ton
Des verdâtres noyés qu'aux dalles de la Morgue
        On voit s'étaler tout du long.
— Mon cher, je vais crever, me dit-il dans un rire
        Qui figea la moelle en mes os,
Pour m'achever, sais-tu, je voudrais un vampire
        Qui d'un baiser vidât mon dos!
Je descendis très-calme, au coin d'une ruelle
        Sifflai le premier blanc jupon
Que j'aperçus flairant un mâle en quête de femelle
        Et lui montrai le moribond.
Quand je l'eus mise au fait de sa besogne sombre
        Je vis se cabrer ses deux seins
Et dans ses regards chauds de nuits folles sans nombre
        Se réveiller ses sens éteints.
Elle se dévêtit, bâilla, fit une pause
        Puis, comme sous un fouet cuisant,
Sur sa babine en feu passant sa langue rose
        Bondit près de l'agonisant!

Lui, sentant à ce souffle un hurlant flot de lave
      Bouillonner dans ses reins gelés,
Un éclair de rut fou flamba dans son œil cave
      Il dit quelques mots étranglés
Et je les vis s'étreindre. Ainsi sur un roc chauve
      Un nœud de vipères se tord.
Je sortis, les laissant à leur lutte âpre et fauve.
      Le lendemain, il était mort.
Il gisait pâle et grêle étendu sur sa couche

LE SPHINX

Aux steppes du désert, à l'heure où l'azur morne
Fait chercher la fraîcheur au jaguar assoupi,
Les yeux sur l'horizon muet, vaste, sans borne,
Ensablé jusqu'aux seins, rêve un Sphinx accroupi.

À ses pieds, cependant, mourant comme une houle,
Un peuple de fourmis grouille noir et pressé.
Il vit, il aime, il va, puis lentement s'écoule
Sous ce regard sans cesse à l'horizon fixé.

Et ce peuple n'est plus. Le soleil écarlate
Là-bas descend tranquille, en une gloire d'or,
Puis l'haleine du soir, tiède et délicate
Disperse ces débris. Le grand sphinx rêve encor.

II

Il rêve là depuis vingt mille ans! Solitaire,
Flagellé par le vent des siècles voyageurs
Et depuis vingt mille ans, rien n'aura pu distraire
La calme fixité de ses grands yeux songeurs.

Rien! ni Memphis perdu, ni Thèbe aux cent pylônes
Où le Fellah fait paître aujourd'hui ses troupeaux,
Ni les vieux pharaons accoudés sur leurs trônes
Et regardant, muets, s'élever leurs tombeaux,

Ni les tyrans têtus, abrutis dans les crimes,
De caprices sanglants berçant leurs spleens cruels,
Ni le lépreux maudit, ni les humbles sublimes,
Ni les écroulements d'orgueilleuses Babels,

Ni les esclaves noirs, fronts rasés et stupides,
Dont l'épaule saignant sous les verges de cuir
S'attelait en craquant, aux blocs des pyramides,
Et qu'on broyait, hurlants, quand ils tentaient de fuir,

Ni l'odeur s'exhalant des charniers de l'Histoire,
Ni les clairons d'airain jetant du haut des tours
Aux quatre vents du ciel des fanfares de gloire.
Rien! Ô sphinx implacable! et tu rêves toujours

Et maintenant encor que les [......] sont changées,
Que sous l'œil de tes dieux, l'homme des temps nouveaux
Vient, du bruit de ses pas, dans les grands hypogées
Que tu semblais garder, réveiller les échos,

Dans ce siècle d'ennui, de fièvre inassouvie,
Où l'homme exaspéré de désirs inconnus
Plus follement se rue au festin de la vie
Et veut jouir, et veut savoir, et ne croit plus,

Et sanglote, le front sur les dalles des temples!
Toi, Sphinx de granit, rien ne remue en tes flancs,
Et muet, éternel, sans pitié, tu contemples
Le même horizon bleu qu'il y a vingt mille ans!

APOTHÉOSE

I

Ô rêve éblouissant (où ma mort se pressent!)
    J'ai vu la chapelle,
Toute d'ivoire et d'or, douloureuse d'essor,
    Gigantesque et frêle!
Aux délicats festons brodant les clochetons,
    Aux roses fleuries,
Aux arcades à jour, partout, brûlaient d'amour
    Mille pierreries!
Et partout aux vitraux ruisselants, des joyaux :
    Ors, saphirs, topazes,
Émeraudes, rubis, palpitaient éblouis
    D'uniques extases!
Et parmi tous ces feux, jaunes, verts, rouges, bleus,
    — Morne apothéose, —
J'ai reconnu, pareil à l'Ostensoir vermeil
    Que le prêtre impose,
Mon Cœur énorme et lourd qui ruisselait d'amour
    Au fond d'une châsse,
Mon Cœur gonflé, sanglant, noir, meurtri, pantelant,
    Mais toujours vivace!
Autour de ce Trésor, tout flambait en essor!
    Et les mille ogives

Voulaient jaillir plus haut, vers mon cœur chaste et chaud,
                    Boire aux sources vives!
Et l'or, les feux, l'encens, les cierges pâlissant,
                    Les Cloches en fête,
L'Orgue éperdu tremblant ses appels, ou roulant
                    Comme une tempête,
Tout délirait en chœur, vers mon si morne cœur,
                    Mon Cœur égoïste :
Alleluia! Noël! — et c'était éternel,
                    Solennel et triste!

                              II

Oh! lorsqu'au dehors, memento des morts,
                    Pleure et beugle la bise,
Oubliant Paris, ses vices, ses cris,
                    Seul au fond d'une église,
Dans un coin désert, je pleure au concert
                    Des orgues éternelles,
Devant les vitraux douloureux et beaux
                    Des ardentes chapelles!
Dans l'encens nuageux, tremblent mille feux,
                    Et, triste, ma Madone
Tient, les yeux ravis, un Cœur de rubis,
                    Qui brûle et rayonne,
Un Cœur ruisselant, un Cœur tout en sang
                    Qui, du soir à l'aurore,
Saigne, sans espoir, de ne pas pouvoir
                    Saigner, oh! saigner plus encore!

DÉSOLATION

Vertiges des Soleils! musiques infinies!
Mon Cœur saigne d'amour et se fond de douceur,
Ô rondes d'astres d'or, bercez mes insomnies;
Dans un rythme très-lent, magique et guérisseur
      Bercez la Terre, votre sœur.

Aimez-moi, bercez-moi. Le Cœur de l'œuvre immense
Le cœur de l'univers est né; c'est moi qui l'ai,
Je suis le cœur de Tout! et je saigne en démence,
Je déborde d'amour par l'azur étoilé,
      Je veux que tout soit consolé!

La Nature est en moi. J'ai levé tous les voiles;
Je sais l'Ennui des grands nuages voyageurs,
Je palpite la nuit dans l'ardeur des étoiles,
Mon sang teint les couchants aux tragiques splendeurs,
      Je pleure dans les vents rageurs!

Je comprends la tristesse *éternelle* des bêtes,
La méditation des bœufs, du marabout,
Et l'effort du tronc d'arbre et le spleen des tempêtes,
L'amour de tous les cœurs en mon cœur se résout,
      Venez! Je suis le Cœur de tout!

Je suis le Bien-Aimé, le Triste. Que tout m'aime.
Votre océan d'amour ma Douleur l'a tari,
J'ai fait de vos sanglots un long sanglot suprême
Que je couve en ce cœur de tous les cœurs pétri;
        Soleils! je puis pousser le Cri!

Vos rondes henniront d'angoisse et d'épouvante;
Des signes flamboieront aux cieux; l'Humanité
S'assoira sur les monts écoutant dans l'attente
Le cri d'amour rouler sans fin répercuté
        Aux échos de l'éternité.

Mais non! je ne sais rien. — Je suis la Douleur même
Je souffre d'aimer trop; je sais que c'est mon sort,
Mais j'en veux épuiser la douceur; j'aime, j'aime,
Je veux saigner pour tout, saigner, toujours, encor...
        Pour être épargné de la mort.

DERNIERS SOUPIRS D'UN PARNASSIEN

I

Klop, klip, klop, klop, klip, klop.
Goutte à goutte égrenant son rythmique sanglot
Aux vasques du bassin où l'eau dort immobile
Un jet d'eau trouble seul la nuit calme et tranquille.
Quel silence! On dirait que ce globe assoupi
Sur des flots de velours glisse dans l'infini.
Là-haut, criblant l'Espace à des milliards de lieues,
Pèlerins ennuyés des solitudes bleues,
Sans souci des martyrs qui grouillent sur leurs flancs,
Enchevêtrant sans fin leurs orbes indolents,
— Oasis de misère ou cadavres de mondes —
Les sphères d'or en chœur circulent vagabondes.
Mon être, oublions tout! lâchons les rênes d'or
Aux contemplations éployant leur essor
Les strophes en mon sein battent déjà de l'aile...
À quoi bon les plier dans un mètre rebelle!
Je ne veux rien savoir, le vertige énervant
Me berce dans les plis de son gouffre mouvant...
Je me fonds doucement... je suis mort, rien... je doute
Si j'entends le jet d'eau ponctuer goutte à goutte
Le silence éternel d'un rythmique sanglot
Klop, klip, klop, klop, klip, klop...

Bibliothèque Sainte-Geneviève, 21 avril 1880.

INTERMEZZO

Belles, claires étoiles d'or
Dont la nuit sereine est semée
Oh! saluez de loin ma bien-aimée!
Dites lui que je suis encor
Dites [lui] que je suis toujours
Pâle et fidèle et malade d'amour!

(Traduit de Heine.)

LITANIES DE MISÈRE

Frères, Frères, bercez vos rancœurs infinies
Au rythmique sanglot des douces litanies.

Or tout là-bas, là-bas, d'un fleuve nébuleux
Fécondeur de soleils, voyageant aux cieux bleus,

Un lac incandescent tombe et puis s'éparpille
En vingt blocs qu'il entraîne ainsi qu'une famille.

Et l'un d'eux, après bien des siècles de jours lents,
Aux baisers du soleil sent tressaillir ses flancs.

La vie éclôt au fond des mers des premiers âges,
Monades, vibrions, polypiers, coquillages.

Puis les vastes poissons, reptiles, crustacés
Raclant les pins géants de leurs dos cuirassés.

Puis la plainte des bois, la nuit, sous les rafales,
Les fauves, les oiseaux, le cri-cri des cigales.

Enfin paraît un jour, grêle, blême d'effroi,
L'homme au front vers l'azur, le grand maudit, le **roi.**

204

Il voit le mal de tout, sans but! La litanie
Des siècles, vers les cieux....

*

La femme hurle aux nuits, se tord et mord ses draps
Pour pondre des enfants vils, malheureux, ingrats.

La moitié meurt avant un an, dans la misère,
Sans compter les mort-nés bons à cacher sous terre.

L'homme, les fleurs, les nids, tout sans trêve travaille,
Car la vie à chaque heure est une âpre bataille.

Et malheur aux vaincus, aux faibles, aux trop doux,
Aux trop bons pour vouloir hurler avec les loups.

La faim, l'amour, l'espoir, [........] la maladie,
Puis la mort, c'est toujours la même comédie.

Et d'abord les trois quarts crient : « Pas de quoi manger! »
Et sont pour l'autre quart un perpétuel danger.

MARCHE FUNÈBRE
POUR LA MORT DE LA TERRE

(Billet de faire-part.)

Lento.

Ô convoi solennel des soleils magnifiques,
Nouez et dénouez vos vastes masses d'or,
Doucement, tristement, sur de graves musiques,
Menez le deuil très-lent de votre sœur qui dort.

Les temps sont révolus ! Morte à jamais, la Terre,
Après un dernier râle (où tremblait un sanglot !)
Dans le silence noir du calme sans écho,
Flotte ainsi qu'une épave énorme et solitaire.
Quel rêve ! est-ce donc vrai ? par la nuit emporté,
Tu n'es plus qu'un cercueil, bloc inerte et tragique
Rappelle-toi pourtant ! Oh ! l'épopée unique !...
Non, dors, c'est bien fini, dors pour l'éternité.

Ô convoi solennel des soleils magnifiques...

Et pourtant souviens-toi, Terre, des premiers âges,
Alors que tu n'avais, dans le spleen des longs jours,
Que les pantoums du vent, la clameur des flots sourds,
Et les bruissements argentins des feuillages.

Mais l'être impur paraît! ce frêle révolté
De la sainte Maïa déchire les beaux voiles
Et le sanglot des temps jaillit vers les étoiles...
Mais dors, c'est bien fini, dors pour l'éternité.

Ô convoi solennel des soleils magnifiques...

Oh! tu n'oublieras pas la nuit du moyen âge,
Où, dans l'affolement du glas du « Dies iræ »,
La Famine pilait les vieux os déterrés
Pour la Peste gorgeant les charniers avec rage.
Souviens-toi de cette heure où l'homme épouvanté,
Sous le ciel sans espoir et têtu de la Grâce,
Clamait : « Gloire au Très-Bon », et maudissait sa race!
Mais dors, c'est bien fini, dors pour l'éternité.

Ô convoi solennel des soleils magnifiques...

Hymnes! autels sanglants! ô sombres cathédrales,
Aux vitraux douloureux, dans les cloches, l'encens.
Et l'orgue déchaînant ses hosannahs puissants!
Ô cloîtres blancs perdus! pâles amours claustrales,
[...] ce siècle hystérique où l'homme a tant douté,
Et s'est retrouvé seul, sans Justice, sans Père.
Roulant par l'inconnu, sur un bloc éphémère.
Mais dors, c'est bien fini, dors pour l'éternité.

Ô convoi solennel des soleils magnifiques...

Et les bûchers! les plombs! la torture! les bagnes!
Les hôpitaux de fous, les tours, les lupanars,
La vieille invention! la musique! les arts
Et la science! et la guerre engraissant la campagne!
Et le luxe! le spleen, l'amour, la charité!
La faim, la soif, l'alcool, dix mille maladies!

Oh! quel drame ont vécu ces cendres refroidies!
Mais dors, c'est bien fini, dors pour l'éternité.

Ô convoi solennel des soleils magnifiques...

Où donc est Çakia, cœur chaste et trop sublime,
Qui saigna pour tout être et dit la bonne Loi?
Et Jésus triste et doux qui douta de la Foi
Dont il avait vécu, dont il mourait victime?
Tous ceux qui sur l'énigme atroce ont sangloté?
Où, leurs livres, sans fond, ainsi que la démence?
Oh! que d'obscurs aussi saignèrent en silence!...
Mais dors, c'est bien fini, dors pour l'éternité.

Ô convoi solennel des soleils magnifiques...

Et plus rien! ô Vénus de marbre! eaux-fortes vaines!
Cerveau fou de Hegel! doux refrains consolants!
Clochers brodés à jour et consumés d'élans.
Livres où l'homme mit d'inutiles victoires!
Tout ce qu'a la fureur de tes fils enfanté
Tout ce qui fut ta fange et ta splendeur si brève,
Ô Terre, est maintenant comme un rêve, un grand rêve.
Va, dors, c'est bien fini, dors pour l'éternité.

Ô convoi solennel des soleils magnifiques...

Dors pour l'éternité, c'est fini, tu peux croire
Que ce drame inouï ne fut qu'un cauchemar,
Tu n'es plus qu'un tombeau qui promène au hasard
[..........] sans nom dans le noir sans mémoire.
C'était un songe, oh! oui, tu n'as jamais été!
Tout est seul! nul témoin! rien ne voit, rien ne pense.
Il n'y a que le noir, le temps et le silence...
Dors, tu viens de rêver, dors pour l'éternité.

Ô convoi solennel des soleils magnifiques,
Nouez et dénouez vos vastes masses d'or,
Doucement, tristement, sur de graves musiques,
Menez le deuil très-lent de votre sœur qui dort.

LASSITUDE

Ô ma dernière idole, immuable Justice,
Je me disais qu'un jour viendrait, quoique lointain,
Où ta voix citerait à tes pieds le Destin,
Où, calme, s'étendant, ta main réparatrice

Du linceul du Néant déroulerait les plis,
Réveillerait les Bons de leur paix solennelle,
Et les faisant asseoir dans la Fête éternelle,
Vengerait le sanglot des temps ensevelis.

Car j'étais dans l'Éden, l'arbre de la Science
Ne m'avait pas encor tenté, j'avais la foi,
Et ce trésor d'amour, il était tout pour moi,
Ma force, mon recours, mon but, mon espérance.

Maintenant que j'ai pris du vieux fruit défendu,
Maintenant que je vis dans cette idée amère
Que mon rêve divin n'était qu'une chimère,
Si mont front est plus fier, mon cœur a tout perdu!

Que me fait désormais ce monde de misère!
Je pleurerai sur lui, mais lutter, à quoi bon?
S'il doit en une cendre inutile et sans nom
S'éparpiller un jour dans la nature entière.

S'il n'est pas d'au-delà! si tout est accompli,
Quand la forme est rendue à la grande Ouvrière,
Si Tout ne va qu'à faire une même poussière
Que le Destin balaie aux hasards de l'oubli!

La Justice est un mot! l'Idéal est un leurre!
À quoi bon l'existence? — À quoi bon le Progrès?
S'il n'est plus que des lois, s'il faut que pour jamais,
Sans raison, sans témoin, pêle-mêle tout meure?

Si sourd à tout espoir, et pour l'éternité,
L'Univers n'est enfin que le torrent des choses
S'entretenant toujours par leurs métamorphoses
Sous le stupide fouet de la nécessité!

Et j'erre à travers tout, sans but et sans envie,
Fouillant tous les plaisirs, ne pouvant rien aimer,
N'ayant pas même un dieu tyran à blasphémer,
Avant d'avoir vécu dégoûté de la vie.

20 mai 1880.

PRIÈRE SUPRÊME

Regrets des jours bénis, frissons sacrés du doute,
Appels à la Justice éternelle, et là haut
Les vastes cieux muets qui continuent leur route,
Et le morne infini qui reste sans écho!

Ennuis, élans de l'âme exaspérée et lasse,
Désespoir de songer le soir, loin des vains bruits,
Qu'on ne verra jamais ces frères de l'espace
Qui sanglotent vers nous dans le calme des nuits!

Farouche vision du grand jour de la Terre
Lorsque, les temps venus, le sanglant drame humain
Aura son dénouement obscur et solitaire
Perdu dans la splendeur du calme souverain!

Et tandis que tout change, et s'élève, et s'écroule,
Insensible aux appels qui jaillissent d'en bas
La loi de l'univers tranquille se déroule
Vers la Fête lointaine où nous ne serons pas!

Et le renoncement, le refuge suprême
De l'atome éphémère au sein de l'océan,
La contemplation sans espoir, sans blasphème
Dans l'attente de l'heure où l'on rentre au néant.

Pitié, je n'ai qu'un jour, Immortelle Existence,
Ce cri qui peut demain, sans nom, s'évanouir,
Laisse-moi le chanter, seul devant ton silence
Dans la solennité de minuit et mourir.

1er juin 1880.

SUIS-JE?

Oh! quel rêve!... — J'ai cru que Tout songeait à Moi,
J'ai dit que j'existais, j'ai demandé pourquoi;
J'ai hurlé que les cieux me rendissent des comptes!
Ô Loi, sereine Loi, j'ai voulu que tu domptes
Le vouloir, pour rentrer au vieux néant quitté!
J'ai dit que je scindais en deux l'Éternité!
J'ai crié ma souffrance et cité la Justice;
Je me suis demandé si la Force rectrice
Ne tressaillirait pas à l'instant de ma mort!
Si tout, Moi n'étant plus, continuerait encor!
Mais suis-je seulement, insensé!
                                    Quel vertige!...
Il faut pourtant presser ce mot! Oui, suis-je? suis-je?
Ce corps renouvelé chaque jour est-il mien?
Je vois un tourbillon, incessant va et vient
D'atomes éternels, oublieux, anonymes,
Et qui ne savent rien des vertus et des crimes
Dont ils furent le sol, voyageurs inconstants,
Par l'espace infini, depuis la nuit des Temps! —
Oui, ces poumons, ce cœur, cette substance grise
Est-ce Moi? N'est-ce pas tout aussi bien la brise,
Les charognes, les fleurs, les troupeaux, tout enfin?
Où sont mes nerfs d'hier, mes muscles de demain?
Où donc étaient mes bras, mes yeux, mon front, ma
                                                bouche

Il y a dix mille ans? Réponds, ô vent farouche
Qui balayes l'azur charriant des débris
De fleurs, de vibrions et de cerneaux pourris?
Et dans ces temps *réels* où le Soleil, la Terre
Et ses sœurs, voyageaient à travers le mystère
Des espaces, au flanc d'un fleuve de chaos
Qu'étaient mes nerfs d'artiste, et ma chair, et mes os?
Qu'étaient-ils dans la Nuit, là-bas, plus loin, encore
À jamais, sans espoir? Puisque le Temps dévore
Des siècles de soleils, où serez-vous alors,
Atomes qu'aujourd'hui j'ose appeler mon corps?
Non, mon corps est à tout, et la nature entière
N'est qu'un perpétuel échange de matière.
Rien n'existe que Brahm, il est tout, tout est lui,
Et plus de siècles! c'est à jamais aujourd'hui.

L'ESPÉRANCE

Belle Philis on désespère.

L'Espoir! toujours l'espoir! Ah! gouffre insatiable,
N'as-tu donc pas assez englouti d'univers?
Ne soupçonnes-tu pas à quel néant tu sers?
N'entends-tu pas, sans trêve, en la nuit lamentable,
Les astres te hurler plus nombreux que le sable
Leur désillusion en sinistres concerts?

Rien n'arrachera donc tes racines profondes,
Vieil arbre de l'Instinct aux vivaces rameaux?
Gerbe unique du Mal, bégaiement des berceaux
Et râle inassouvi des sphères moribondes,
D'où viens-tu? toi, sans qui, les cieux au lieu de mondes
Depuis l'Éternité rouleraient des tombeaux!

Tout espère ici-bas. Le phtisique au teint jaune
Que l'art a condamné, qui se traîne à pas lents
Par les sentiers déserts où la mousse frissonne,
De son souffle incertain confie au vent d'automne
Qu'il veut aimer et vivre et revoir le printemps.

Par les soirs pluvieux, la pauvre fille-mère
Qui vient revoir le fleuve, immense fossoyeur

Se roidissant encor, retourne à sa misère
Cramponnée à l'espoir d'un avenir meilleur.

Le gueux cent fois damné quand son heure est venue
Entend un son de cloche apporté par le vent,
Faible et doux, il essuie une larme inconnue
Et se repose en Dieu comme un petit enfant.

C'est vrai, l'histoire même, après tant de calvaires,
Tant de siècles passés au désert à gémir,
Tant de labeurs perdus sans même un souvenir,
Tant d'expiations et de nuits séculaires
Trouve encor des rêveurs éblouis de chimères
Pour lui montrer là-bas l'Éden de l'avenir!

Danser, désespérer; mais depuis que les hommes
Sur ce globe perdu pullulent au soleil,
Du jour où quelqu'un sut ce qu'est le grand sommeil
Et pesa dans sa main la cendre que nous sommes
L'homme désespérant des célestes royaumes
Cria que tout sombrait au néant sans réveil.

Pourtant il va toujours, frêle Œdipe des choses,
Fou d'angoisse devant l'inconnu de son sort,
Et s'il fixe toujours le Sphinx aux lèvres closes
Au lieu de lui crier qu'il ne sait rien des causes
Et d'attendre à ses pieds l'universelle mort

C'est qu'il croit à l'Énigme et qu'il espère encor.
Et Bouddha méditant sous le figuier mystique,
Jésus criant vers Dieu son unique abandon,
Lucrèce désolé, Brutus calme et stoïque,
Caton, Léopardi, Henri Heine, Byron,
Tous les sages de l'Inde et tous ceux du Portique
Crurent-ils en mourant que tout était dit? — Non.

Aujourd'hui qu'affolé d'universelle enquête,
L'homme, sans voir la croix qui lui tend les deux bras,
Fixe ses Dieux muets, leur dit : Vous n'êtes pas !
Et se brisant le cœur, et du ciel, sa conquête,
Balayant cet Olympe œuvre éclos en sa tête
Compte les soleils pris dans l'arc de son compas,

Aujourd'hui que d'un monde où souffla trop le Doute
Tout espoir de justice et d'amour est banni,
Que l'Être se voit seul et qu'au lieu de la voûte
D'où Dieu veillait sur lui, Père auguste et béni,
Il ne sonde partout, ignorant de sa route
Que les steppes d'azur d'un silence infini,

Aujourd'hui que le dogme absolu, fataliste
Sur ce globe trop vieux marche à pas de géant,
Qu'on songe à tous ces cœurs où plus rien ne subsiste
Qui les retienne encor loin du gouffre béant,
Et qui berçant leur rage aux sanglots du Psalmiste
Vont à travers la vie altérés de néant.

Et dans mille ans d'ici, quel en sera le nombre.
L'homme alors jusqu'au fond de tout aura creusé,
Désertant les cités, sans désir, muet, sombre,
Accroupi dans la cendre et le crâne rasé,
Les mains sur les genoux il contemplera l'ombre
Manger très-lentement le soleil épuisé !

Eh bien ! plus tard encor à son Heure suprême
Quand ce même soleil autrefois jeune et beau,
Trouant l'épaisse nuit d'un œil sanglant et blême
En fumant vers les cieux conduira son troupeau

Alors que grelottant, formidable, la Terre
Au lieu des tapis d'or que lui faisaient les blés

Ne montrant tour à tour que steppes désolés
À l'infini, n'étant qu'un [.....] désert polaire
Sentira tout à coup dans la nuit solitaire
Les frissons de la mort secouer ses reins gelés,

Ô toi! qui que tu sois, Frère, Unique Science,
Squelette ou cerveau fou qu'aura choisi le sort
Pour être le Dernier, seul, dans le grand silence,
Pour voir que c'était vrai, qu'il n'est plus d'espérance,
Rien n'ouvrant les cieux, tout continuant encor,
La terre pour jamais va sombrer dans la mort,

Non, tu ne croiras plus aux antiques chimères,
Dans les yeux de Maïa tu n'auras que trop lu
Et résigné d'avance à ses lois nécessaires
Tu marqueras en paix, l'âme ivre d'absolu,
Les derniers battements de ce bloc vermoulu.

L'ANGOISSE SINCÈRE

Tout est seul ? Nul ne songe au sein des nuits
$\qquad\qquad\qquad\qquad\qquad$ profondes ?
Seul ! et l'on ne peut pas, à travers l'infini,
Vers l'éternel témoin de l'angoisse des mondes
Hurler l'universel *Lamasabacktani* !

Ce cri nous foudroierait en montant aux étoiles,
Mais tu nous entendrais, Cœur de l'immensité,
Où que tu sois, malgré l'azur dont tu te voiles,
Et tu tressaillirais dans ton éternité !

Car tu es ! Car tu es ! tout nous dit le contraire,
Tout dit que l'homme est seul comme un lutteur
$\qquad\qquad\qquad\qquad\qquad$ maudit,
Mais si tu n'étais pas ! Espace, Temps, Cieux, Terre,
Tout serait le chaos ! — Et cela me suffit.

Tu ne peux pas ne pas être, Témoin des choses !
Oh ! Libre ou non, tu es, tu rêves quelque part,
Et ce tout éphémère en ses métamorphoses
Sent palpiter un Cœur et veiller un Regard !

Oh non ! Depuis les Temps les vastes Solitudes
Pullulent de soleils qui meurent tour à tour,

Et les Humanités sombrent par multitudes,
Et rien ne se souvient! Tout est aveugle et sourd!

Ô frères inconnus! Passé fosse éternelle!
Tant de sanglots perdus vers le Beau, vers le Bien,
Tant d'atomes divins que chaque astre recèle,
Sans orgueil, sans remords! et nul n'en sachant rien!

Oh! la Sainte Justice, — abandon formidable! —
Ne siège qu'en nos cœurs! Mais qu'il ne soit pas Lui!
L'impassible Témoin, l'Unique, l'Immuable!
Le Songeur, pour qui c'est à jamais aujourd'hui!

La Terre va pourtant, et toujours se referme
Sur de nouveaux enfants rendus au grand sommeil,
Et toujours, quand du blé sourd en elle le germe,
Ouvre ses vieux sillons aux baisers du Soleil!

Et calme, comme aux temps d'innocente jeunesse
Où l'homme encor, là-haut ne levait pas les yeux,
Chaque soir sur nos fronts se déroule la Messe
Solennelle, la Fête éternelle des Cieux!

Non! qu'il n'y ait Personne et que tout continue!
Stupidement serein! depuis l'Éternité!
Mais Tout n'est plus alors qu'un enfer sans issue!
Pourquoi donc quelque chose a-t-il jamais été?

Que Tout se sache seul, alors! que Tout se tue!
Qu'un Souffle de Terreur venu du fond des Temps
Balayant les déserts d'azur de l'Étendue
Bouscule devant lui les soleils haletants.

Que tout s'effondre enfin dans la grande débâcle!
Qu'on entende passer le dernier râlement!

Plus d'heures, plus d'écho, ni témoin, ni spectacle,
Et que ce soit la Nuit, irrévocablement !

Car si nul ne voit tout, à quoi bon l'Existence,
Et la Pensée ? l'Amour ? et la Réalité ?
Pourquoi la Vie, et non l'universel Silence
Emplissant à jamais le Vide illimité.

Et rien ! ne pas savoir ! devant le Temps qui passe !
Et les mondes errants, pour demander le Mot,
En troupeaux affolés exploreraient l'Espace,
Que l'azur toujours bleu resterait sans écho !

Mais non ! S'Il n'était pas, ce serait trop sublime !
Tout est si calme ! Il est, pauvre fou que je suis !
Quelqu'un sait ! quelqu'un voit ! et du fond de l'abîme
Il doit prendre en pitié l'angoisse de mes nuits.

Nuit du 4 juin.

RÉSIGNATION

Parasite insensé d'une obscure planète,
Dans l'infini tonnant d'éternelles clameurs,
Sur un point inconnu j'apparais et je meurs,
Et je veux qu'aussitôt tout le sache, et s'arrête!

Je veux que pour un cri perdu dans la tempête
Les océans soudain sèchent leurs flots hurleurs,
Et que pour apporter sur ma tombe des fleurs,
Les soleils en troupeaux accourent de leur Fête!

Pauvre cœur insensé! brise-toi, tu n'es rien.
Et bien d'autres sont morts dont le cœur fut le tien,
Et la terre elle-même ira dans le silence.

Tout est dur et sans cœur et plus puissant que toi.
Souffre, aime, attends toujours et [.....] danse
Sans même demander l'universel Pourquoi.

RECUEILLEMENT DU SOIR

Voici tomber le soir cher aux âmes mystiques.
C'est l'heure calme et triste où les chauves-souris
Dérangent dans l'air bleu les valses des moustiques,
Et la fièvre de vivre illumine Paris.

Tout s'allume! beuglants, salons, tripots et bouges,
Et le pharmacien sur le blême trottoir
Fait s'épandre les lacs des bocaux verts ou rouges
Phares lointains de ceux qui s'en iront ce soir.

La Prostitution met du fard sur sa joue
Puis dans les flots de gaz des cafés ruisselants
Murmurant des marchés que l'eau-de-vie enroue
Défile, balançant ses atours insolents.

Au fond des hôpitaux la veilleuse nocturne
Éclaire le dortoir aux lits numérotés
Heureux qui peut dormir, car l'heure taciturne
Est bien lente à sonner l'aube aux douces clartés.

L'orgie hurle, concerts, lumières, fleurs splendides,
Les pains dans les plats d'or s'étalent, bien groupés,
Les fruits dans les cristaux dressent leurs pyramides,
On mesure de l'œil les larges canapés.

Trop pauvre pour manger aux gargots des bohêmes,
Le mendiant songeur qui regagne son trou
Dans un rire mauvais mâchant de vieux blasphèmes
S'acharne après un os ramassé n'importe où.

Dans son chaste lit blanc, aux viols qu'elle convoite
Aux viols errants des nuits l'enfant va se damner,
La vieille fille, seule en sa mansarde étroite
Fait glapir sur le feu les restes d'un dîner.

Un aveugle courbé sous le poids de son orgue
Où dorment nos sanglots d'idéale douleur,
Rentre et, grognant, va voir en passant à la Morgue
Si l'on a repêché sa garce de malheur.

Revoyant son passé fleuri de quelque idylle,
Songeant qu'il eut aussi, lui, jadis un foyer,
L'assassin contemplant sa cellule tranquille
Écoute vaguement le pas lent du geôlier.

L'ouvrier poivre, avec sa mine de vieux singe,
Poursuit sa femme enceinte et prise d'âpres toux,
Qui revient du lavoir sous un paquet de linge,
Tendant à son dernier son sein bleu de coups.

Le moribond s'accroche, ivre, aux draps de sa couche,
L'amoureux passe au col de sa reine un collier,
Et la femme qui seule, en son taudis, accouche,
Se tord comme un lingot dans un ardent brasier.

Le moine va et vient brûlé d'ardeurs secrètes
Par les cours de son cloître et le long des murs blancs,
Le savant accroupi défait les bandelettes
D'une momie aimée il y a six mille ans.

Et las de tout un jour de délires sauvages
L'écume encore aux dents, près de leurs rations,
Les fous camisolés s'endorment dans leurs cages,
Bercés et consolés de douces visions.

Et le penseur navré songe en ses insomnies :
Tout est-il seul ? Quelqu'un veille-t-il quand tout dort ?
Fêtes, accouplements, incestes, agonies,
Meurtres, propos d'amour, remuements de tas d'or,

Blasphèmes, râles, chants, ronflements, ritournelles,
Paris hurle emporté par l'Espace rêveur
Où les sphères d'argent s'allument aussi belles
Qu'aux jours bleus où la Terre était un bloc sans cœur !

FANTAISIE

Pourquoi pas ? Ah ! Dieu ! Dieu ! l'universelle Mère
Se tient devant ses fils en adoration
L'idéal vers qui râle obstinément la terre,
Est l'état naturel de la création.

Quel rêve ! de partout, par le noir sans limite,
Que pour l'éternité son sang illumina,
Ne montent vers ce Cœur, où l'univers palpite,
Que les cœurs consolés d'un unique hosannah !

Dans l'extase sans but, d'amour rassasiée,
Qui consume à jamais l'univers simple et pur,
Seule, on ne sait comment, la terre est oubliée,
La terre, si timide en sa ouate d'azur.

Mais il est temps encor ! Ah ! trouvons quelque chose.
Laissons tout, nos amours, nos rêves, nos travaux,
Hurlons, perçons la nuit, que rien ne se repose
Avant qu'un cri suprême ait trouvé des échos.

Oh ! l'on finira bien pourtant par nous entendre !
On verra des signaux, et les Soleils un jour
Arrivant des lointains bénis viendront nous prendre
Et nous emporteront dans la Fête d'amour.

Comme on s'empressera devant ces pauvres frères !
Oh ! que de questions ! et nous leur dirons tout,
La mort, nos dieux, nos arts, nos fanges, nos misères,
Et que sans moi la Terre eût souffert jusqu'au bout.

Et tout nous gâtera : bêtes, fleurs, êtres, choses.
Tous les morts renaîtront à l'unique aujourd'hui,
Croyant avoir rêvé, dans ces apothéoses
Les mondes au complet s'aimeront sans ennui.

Oh ! spasme universel des uniques vendanges !
Dans ce baiser qui fond le tout dans l'Idéal,
Moi je me sens plus triste encor parmi ces anges,
Moi, devenu de Christ humain Christ sidéral.

Car il faut que je saigne et toujours et quand même,
Mais on n'en saura rien, je vivrai dans les bois,
Évitant les vivants de peur que quelqu'un m'aime :
Et seul, je pleurerai les choses d'autrefois.

ROSACE EN VITRAIL

Vraiment! tout ce qu'un Cœur, trop solitaire, amasse
De remords de la vie et d'adoration,
Flambe, brûle, pourrit, saigne en cette rosace
Et ruisselle à jamais de consolation.

Oh! plus que dans les fleurs de fard de Baudelaire,
Plus que dans les refrains d'automne de Chopin,
Plus qu'en un Rembrandt roux qu'un rayon jaune
                                          éclaire,
Seuls aussi bons aux spleens sont les couchants de juin.

Vaste rosace d'or, d'azur et de cinabre
Pour ce coin recueilli mysticisant le jour,
Tu dis bien notre vie et splendide et macabre,
Et je veux me noyer en toi, crevé d'amour!

D'abord, ton Cœur, calice ouvré de broderies,
Semble, dans son ardeur d'âme de reposoir,
Un lac de sang de vierge, où mille pierreries
Brûlent mystiquement, nuit et jour, sans espoir!

De ce foyer d'essors, féerique apothéose,
Jaillissent huit rayons, échelle de couleurs,

Où des tons corrompus, mourants, se décomposent,
Symboles maladifs de subtiles douleurs.

Ô blancs neigeux et purs, ô pétales d'aurore,
Blancs rosés, lilas blanc, fleurs des vierges écrins,
N'êtes-vous pas l'enfance, où le remords encore
Et les spleens furieux n'ont pas cassé nos reins ?

Et vous, l'âpre jeunesse éclatant en vingt gerbes
D'ivresse, vers le calme éternel du soleil,
Bleus francs, verts des juillets, écarlates superbes,
Lits chauds de tresses d'or, braises de rut vermeil ?

Alors, le grand bouquet tragique de la Vie!
Les mornes violets des désillusions,
Les horizons tout gris de l'ornière suivie
Et les tons infernaux de nos corruptions!

Ah! quel riche trésor l'artiste Amour étale!
Orangés sulfureux, or roux, roses meurtris,
Blancs de cold-cream; et la splendeur orientale
Des verts, des lilas noirs et des jaunes pourris!

L'alcool, les cuivres chauds des alambics; les bières,
Gamme de blonds; les ors liquides et vermeils,
Les verts laiteux, les blancs, les bleus incendiaires,
L'opale des crachats et le plomb des réveils.

Toussez, ô gris du spleen, défilé monotone
Des tons neutres, plâtreux, enfumés, endeuillés;
Sépias, roux déteints, averses, ciels d'automne;
Soleils soufrés croulant dans les bois dépouillés;

C'est la mort, la catin en cire, aux fards malades;
Et son clavier de verts, ses algues au fiel;

Ses jaunes luxueux, ses roses de pommades,
Ses bitumes fondant dans le noir éternel !

Chaste rosace d'or, d'azur et de cinabre,
Va, je viendrai souvent lire en toi, loin du jour,
L'Illusion, plus morne en son chahut macabre,
Et me noyer en toi, crevé, crevé d'amour !

DEVANT LA GRANDE ROSACE
EN VITRAIL,
À NOTRE-DAME DE PARIS

Cupio dissolvi et esse cum Christo.

Oh! l'orgue solennel entonne
L'*Alleluia* du dernier jour!
La grande Rosace octogone
Plus douloureusement rayonne
D'adoration et d'amour.

Avalanches de roses pâles,
Et de lis tièdes de langueur,
Déluge éternel de pétales,
Encens, musiques triomphales,
Prenez, broyez mon cœur, mon Cœur!

Je suis le Parfum du martyre,
L'Amour sans chair, sans but, l'ardeur!
Je veux baigner mon Cœur de myrrhe,
Je veux pleurer, saigner, sourire,
Et puis me fondre de pudeur.

Vêtus d'ineffable et d'extase,
Diaphanes et fulgurants,
Les Martyrs que l'Amour embrase,

Au sein de gloires de topaze,
Frêle, m'ont pris dans leurs torrents.

Gloire! Douleur! Douleur! Encore!
Et devant les Tristes des cieux,
Dont la chair blême s'évapore,
Les Portes d'azur et d'aurore
Volent sur leurs gonds furieux!

Alléluia! Douceur! Faiblesse!
Spasme universel sans retour!
Fouettés d'ouragans d'allégresse,
Se nouent et se dénouent sans cesse
Les Soleils, défaillant d'amour!

Et, seul, le grand Sanglot des choses
Roule, lointain, répercuté
À travers les apothéoses
Des Sphères fraîchement écloses.
Aux Échos de l'Éternité!

BALLADE DE RETOUR

Le Temps met Septembre en sa hotte,
Adieu, les clairs matins d'été!
Là-bas, l'Hiver tousse et grelotte
En son ulster de neige ouaté.
Quand les casinos ont jeté
Leurs dernières tyroliennes,
La plage est triste en vérité!
Revenez-nous, Parisiennes!

Toujours l'océan qui sanglote
Contre les brisants irrités,
Le vent d'automne qui marmotte
Sa complainte à satiété,
Un ciel gris à perpétuité,
Des averses diluviennes,
Cela doit manquer de gaieté!
Revenez-nous, Parisiennes!

Hop! le train siffle et vous cahote!
Là-bas, c'est Paris enchanté,
Où tout l'hiver on se dorlote :
C'est l'Opéra, les fleurs, le thé,
Ô folles de mondanité
Allons! Rouvrez les persiennes

De l'hôtel morne et déserté!
Revenez-nous, Parisiennes!

ENVOI

Reines de grâce et de beauté,
Venez, frêles magiciennes,
Reprendre votre Royauté :
Revenez-nous, Parisiennes!

J'écoute dans la nuit rager le vent d'automne,
Sous les toits gémissants combien de galetas
Où des mourants songeurs que n'assiste personne
Se retournant sans fin sur de vieux matelas
Écoutent au dehors rager le vent d'automne.

Sonne, sonne pour eux, vent éternel, ton glas!
Au plus chaud de mon lit moi je me pelotonne
Oui! je ferme les yeux, je veux rêver, si las,
Que je suis dans l'azur, au haut d'une colonne
Seul, dans un blanc déluge éternel de lilas.

Mais zut! j'entends encor rager ce vent d'automne.
Messaline géante, oh! ne viendras-tu pas
M'endormir sur tes seins d'un ron-ron monotone
Pour m'emporter, bien loin, sur des grèves, là-bas
Où l'on n'entend jamais jamais le vent d'automne.

DÉSOLATIONS

Dans ces jours de grand vent où rage tout l'automne,
Loin des nefs aux vitraux plaintifs, loin des concerts,
Je m'en vais par les bois solennels et déserts,
Chantant des vers d'adieu d'une voix monotone.

Des vers, des vers d'adieu qui disent en rêvant
Les spleens chastes du Christ et des grandes victimes,
Aux chênes incompris échevelant leurs cimes
Dans la plainte éternelle et les grands deuils du vent.

Oh! qu'il est éternel le vent dans les grands chênes!
C'est comme un hosannah de désolations
Qui passe, puis s'apaise en lamentations
Sans fin, dans des rumeurs de cascades lointaines,

Si lointaines! Et moi, je ne veux pas savoir
Que ces sabbats rageurs sont mon apothéose,
Et que tous ces sanglots cherchent le cœur des choses,
Et, ne le trouvant pas, hurlent leur désespoir.

Mais qui m'aime? Seul, seul. Ô psaumes de rafales,
Prenez-le donc mon cœur! et, plus haut que l'écho,
Brisez ce violon du terrestre sanglot
Dans vos déchaînements de clameurs triomphales!

EXCUSE MÉLANCOLIQUE

Je ne vous aime pas, non, je n'aime personne,
L'Art, le Spleen, la Douleur sont mes seules amours;
Puis, mon cœur est trop vieux pour fleurir comme aux
Où vous eussiez été mon unique madone.　　　jours

Je ne vous aime pas, mais vous semblez si bonne.
Je pourrais oublier dans vos yeux de velours,
Et dégonfler mon cœur crevé de sanglots sourds
Le front sur vos genoux, enfant frêle et mignonne.

Oh! dites, voulez-vous? Je serais votre enfant.
Vous sauriez endormir mes tristesses sans causes,
Vous auriez des douceurs pour mes heures moroses,

Et peut-être qu'à l'heure où viendrait le néant
Baigner mon corps brisé de fraîcheur infinie,
Je mourrais doucement, consolé de la vie.

Octobre 1880.

MÉDITATION GRISÂTRE

Sous le ciel pluvieux noyé de brumes sales,
Devant l'Océan blême, assis sur un îlot,
Seul, loin de tout, je songe, au clapotis du flot,
Dans le concert hurlant des mourantes rafales.

Crinière échevelée ainsi que des cavales,
Les vagues se tordant arrivent au galop
Et croulent à mes pieds avec de longs sanglots
Qu'emporte la tourmente aux haleines brutales.

Partout le grand ciel gris, le brouillard et la mer,
Rien que l'affolement des vents balayant l'air.
Plus d'heures, plus d'humains, et solitaire, morne,

Je reste là, perdu dans l'horizon lointain
Et songe que l'Espace est sans borne, sans borne,
Et que le Temps n'aura jamais... jamais de fin.

26 octobre 1880.

LES APRÈS-MIDI D'AUTOMNE

Oh! les après-midi solitaires d'automne!
Il neige à tout jamais. On tousse. On n'a personne.
Un piano voisin joue un air monotone;
Et, songeant au passé béni, triste, on tisonne.

Comme la vie est triste! Et triste aussi mon sort.
Seul, sans amour, sans gloire! et la peur de la mort!
Et la peur de la vie, aussi! Suis-je assez fort?
Je voudrais être enfant, avoir ma mère encor.

Oui, celle dont on est le pauvre aimé, l'idole,
Celle qui, toujours prête, ici-bas nous console!...
Maman! Maman! oh! comme à présent, loin de tous,

Je mettrais follement mon front dans ses genoux,
Et je resterais là, sans dire une parole,
À pleurer jusqu'au soir, tant ce serait trop doux.

LES AMOUREUX

Seuls, dans leur nid, palais délicat de bambous,
Loin des plages, du spleen, du tapage des gares
Et des clubs d'électeurs aux stupides bagarres,
Ils s'adorent, depuis Avril, et font les fous!

Et comme ils ont tiré rideaux lourds et verroux
Et n'ont d'autre souci, parmi les fleurs bizarres,
Que faire chère exquise, et fumer tabacs rares
Ils sont encore au mois des lilas fleurant doux,

Cependant qu'au dehors déjà le vent d'automne
Dans un *de profundis* sceptique et monotone
Emporte sous le ciel par les brumes sali,

Les feuilles d'or des bois et les placards moroses
Jaunes, bleus, verts fielleux, écarlates ou roses,
Des candidats noyés par l'averse et l'oubli.

LITANIES NOCTURNES

C'est la Nuit, la nuit calme, immense.
Aux cieux d'étoiles éblouis
Les mondes roulent assoupis
Dans les flots épais du silence.

★

Sur la Terre, là-bas, en France
Et sur ce point nommé Paris,
Un gueux n'a pas même un radis
Pour se lester un peu la panse.

Pas un radis. En conséquence
Il crève au fond de son taudis,
En criant : Dieu, je te maudis !
C'est la nuit calme et le silence.

★

Dans sa cellule un Penseur pense.
Oh ! dans ce monde que tu fis
Pourquoi Seigneur avoir donc mis
Le Mal, le Doute et la Souffrance ?

Comment nier ton existence
Quand aux abîmes infinis
Par tes œuvres tu resplendis
Vêtu de gloire et d'évidence?

Pourtant... Mais non! toute science
Est vaine! Ô ma raison fléchis
Devant les gouffres interdits,
Descendez torrents de croyance!

Mais, Seigneur, j'en ai l'espérance,
Oh! n'est-ce pas, tu le promis
Il est là haut un Paradis?
C'est la nuit calme et le silence.

★

Ô Justice, divine essence,
Pourquoi les méchants impunis,
Les justes par le sort flétris
Et la misère et l'opulence?

Pourquoi l'angoisse et l'ignorance
Devant l'Énigme qui m'a pris
Tout est-il seul? Oh! je frémis!
C'est la nuit calme et le silence.

★

Un moine vers l'autel s'avance,
Baise ardemment le crucifix
Et là, le front sur le parvis
Frappe son sein avec violence.

Christ, ai-je assez fait pénitence?
Voilà quarante ans que je vis

Tuant la chair avec mépris
Dans le jeûne et la continence.

Si vous agréez ma constance,
Christ, daignez faire que pour prix
Je monte à vous les yeux ravis !
C'est la nuit calme et le silence.

★

Ah ! pitié ! Sainte Providence !
Crie une mère au pied du lit
Où dort son fils, les traits pâlis, —
Oh ! j'implore votre assistance.

Mais douter serait une offense !
Et puis tant d'autres sont guéris
Oh ! n'est-ce pas ? Je vous bénis.
C'est la nuit calme et le silence.

★

Un débauché faisant bombance :
D'autres te prient, moi, je ne puis,
Vois, j'ai des vices assortis
Et des écus en abondance.

De quoi ? ta vieille omnipotence !
Ah ! parbleu, Jéovah, j'en ris.
Et tiens, relève les défis
Que ce ver de terre te lance !

Foudroie un peu mon insolence !
Tu sais, je tiens tous mes paris,

Eh bien si tu m'anéantis,
Un beau cierge pour récompense!

J'attends, allons, pas d'indulgence!
C'est dit? tu ne veux pas? tant pis.
Ç'eût été drôle et même exquis.
Garçon, du jambon de Mayence!

C'est la nuit calme et le silence.

                    ⋆

Loi sans cœur et sans conscience,
Vainement je t'approfondis,
Éternellement tu souris
Ivre de ton indifférence.

Va, je mourrai sans doléance
Mais du moins que je sache! Oh! dis
Quel est le but que tu poursuis?
C'est la nuit calme et le silence.

                    ⋆

On te blasphème et l'on t'encense
Et jamais tu ne répondis,
Les mortels en sont ébahis,
Ce qui t'absout c'est ton absence.

Toi seule es, Nature, Substance,
Sans repos tu nous engloutis
Et toujours tu nous repétris
Pour la mort et la renaissance.

Hors de toi, Brahm, rien qu'apparence.
Heureux l'ascète et les esprits

De l'Illusion affranchis
Devant l'éternelle muance.

Néant, gouffre de délivrance,
Dans ton linceul aux vastes plis
Repose-nous ensevelis!
C'est la nuit calme et le silence.

Et la terre roule en démence
Éteignant sa rumeur de cris
Par les espaces endormis
Dans la vaste magnificence.

27 octobre 1880.

ÉCLAIR DE GOUFFRE

J'étais sur une tour au milieu des étoiles!

Soudain, coup de vertige. Un éclair où, sans voiles,
Je sondais grelottant d'effarement, de peur,
L'énigme du Cosmos dans toute sa stupeur!
Tout est-il seul? Où suis-je? Où va ce bloc qui roule
Et m'emporte? — Et je puis mourir! mourir, partir,
Sans rien savoir! Parlez! Ô rage, et le temps coule
Sans retour! Arrêtez! arrêtez! et jouir?
Car j'ignore tout, moi! Mon heure est là peut-être:
Je ne sais pas! J'étais dans la nuit, puis je nais.
Pourquoi? D'où l'univers? Où va-t-il? Car le prêtre
N'est qu'un homme. On ne sait rien! Montre-toi, parais,
Dieu, témoin éternel! Parle, pourquoi la vie?
Tout se tait! Oh! l'espace est sans cœur! Un moment!
Astres! Je ne veux pas mourir! J'ai du génie!
Ah! redevenir rien irrévocablement!

Phare de la Hève, 28 octobre 1880.

247

SPLEEN

Tout m'ennuie aujourd'hui. J'écarte mon rideau.
En haut ciel gris rayé d'une éternelle pluie,
En bas la rue où dans une brume de suie
Des ombres vont, glissant parmi les flaques d'eau.

Je regarde sans voir fouillant mon vieux cerveau,
Et machinalement sur la vitre ternie
Je fais du bout du doigt de la calligraphie.
Bah! sortons, je verrai peut-être du nouveau.

Pas de livres parus. Passants bêtes. Personne.
Des fiacres, de la boue, et l'averse toujours...
Puis le soir et le gaz et je rentre à pas lourds...

Je mange, et bâille, et lis, rien ne me passionne...
Bah! Couchons-nous. — Minuit. Une heure. Ah! chacun
Seul, je ne puis dormir et je m'ennuie encor.   dort!

7 novembre 1880.

SANGLOT PERDU

Les étoiles d'or rêvaient éternelles;
Seul, sous leurs regards, songeant, loin de tous,
Devant leur douceur tombant à genoux,
Moi je sanglotais longuement vers elles.

« Ah! pourquoi, parlez, étoiles cruelles!
La Terre et son sort? Nous sommes jaloux!
N'a-t-elle pas droit aussi bien que vous
À sa part d'amour des lois maternelles?

« Quelqu'un veille-t-il, aux nuits solennelles?
Qu'on parle! Est-ce oubli, hasard ou courroux?
Pourquoi notre sort? C'est à rendre fous! »...
— Les étoiles d'or rêvaient éternelles...

10 novembre.

INTARISSABLEMENT

Dire qu'on fond des cieux n'habite nul Songeur,
Dire que par l'espace où sans fin l'or ruisselle,
De chaque atome monte une voix solennelle
Cherchant dans l'azur noir à réveiller un cœur!

Dire qu'on ne sait rien! et que tout hurle en chœur.
Et que pourtant, malgré l'angoisse universelle,
Le Temps qui va roulant les siècles pêle-mêle,
Sans mémoire, éternel et grave travailleur,

Charriant sans retour engloutis dans ses ondes
Les cendres des martyrs, les cités et les mondes,
Le Temps, universel et calme écoulement,

Le Temps qui ne connaît ni son but, ni sa source,
Mais rencontre toujours des soleils dans sa course,
Tombe de l'urne bleue intarissablement!

                                        12 novembre.

LE SANGLOT UNIVERSEL

Ah! la Terre n'est pas seule à hurler, perdue!
Depuis l'Éternité combien d'astres ont lui,
Qui sanglotaient semés par l'immense étendue,
Dont nul ne se souvient! Et combien aujourd'hui!

Tous du même limon sont pétris, tous sont frères,
Et tous sont habités, ou le seront un jour,
Et comme nous, devant la vie et ses misères
Tous désespérément clament vers le ciel sourd.

Les uns, globes fumants et tièdes, n'ont encore
Que les roseaux géants dont les râles plaintifs
Durant les longues nuits balayent l'air sonore
Sous le rude galop des souffles primitifs.

D'autres ont les troupeaux de mammouths et les fauves
Et c'est la faim, le rut et leurs égorgements.
Et les faibles, le soir, du haut des grands pics chauves,
Vers la lune écarlate ululent longuement.

Sur d'autres l'homme est né. Velu, grêle, il déloge
Ses aînés de l'abri des puissantes forêts.
Un cadavre l'arrête, il s'étonne, interroge,
Dès lors monte la voix des grands misérérés.

Et c'est la Terre. Ah! nous sommes bien vieux, nous
autres!
Nous savons désormais que nul là-haut n'entend,
Que l'univers n'a pas de cœur sinon les nôtres
Et toujours vers un cœur nous sanglotons pourtant.

Ceux enfin où Maïa l'Illusion est morte,
Solitaires, muets, flagellés par les vents,
Ils n'ont dans le vertige encor qui les emporte
Que la rauque clameur de leurs vieux océans.

Et tous ces archipels de globes éphémères
S'enchevêtrent poussant leurs hymnes éperdus
Et nul témoin n'entend, seul au-dessus des sphères,
Se croiser dans la nuit tous ces sanglots perdus!

Et c'est toujours ainsi, sans but, sans espérance...
La Loi de l'Univers, vaste et sombre complot
Se déroule sans fin avec indifférence
Et c'est à tout jamais l'universel sanglot!

14 novembre 1880.

ÉTONNEMENT

Depuis l'Éternité j'étais dans le Silence,
Inconsciente nuit du possible, Océan
Que féconde l'Instinct et d'où l'Être s'élance,
Depuis l'Éternité j'étais dans le néant.

Soudain je nais. — Pourquoi ? — Rien ne répond. — Où
Autour de moi, partout, illimité, le bleu !   suis-je ?
Partout des soleils pris d'un solennel vertige
Enchevêtrent, muets, leurs grands orbes de feu.

Dans leur rayonnement en aurores fécondes
Flottent des tourbillons de blocs peuplés ou nus,
Oasis de misère ou cadavres de mondes,
S'enfonçant à leur suite aux déserts inconnus !

Et je suis sur l'un d'eux. Et devant ces mystères
Je reste là, stupide, interrogeant tout bas,
Tandis qu'autour de moi la foule de mes frères
Va, pleure, espère, et meurt ! Mais ne s'étonne pas !

Mais moi je veux savoir ! Parlez ! Pourquoi ces choses ?
Où chercher le Témoin de tout ? Car l'Univers
Garde un cœur, quelque part, en ses métamorphoses !
Mais nous n'avons qu'un coin des immenses déserts !

Un coin, et tout là-bas déroulement d'Espaces
À l'infini, peuplés de frères plus heureux!
Qui ne retrouveront pas même, un jour, nos traces
Quand ils voyageront à leur tour par ces lieux!

Et j'interroge encor! fou d'angoisse et de doute!
Car il est une Énigme au moins! J'attends! j'attends!
Rien! J'écoute tomber les heures goutte à goutte...
Mais je puis mourir moi! Nul n'attendrit le Temps!

Mourir! n'être plus rien. Entrer dans le Silence!
Avoir jugé les Cieux! et s'en aller sans bruit.
À jamais, sans savoir! Tout est donc en démence!
Mais qui donc a tiré l'Univers de la Nuit!

Et rien! ne pouvoir rien! Ô rage! et qui m'assure
Que je ne serai pas, dès demain, étendu,
Cousu dans un drap propre, en proie à la Nature,
Au fond d'un trou creusé sur ce globe perdu?

Non! Je veux être heureux! Je n'ai que cette vie!
J'irai vivre, là-bas, seul, dans quelque forêt
D'Afrique, brute épaisse, et la chair assouvie,
J'oublierai le cerveau que les siècles m'ont fait.

16 novembre.

TROP TARD

Ah! que n'ai-je vécu dans ces temps d'innocence,
Lendemains de l'An mil où l'on croyait encor,
Où Fiesole peignait loin des bruits de Florence
Ses anges délicats souriant sur fond d'or.

Ô cloîtres d'autrefois! jardins d'âmes pensives,
Corridors pleins d'échos, bruits de pas, longs murs
Où la lune le soir découpait des ogives,   blancs,
Où les jours s'écoulaient monotones et lents!

Dans un couvent perdu de la pieuse Ombrie,
Ayant aux vanités dit un suprême adieu,
Chaste et le front rasé j'aurais passé ma vie
Mort au monde, les yeux au ciel, ivre de Dieu!

J'aurais peint d'une main tremblante ces figures
Dont l'œil pur n'a jamais réfléchi que les cieux!
Au vélin des missels fleuris d'enluminures
Et mon âme eût été pure comme leurs yeux.

J'aurais brodé la nef de quelque cathédrale,
Ses chapelles d'ivoire et ses roses à jour.
J'aurais donné mon âme à sa flèche finale
Qu'elle criât vers Dieu tous mes sanglots d'amour!

J'aurais percé ses murs pavoisés d'oriflammes,
De ces vitraux d'azur peuplés d'anges ravis
Qui semblent dans l'encens et les cantiques d'âmes
Des portails lumineux s'ouvrant au paradis.

J'aurais aux angélus si doux du crépuscule,
Senti fondre mon cœur vaguement consolé,
J'aurais poussé la nuit du fond de ma cellule
Vers les étoiles d'or un sanglot d'exilé.

J'aurais constellé d'or, de rubis et d'opales
La châsse où la madone en habits précieux
Joignant avec ferveur ses mains fines et pâles
Si douloureusement lève au ciel ses yeux bleus.

ENFER

Quand je regarde au ciel, la rage solitaire
De ne pouvoir toucher l'azur indifférent
D'être à jamais perdu dans l'immense mystère
De me dire impuissant et réduit à me taire,
La rage de l'exil à la gorge me prend !

Quand je songe au passé, quand je songe à l'histoire,
À l'immense charnier des siècles engloutis,
Oh ! je me sens gonflé d'une tristesse noire
Et je hais le bonheur, car je ne puis plus croire
Au jour réparateur des futurs paradis !

Quand je vois l'Avenir, l'homme des vieilles races
Suçant les maigres flancs de ce globe ennuyé
Qui sous le soleil mort se hérissant de glaces
Va se perdre à jamais sans laisser nulles traces,
Je grelotte d'horreur, d'angoisse et de pitié.

Quand je regarde aller [le] troupeau de mes frères
Fourmilière emportée à travers le ciel sourd
Devant cette mêlée aux destins éphémères,
Devant ces dieux, ces arts, ces fanges, ces misères,
Je suis pris de nausée et je saigne d'amour !

Mais si repu de tout je descends en moi-même,
Que devant l'Idéal, amèrement moqueur,
Je traîne l'Être impur qui m'écœure et que j'aime,
Étouffant sous la boue, et sanglote et blasphème,
Un flot de vieux dégoûts me fait lever le cœur.

Mais, comme encor pourtant la musique me verse
Son opium énervant, je vais dans les concerts.
Là, je ferme les yeux, j'écoute, je me berce.
En mille sons lointains mon être se disperse
Et tout n'est plus qu'un rêve, et l'homme et l'univers.

GUITARE

I

Vous qui valsez ce soir, fière et fine mondaine
    Pâle, en brocart noir lacé d'or
Et, parmi votre cour, passez comme une reine
    Dans cet éblouissant décor,
Riche, noble, enviée, exquisement aimée,
    Vous, qui souvent à l'Opéra,
Écoutez de profil, pur et calme camée,
    Un jour qui n'est pas loin viendra !
Un jour où quelque prêtre ayant mis en offrande
    L'huile tiède sur votre front,
En votre plus beau drap de toile de Hollande
    Vos gais héritiers vous coudront.
Puis dans votre cercueil, douce enfant qui sommeille,
    Sous le drap noir d'un corbillard
Conduit par un cocher ivre encor de la veille,
    Vous insultant pour un retard,
Lentement vous irez dans cette triste église
    Où, les dimanches d'autrefois,
Vous vous abandonniez, frêle, en toilette exquise
    Dans l'ouragan d'orgue et de voix.

Et voilà que les cloches, en tumulte, sans trêve,
        Hurlent sur la folle cité
Qu'un être qui fut tout, est maintenant ô rêve!
        Comme s'il n'eût jamais été!
Mais Paris n'entend rien. Dans sa fureur muette,
        Morne alambic toujours trop plein
Qui travaille et qui bout et chaque jour rejette
        Les choses mortes de son sein.
Et tout va comme hier : cafés, bouges, usines,
        Torrent sans fin des boulevards,
Femmes fraîches lorgnant au soleil les vitrines
        Et passants quêtant leurs regards.

L'orgue éclate, la nef s'étoile jusqu'au faîte,
        Chacun frissonne autour de vous.
Et le *De profundis* passe, large tempête
        Courbant les foules à genoux.
Mais bientôt, se levant, vos frivoles amies
        Sans y songer, du coin de l'œil,
Comparent les façons plus ou moins alanguies
        Dont elles portent votre deuil!
Et leur cerveau ne sent pas la folie éclore,
        À songer que sous ce drap noir
Vous pourrirez, vous qui leur parliez hier encore
        Et que tout est dit, sans espoir!
Néant, Néant! Adieu chaudes nuits de septembre,
        Sur les terrasses d'orangers;
Jours d'hiver près du feu faisant douce la chambre,
        Matins d'avril frais et légers.
Chiffons, bals, fleurs, parfums, passions, fantaisie,

Bouts de spleen devant l'océan,
Torrent béni des mille ivresses de la vie,
Tout est fini; Néant, Néant!
Et voici qu'en l'essor des orgues d'allégresses,
Le prêtre vous absout tout bas,
Pour cet Éden d'amour dont rêvaient vos tristesses,
Hélas! cet au-delà n'est pas!

IV

Car vous irez pourrir, fière et fine mondaine,
Chef-d'œuvre unique de Paris,
Pourrir comme un chien mort! Car le plomb et le
Sont de dérisoires abris!   chêne
Vous, belle! Vous, grand cœur! Vous, âme immense
Aux voix de l'univers profond,   ouverte
Vous, tout! vous pourrirez, fétide, informe, inerte
Comme une charogne sans nom.
L'enfant chaste quêtant hier en robe rose
La femme et le vieux chien crevé
Que l'on pousse du pied seront la même chose!
Oh! l'on se dit : ai-je rêvé!
Toujours la longue nuit spleenique et solitaire,
Toujours pourrir loin des vivants!
Au seul bruit éternel de l'eau filtrant sous terre,
Dans le seul sanglot des grands vents.
Vos seins blancs seront secs comme deux vieilles nèfles,
Vos cuisses iront en lambeaux,
Votre nez si mutin ne sera plus qu'un trèfle,
Et vos bras que deux maigres os.
Tout pourrira! Vos mains qui [re]tenaient les guides
Au Bois de si noble façon,
Votre ventre, peau flasque et se creusant de rides,
Votre cervelle de pinson,

Vos intestins sucrés, vos pieds souples d'almée,
        Vos poumons roses, votre cœur,
Et votre clitoris qui vous tordait pâmée
        En de longs spasmes de langueur.
Aux trous de vos bleus yeux rêvera la vermine,
        Vos blonds cheveux, soyeux, ardents,
Tomberont; et, pour faire aux vers mous bonne mine
        Vous rirez de toutes vos dents.

                        v

Et par ces nuits d'hiver où le vent noir s'ennuie,
        Tandis que seule loin de tous,
Votre corps recevra goutte à goutte la pluie
        Qui fera vos restes plus mous,
Dans l'éblouissement des lustres féeriques
        Jouant sur les beaux cheveux blonds,
Dans les fleurs, les parfums, les danses, les musiques
        Dans le va et vient des salons
Ces habits noirs glacés au monocle très-calme
        Qui jadis vous faisaient la cour
À de fraîches beautés s'éventant d'une palme
        Rediront leurs clichés d'amour.
Tout sans vous! Le soleil, l'opéra, l'art, les modes,
        [.........................]
Et les fleurs, ô Nature aveugle, que tu brodes
        Avec les atomes des morts.

PAROLES D'UN ÉPOUX INCONSOLABLE

Mon épouse n'est plus! — Je ne crois pas à l'âme.
Son âme ne m'est rien, je ne la connais pas.
Ce que j'ai connu, moi, c'est ce beau corps de femme
Que j'ai tenu sous moi! qu'ont étreint ces deux bras!

Ce sont ces cheveux noirs et fins, ces rouges lèvres,
Ces épaules, ce dos, ces seins, tièdes et mous,
Qu'en nos nuits d'insomnie, après l'heure des fièvres,
Ma bouche marquetait de mille baisers fous.

C'est cela, cela seul. C'est ce que j'ai vu vivre,
C'est ce qui m'a grisé tout entier, tête et cœur,
Ce dont le souvenir, même encor, me rend ivre,
Ou me coule par tout le corps une langueur.

J'ai gardé notre lit, sa robe et sa cuirasse,
Ses jupons de dessous et ses gants et ses bas,
Ses linges capiteux que j'étreins, que j'embrasse
Parfois, pour m'en griser, et qui ne remuent pas!

Non, je ne me ferai jamais à cette idée
Qu'elle fut et n'est plus! et malgré nos amours!
Car moi je vis encor, moi qui l'ai possédée!
Et mes bras sont puissants, et mon cœur bat toujours!

L'été dernier, par une après-midi semblable,
Dans le soleil, la foule et le luxe criard,
Et les fiacres sans fin, toujours broyant le sable,
Nous avons traversé ce même boulevard.

Elle avait ces yeux noirs qu'une insomnie attise,
Elle était à mon bras, et je la vois encor
Avec son col brodé d'une dentelle exquise,
Son chignon traversé d'un léger poignard d'or.

Et maintenant, elle est là-bas, au cimetière,
Dans une caisse en bois, seule, loin de Paris,
Offrant aux vers gluants sa bouche hospitalière,
Les yeux vidés, le nez mangé, les seins pourris.

Je m'assieds sur un banc; tout va, tout continue,
Le boulevard fourmille au soleil éternel,
Nul ne sait qu'elle fut, dans cette âpre cohue,
Et pour m'en souvenir je suis seul sous le ciel!

Vous ai-je donc rêvés, nuits de voluptés folles,
Spasmes, sanglots d'amour, rages à nous broyer!
Doux matins où, très-las, nous rêvions sans paroles,
Nos deux têtes d'enfants sur le même oreiller.

Je ne la verrai plus. Elle se décompose
Selon les mouvements sans mémoire, absolus.
— Son bras avait au coude une fossette rose. —
J'aurais dû mieux l'aimer! Je ne la verrai plus.

Racines des fleurs d'or, averses des nuits lentes,
Soleil, brises sans but, vers de terre sacrés,
Tous les agents divins se sont glissés aux fentes
Du coffre qui détient ses restes adorés!

Où sont ses pieds rosés aux chevilles d'ivoire?
Sa hanche au grand contour, les globes de ses seins?
Son crâne a-t-il encor cette crinière noire
Que l'orgie autrefois couronnait de raisins?

Et son ventre, son dos? Oh! que sont devenues
Surtout, par les hasards de l'insensible azur,
Ces épaules cold-cream? et ces lèvres charnues
Où mes dents mordillaient comme dans un fruit mûr?

Et ces cuisses que j'ai fait craquer dans les miennes?
Et ce col délicat, ce menton et ce nez,
Ces yeux d'enfer pareils à ceux des Bohémiennes
Et ses pâles doigts fins aux ongles carminés?

Il n'y a que l'échange universel des choses,
Rien n'est seul, rien ne naît, rien n'est anéanti,
Et pour les longs baisers de ses métamorphoses,
Ce qui fut mon épouse au hasard est parti!

Parti pour les sillons, les forêts et les sentes,
Les mûres des chemins, les prés verts, les troupeaux,
Les vagabonds hâlés, les moissons d'or mouvantes,
Et les grands nénuphars où pondent les crapauds,

Parti pour les cités et leurs arbres phtisiques,
Les miasmes de leurs nuits où flambe le gaz cru,
Les bouges, les salons, les halles, les boutiques,
Et la maigre catin et le boursier ventru.

Parti... fleurir peut-être un vieux mur de clôture
Par-dessus qui, dans l'ombre et les chansons des nids,
Deux voisins s'ennuyant en villégiature
Échangeront un soir des serments *infinis* !

POUR LE LIVRE D'AMOUR

Je puis mourir demain et je n'ai pas aimé.
Mes lèvres n'ont jamais touché lèvres de femme,
Nulle ne m'a donné dans un regard son âme,
Nulle ne m'a tenu contre son cœur pâmé.

Je n'ai fait que souffrir, pour toute la nature,
Pour les êtres, le vent, les fleurs, le firmament,
Souffrir par tous mes nerfs, minutieusement
Souffrir de n'avoir pas d'âme encore assez pure.

J'ai craché sur l'amour et j'ai tué la chair!
Fou d'orgueil, je me suis roidi contre la vie!
Et seul sur cette Terre à l'Instinct asservie
Je défiais l'Instinct avec un rire amer.

Partout, dans les salons, au théâtre, à l'église,
Devant ces hommes froids, les plus grands, les plus fins,
Et ces femmes aux yeux doux, jaloux ou hautains
Dont on redorerait chastement l'âme exquise,

Je songeais : tous en sont venus là! J'entendais
Les râles de l'immonde accouplement des brutes!
Tant de fanges pour un accès de trois minutes!
Hommes, soyez corrects! ô femmes, minaudez!

LITANIES DE MON TRISTE CŒUR

Mon cœur repu de tout est un vieux corbillard
Que traînent au néant des chevaux de brouillard.

Prométhée et vautour, châtiment et blasphème,
Mon cœur est un cancer qui se ronge lui-même.

Mon cœur est un bourdon qui tinte chaque jour
Le glas d'un dernier rêve en allé sans retour.

Mon cœur est un gourmet blasé par l'espérance
Qui trouve tout hélas! plus fade qu'un lait rance.

Mon cœur est un noyé vidé d'âme et d'espoirs
Qu'étreint la pieuvre Spleen en ses mille suçoirs.

Mon cœur est une horloge oubliée à demeure
Qui bien que je sois mort s'obstine à sonner l'heure.

Mon cœur est un ivrogne altéré bien que saoûl
De ce vin noir qu'on nomme universel dégoût.

Mon cœur est un terreau tiède, gras, et fétide
Où poussent des fleurs d'or malsaines et splendides!

Mon cœur est un cercueil où j'ai couché mes morts...
Taisez-vous, airs jadis chantés, lointains accords!

Mon cœur est un tyran morne et puissant d'Asie,
Qui de rêves sanglants en vain se rassasie.

Mon cœur est un infâme et louche lupanar
Que hantent nuit et jour d'obscènes cauchemars.

C'est un feu d'artifice enfin qu'avant la fête
Ont à jamais trempé l'averse et la tempête.

Mon cœur.... Ah! pourquoi donc ai-je un cœur? Ah!
Ma vie et l'Univers? la Nature et la *Loi ?*   pourquoi

15 novembre 1880.

CITERNE TARIE

Lâche j'ai vu partir l'Art ma dernière idole,
Le Beau ne m'étreint plus d'un immortel transport,
Je sens que j'ai perdu, car avec l'Art s'envole
Cette extase où parfois le vieux désir s'endort.

Trente siècles d'ennui pèsent sur mon épaule
Et concentrent en moi leurs sanglots, leurs remords.
Nos mains ont désappris le travail qui console.
Pas un jour où, poltron, je ne songe à la mort.

Sourd à l'illusion qui tient les multitudes,
Je me traîne énervé d'immenses lassitudes,
Tout est fini pour moi, je n'espère plus rien.

Tu bats toujours pourtant, cœur pourri, misérable !
Ah ! si j'étais au moins, comme autrefois, capable
De ces larmes d'enfant qui nous font tant de bien !

16 novembre.

NOCTURNE

Je songe au vieux Soleil un jour agonisant,
Je halète, j'ai peur, pressant du doigt ma tempe,

En face, pourtant trois jeunes filles, causant,
Brodent à la clarté paisible de la lampe.

Novembre 1880.

TRISTE, TRISTE

Je contemple mon feu. J'étouffe un bâillement.
Le vent pleure. La pluie à ma vitre ruisselle.
Un piano voisin joue une ritournelle.
Comme la vie est triste et coule lentement.

Je songe à notre Terre, atome d'un moment,
Dans l'Infini criblé d'étoiles éternelles,
Au peu qu'ont déchiffré nos débiles prunelles,
Au Tout qui nous est clos inexorablement.

Et notre sort! toujours la même comédie,
Des vices, des chagrins, le spleen, la maladie,
Puis nous allons fleurir les beaux pissenlits d'or.

L'Univers nous reprend, rien de nous ne subsiste,
Cependant qu'ici-bas tout continue encor.
Comme nous sommes seuls! Comme la vie est triste!

À LA MÉMOIRE
D'UNE CHATTE NAINE QUE J'AVAIS

Ô mon beau chat frileux, quand l'automne morose
Faisait glapir plus fort les mômes dans les cours,
Combien passâmes-nous de ces spleeniques jours
À rêver face à face en ma chambre bien close.

Lissant ton poil soyeux de ta langue âpre et rose
Trop grave pour les jeux d'autrefois et les tours,
Lentement tu venais de ton pas de velours
Devant moi t'allonger en quelque noble pose.

Et je songeais, perdu dans tes prunelles d'or
— Il ne soupçonne rien, non, du globe stupide
Qui l'emporte avec moi tout au travers du Vide,

Rien des Astres lointains, des Dieux ni de la Mort ?
Pourtant !... quels yeux profonds !... parfois... il
                                        m'intimide
Saurait-il donc le mot ? — Non, c'est le Sphinx encor.

UNE NUIT QU'ON ENTENDAIT
UN CHIEN PERDU

J'entendrai donc toujours là-bas cet aboiement!
Un chien maigre perdu par des landes sans borne
Vers les nuages fous galopant au ciel morne
Dans l'averse et la nuit ulule longuement.

★

Ah! Nul ne veut pleurer les douleurs de l'Histoire!
Dormez, chantez, aimez, ô vivants sans mémoire;
Mais votre tour viendra; l'oubli, la fosse noire.

★

Avez-vous entendu? — Oh! ce cri déchirant!
C'est le sifflet aigu, désolé, solitaire
D'un train noir de damnés pèlerins du mystère
Dans la nuit lamentable à jamais s'engouffrant.

★

Ah! Nul ne veut pleurer les douleurs de l'Histoire?
Dormez, chantez, aimez, ô vivants sans mémoire,
Mais votre tour viendra : l'oubli, la fosse noire.

Oh! le refrain poignant que j'entends dans la nuit :
C'est un bal, fleurs, cristaux, toilettes et lumières.
— Le vent rit dans les pins qui fourniront des bières
À ces couples fardés qui sautent aujourd'hui.

★

Nul n'a voulu pleurer les douleurs de l'Histoire !
Dans cent ans, vous serez tous en la fosse noire,
Loin des refrains de bal des vivants sans mémoire.

SUR L'HÉLÈNE DE GUSTAVE MOREAU

Frêle sous ses bijoux, à pas lents, et sans voir
Tous ces beaux héros morts, dont pleurent les fiancées,
Devant l'horizon vaste ainsi que ses pensées,
Hélène vient songer dans la douceur du soir.

« Qui donc es-tu, Toi qui sèmes le désespoir? »
Lui râlent les mourants fauchés là par brassées,
Et la fleur qui se fane à ses lèvres glacées
Lui dit : Qui donc es-tu? de sa voix d'encensoir.

Hélène cependant parcourt d'un regard morne
La mer, et les cités, et les plaines sans borne,
Et prie : « Oh! c'est assez, Nature! reprends-moi!

Entends! Quel long sanglot vers *nos* Lois éternelles! »
— Puis, comme elle frissonne en ses noires dentelles,
Lente, elle redescend, craignant de « prendre froid ».

NOËL RÉSIGNÉ

Noël! Noël! toujours, sur mes livres, je rêve.
Que de jours ont passé depuis l'autre Noël!
Comme toute douleur au cœur de l'homme est brève.
Non, je ne pleure plus, cloches, à votre appel.

Noël! triste Noël! En vain la bonne chère
S'étale sous le gaz! il pleut, le ciel est noir,
Et dans les flaques d'eau tremblent les réverbères
Que tourmente le vent, un vent de désespoir.

Dans la boue et la pluie on palpe des oranges,
Restaurants et cafés s'emplissent dans le bruit,
Qui songe à l'éternel, à l'histoire, à nos fanges?
Chacun veut se gaver et rire cette nuit!

Manger, rire, chanter, — pourtant tout est mystère!
Dans quel but venons-nous sur ce vieux monde, et d'où?
Sommes-nous seuls? Pourquoi le Mal? pourquoi la
Pourquoi l'éternité stupide? Pourquoi tout?   Terre?

Mais non! mais non, qu'importe à la mêlée humaine?
L'illusion nous tient! — et nous mène à son port.
Et Paris qui mourra faisant trêve à sa peine
Vers les cieux éternels braille un Noël encor.

APOTHÉOSE

En tous sens, à jamais, le Silence fourmille
De grappes d'astres d'or mêlant leurs tournoiements.
On dirait des jardins sablés de diamants,
Mais, chacun, morne et très-solitaire, scintille.

Or, là-bas, dans ce coin inconnu, qui pétille
D'un sillon de rubis mélancoliquement,
Tremblotte une étincelle au doux clignotement :
Patriarche éclaireur conduisant sa famille.

Sa famille : un essaim de globes lourds fleuris.
Et sur l'un, c'est la terre, un point jaune, Paris,
Où, pendue, une lampe, un pauvre fou qui veille :

Dans l'ordre universel, frêle, unique merveille.
Il en est le miroir d'un jour et le connaît.
Il y rêve longtemps, puis en fait un sonnet.

FARCE ÉPHÉMÈRE

Non! avec ses Babels, ses sanglots, ses fiertés,
L'Homme, ce pou rêveur d'un piètre mondicule,
Quand on y pense bien est par trop ridicule,
Et je reviens aux mots tant de fois médités.

Songez! depuis des flots sans fin d'éternités,
Cet azur qui toujours en tous les sens recule,
De troupeaux de soleils à tout jamais pullule,
Chacun d'eux conduisant des mondes habités...

Mais non! n'en parlons plus! c'est vraiment trop risible!
Et j'ai montré le poing à l'azur insensible!
Qui m'avait donc grisé de tant d'espoirs menteurs?

Éternité! pardon. Je le vois, notre terre
N'est, dans l'universel hosannah des splendeurs,
Qu'un atome où se joue une farce éphémère.

VEILLÉE D'AVRIL

Il doit être minuit. Minuit moins cinq. On dort.
Chacun cueille sa fleur au vert jardin des rêves,
Et moi, las de subir mes vieux remords sans trêves
Je tords mon cœur pour qu'il s'égoutte en rimes d'or.

Et voilà qu'à songer, me revient un accord,
Un air bête d'antan, et sans bruit tu te lèves
Ô menuet, toujours plus gai, des heures brèves
Où j'étais simple et pur, et doux, croyant encor.

Et j'ai posé ma plume. Et je fouille ma vie
D'innocence et d'amour pour jamais défleurie,
Et je reste longtemps, sur ma page accoudé,

Perdu dans le pourquoi des choses de la terre,
Écoutant vaguement dans la nuit solitaire
Le roulement impur d'un vieux fiacre attardé.

SONNET DE PRINTEMPS

Avril met aux buissons leurs robes de printemps
Et brode aux boutons d'or de fines collerettes,
La mouche d'eau sous l'œil paisible des rainettes,
Patine en zig-zags fous aux moires des étangs.

Narguant d'un air frileux le souffle des autans
Le liseron s'enroule étoilé de clochettes
Aux volets peints en vert des blanches maisonnettes,
L'air caresse chargé de parfums excitants.

Tout aime, tout convie aux amoureuses fièvres,
Seul j'erre à travers tout le dégoût sur les lèvres.
Ah! l'Illusion morte, on devrait s'en aller.

Hélas! j'attends toujours toujours l'heure sereine,
Où pour la grande nuit dans un coffre de chêne,
Le Destin ce farceur voudra bien m'emballer.

SONNET POUR ÉVENTAIL

Stupeur! Derrière moi, sans que j'aie existé,
Semant par l'infini les sphères vagabondes
En les renouvelant de leurs cendres fécondes,
A coulé lentement toute une éternité.

Jamais! Puis me voilà dans la nuit rejeté.
Tout est fini pour moi, cependant que les mondes,
L'autre éternité, vont continuer leurs rondes,
Aussi calmes qu'aux temps où je n'ai pas été.

Juste le temps de voir que tout est mal sur terre,
Que c'est en vain qu'on cherche un cœur à l'univers,
Qu'il faut se résigner à l'immense mystère,

Et que, sanglot perdu, lueur aux cieux déserts,
Pli qui fronce un instant sur l'infini des mers,
L'homme entre deux néants n'est qu'un jour de misère.

LES TÊTES DE MORTS

E più tu ridi perchè taci e sai.

Voyons, oublions tout, la raison trop bornée
Et le cœur trop voyant; les arguments appris
Comme l'entraînement des souvenirs chéris;
Contemplons seule à seul, ce soir, la Destinée.

Cet ami, par exemple, emporté l'autre année,
Il eût fait parler Dieu! — sans ses poumons pourris,
Où vit-il, que fait-il au moment où j'écris?
Oh! le corps est partout, mais l'âme illuminée?

L'âme, cet infini qu'ont lassé tous ses dieux,
Que n'assouvirait pas l'éternité des cieux,
Et qui pousse toujours son douloureux cantique,

C'est tout! — Pourtant, je songe à ces crânes qu'on voit.
— Avez-vous médité, les os serrés de froid,
Sur ce ricanement sinistrement sceptique?

282

À UN CRÂNE QUI N'AVAIT PLUS
SA MÂCHOIRE INFÉRIEURE

Mon frère! — où vivais-tu? dans quel siècle? Comment?
Que vécut le cerveau qui fut dans cette boîte?
L'infini? la folie? ou la pensée étroite
Qui fait qu'on passe et meurt sans nul étonnement?

Chacun presque, c'est vrai, suit tout fatalement,
Sans rêver au-delà du cercle qu'il exploite.
L'ornière de l'instinct si connue et si droite,
Tu la suivis aussi, — jusqu'au dernier moment.

Ah! ce moment est tout! C'est l'heure solennelle
Où, dans un bond suprême et hagard, tu partis
Les yeux grand éblouis des lointains paradis!

Oh! ta vie est bien peu, va! si noire fut-elle!
Frère, tu crus monter dans la Fête éternelle,
Et qui peut réveiller tes atomes trahis?

LA PREMIÈRE NUIT

Voici venir le soir doux au vieillard lubrique.
Mon chat Mürr, accroupi comme un sphinx héraldique,
Contemple inquiet de sa prunelle fantastique
Monter à l'horizon la lune chlorotique.

C'est l'heure où l'enfant prie, où Paris-Lupanar
Jette sur le pavé de chaque boulevard
Les filles aux seins froids qui sous le gaz blafard
Vaguent flairant de l'œil un mâle de hasard.

Moi, près de mon chat Mürr, je rêve à ma fenêtre.
Je songe aux enfants qui partout viennent de naître,
Je songe à tous les morts enterrés d'aujourd'hui.

Et je me figure être au fond du cimetière
Et me mets à la place en entrant dans leur bière
De ceux qui vont passer là leur première nuit.

STUPEUR

Sonnet pour éventail.

*Les hommes vivent comme s'ils ne devaient
jamais mourir. À les voir agir on dirait
qu'ils n'en sont pas bien persuadés.*

Young, *1re Nuit.*

Sous le gaz cru j'allais à l'heure où l'enfant dort.
Des spectres maquillés traînaient leur jupon sale,
Les cafés se vidaient, un bal, par intervalle,
M'envoyait un poignant et sautillant accord.

Et soudain, je ne sais par quel lointain rapport,
Me revint une phrase oubliée et banale,
Et je restai cloué, me répétant très-pâle :
« Chaque jour qui s'écoule est un pas vers la Mort ! »

Chaque jour est un pas ! C'est vrai, pourtant ! Folie !
Et nous allons sans voir, gaspillant notre vie,
Nous rapprochant toujours cependant du grand trou !

Et nous « tuons le temps ! » et si dans cette foule
J'avais alors hurlé : chaque jour qui s'écoule
Est un pas vers la Mort ! on m'eût pris pour un fou.

LA CIGARETTE

Oui, ce monde est bien plat; quant à l'autre, sornettes.
Moi, je vais résigné, sans espoir, à mon sort,
Et pour tuer le temps, en attendant la mort,
Je fume au nez des dieux de fines cigarettes.

Allez, vivants, luttez, pauvres futurs squelettes.
Moi, le méandre bleu qui vers le ciel se tord
Me plonge en une extase infinie et m'endort
Comme aux parfums mourants de mille cassolettes.

Et j'entre au paradis, fleuri de rêves clairs
Où l'on voit se mêler en valses fantastiques
Des éléphants en rut à des chœurs de moustiques.

Et puis, quand je m'éveille en songeant à mes vers,
Je contemple, le cœur plein d'une douce joie,
Mon cher pouce rôti comme une cuisse d'oie.

MÉDIOCRITÉ

Dans l'Infini criblé d'éternelles splendeurs,
Perdu comme un atome, inconnu, solitaire,
Pour quelques jours comptés, un bloc appelé Terre
Vole avec sa vermine aux vastes profondeurs.

Ses fils, blêmes, fiévreux, sous le fouet des labeurs,
Marchent, insoucieux de l'immense mystère,
Et quand ils voient passer un des leurs qu'on enterre,
Saluent, et ne sont pas hérissés de stupeurs.

La plupart vit et meurt sans soupçonner l'histoire
Du globe, sa misère en l'éternelle gloire,
Sa future agonie au soleil moribond.

Vertiges d'univers, cieux à jamais en fête!
Rien, ils n'auront rien su. Combien même s'en vont
Sans avoir seulement visité leur planète.

BOUFFÉE DE PRINTEMPS

Tout poudroie au soleil, l'air sent bon le printemps.
Les femmes vont au Bois sous leurs ombrelles claires.
Chiens, bourgeois et voyous, chacun a ses affaires.
Tout marche. Les chevaux de fiacre « ont vingt ans ».

Dans les jardins publics Guignol parle aux enfants
Aux tremblants crescendos des concerts militaires
Que viennent écouter de jaunes poitrinaires
Frissonnant aux éclats des cuivres triomphants.

Aux magasins flambants les commis font l'article,
Derrière les comptoirs des hommes à l'air fin
Pour vérifier un compte ont chaussé leur bésicle,

Chacun trime, rit, flâne ou pleure, vit enfin !
Seul, j'erre à travers tout, la lèvre appesantie
Comme d'une nausée immense de la vie.

RÊVE

Je ne puis m'endormir; je songe, au bercement
De l'averse emplissant la nuit et le silence.
On dort, on aime, on joue. Oh! par la Terre immense,
Est-il quelqu'un qui songe à moi, dans ce moment?

Le Témoin éternel qui trône au firmament,
Me voit-il? me sait-il? Qui dira ce qu'il pense?
Tout est trop triste et sale. — À quoi bon l'Existence?
Si ce Globe endormi gelait subitement?

Si rien ne s'éveillait demain! Oh! quel grand rêve!
Plus qu'un stupide bloc sans mémoire et sans sève
Qui sent confusément le Soleil et le suit.

Les siècles passent. Nul n'est là. Pas d'autre bruit
Que le vent éternel et l'eau battant les grèves....
Rien qu'un Cercueil perdu qui flotte dans la Nuit.

LES BOULEVARDS

Sur le trottoir flambant d'étalages criards,
Midi lâchait l'essaim des pâles ouvrières,
Qui trottaient, en cheveux, par bandes familières,
Sondant les messieurs bien de leurs luisants regards.

J'allais, au spleen lointain de quelque orgue pleurard,
Le long des arbres nus aux langueurs printanières,
Cherchant un sonnet faux et banal où des bières
Causaient, lorsque je vis passer un corbillard.

Un frisson me secoua. — Certes, j'ai du génie,
Car j'ai trop épuisé l'angoisse de la vie!
Mais, si je meurs ce soir, demain, qui le saura?

Des passants salueront mon cercueil, c'est l'usage;
Quelque voyou criera peut-être : « Eh! bon voyage! »
Et tout, ici-bas comme aux cieux, continuera.

BERCEUSE

J'ai toisé les Soleils de notre coin d'Espace ;
J'ai, surprenant la Terre encore en fusion,
Remonté toute vie à son éclosion,
Puis, loin de son berceau, surveillé chaque race.

J'ai contemplé l'Isis bestiale, face à face,
Du Vrai, du Beau, du Bien, vu la dérision,
Et gratté tes vieux fards, ô Sainte Illusion ;
Or, maintenant je vais, expiant mon audace.

Que me fait de tenir la formule de Tout ?
Je n'ai que cette vie et la prends en dégoût.
Et trop lâche d'ailleurs pour me faire trappiste,

Ou me tuer, je vis par curiosité,
Berçant ma rage vaine au sanglot du Psalmiste :
« Vanité, vanité, tout n'est que vanité. »

HUE, CARCAN!

J'errais par la banlieue en fête, un soir d'été.
Et, triste d'avoir vu cette femelle enceinte
Glapissant aux quinquets devant sa toile peinte,
Près des chevaux de bois je m'étais arrêté.

Aux refrains automnals d'un vieil orgue éreinté,
Une rosse fourbue à la prunelle éteinte
Faisait tourner le tout, résignée et sans plainte;
Et je songeai, voilà pourtant l'Humanité.

Elle aussi, folle aveugle, elle trotte sans trêve;
Vers quel but? Sous quel maître? elle ne le sait trop,
Car le fouet du désir ne veut pas qu'elle y rêve!

Trimer pour l'Inconnu (l'incertain!) est son lot,
Un jour, plus bonne à rien, il faudra qu'elle crève
Sans avoir vu son Dieu, sans emporter le Mot.

MADRIGAL

Oui, la Vie est pour vous un chemin triomphal.
Mais, qui sait des Destins les marches éternelles?
Riche, aimée à genoux, belle entre les plus belles,
Ce soir, peut-être, après les fièvres du bal,

Vous sentirez la mort dans un frisson fatal;
Et votre blond cadavre aux vitreuses prunelles
Ira pourrir dans son doux linceul de dentelles,
Puis, se perdre, anonyme, au tourbillon vital.

Or, qui sait? votre cœur ira fleurir, peut-être,
L'œillet qu'une ouvrière arrose à sa fenêtre.
Et cet œillet, un soir, vendu sur le trottoir,

Celui qui maintenant vous roucoule : « Ô mon âme! »
L'offrira dans des louis à quelque fille infâme...
— Et vous les entendrez gémir, dans le boudoir.

ENCORE À CET ASTRE

Espèce de soleil! tu songes : — Voyez-les,
Ces pantins morphinés, buveurs de lait d'ânesse
Et de café; sans trêve, en vain, je leur caresse
L'échine de mes feux, ils vont étiolés! —

— Eh! c'est toi, qui n'as plus que des rayons gelés!
Nous, nous, mais nous crevons de santé, de jeunesse!
C'est vrai, la Terre n'est qu'une vaste kermesse,
Nos hourrahs de gaîté courbent au loin les blés.

Toi seul claques des dents, car tes taches accrues,
Te mangent, ô Soleil, ainsi que des verrues
Un vaste citron d'or, et bientôt, blond moqueur,

Après tant de couchants dans la pourpre et la gloire,
Tu seras en risée aux étoiles sans cœur,
Astre jaune et grêlé, flamboyante écumoire!

PETITE CHAPELLE

Peuples du Christ, j'expose,
En un ostensoir lourd,
Ce cœur meurtri d'amour
Qu'un sang unique arrose.

Ardente apothéose,
Mille cierges autour
Palpitent nuit et jour
Dans une brume rose.

Ainsi que, jour et nuit,
Se lamentent vers lui,
Comme vers leur idole,

Les cœurs crevés venus
Pour ces maux inconnus
Dont rien, rien ne console.

LES SPLEENS EXCEPTIONNELS

Heureux celui qui l'âme et la chair bien d'accord,
À son gré, n'importe où, soûle, amuse sa bête!
Pourquoi ne puis-je, moi, traverser une fête,
Aimer, avoir bon cœur, vivre enfin sans remords?

Je sais que nul ne voit la chute ni l'essor,
Et qu'on est seul, et qu'on peut tout! Qui donc m'arrête
Devant ces noirs opiums dont la rancœur hébète,
Et qui stupéfieraient mes terreurs de la Mort [?]

Ah bien des jours de spleen, de ces jours roux d'automne,
Où tout pleure d'ennui dans le vent monotone,
M'ont chassé de ma chambre! — à la fin, décidé

À m'en aller croupir sur les seins et les cuisses
D'une catin géante, aux chairs ointes d'épices
Qui me bercerait comme un pauvre enfant vidé.

CURIOSITÉS DÉPLACÉES

Oui moi, je veux savoir! Parlez! pourquoi ces choses?
Où chercher le Témoin de tout? Car l'univers
Garde un cœur quelque part en ses métamorphoses!
— Mais nous n'avons qu'un coin des immenses déserts!

Un coin! et tout là-bas déroulement d'espaces
À l'infini! Peuples de frères plus heureux!
Qui ne trouveront pas même, un jour, nos traces
Quand ils voyageront à leur tour par ces lieux!

Et j'interroge encor, fou d'angoisse et de doute!
Car il est une Énigme au moins! J'attends! j'attends!
Rien! J'écoute tomber les heures goutte à goutte.
— Mais je puis mourir! Moi! Nul n'attendrit le Temps!

Mourir! n'être plus rien! Rentrer dans le silence!
Avoir jugé les Cieux et s'en aller sans bruit!
Pour jamais! sans savoir! Tout est donc en démence!
— Mais qui donc a tiré l'Univers de la nuit?

L'IMPOSSIBLE

Je puis mourir ce soir! Averses, vents, soleil
Distribueront partout mon cœur, mes nerfs, mes moelles.
Tout sera dit pour moi! Ni rêve, ni réveil.
Je n'aurai pas été là-bas, dans les étoiles!

En tous sens, je le sais, sur ces mondes lointains,
Pèlerins comme nous des pâles solitudes,
Dans la douceur des nuits tendant vers nous les mains,
Des Humanités sœurs rêvent par multitudes!

Oui! des frères partout! (Je le sais, je le sais!)
Ils sont seuls comme nous. — Palpitants de tristesse,
La nuit, ils nous font signe! Ah! n'irons-nous jamais?
On se consolerait dans la grande détresse!

Les astres, c'est certain, un jour s'aborderont!
Peut-être alors luira l'Aurore universelle
Que nous chantent ces gueux qui vont, l'Idée au front!
Ce sera contre Dieu la clameur fraternelle!

Hélas! avant ces temps, averses, vents, soleil
Auront au loin perdu mon cœur, mes nerfs, mes moelles,
Tout se fera sans moi! Ni rêve, ni réveil!
Je n'aurai pas été dans les douces étoiles!

SOIR DE CARNAVAL

Paris chahute au gaz. L'horloge comme un glas
Sonne une heure. Chantez! dansez! la vie est brève,
Tout est vain, — et, là-haut, voyez, la Lune rêve
Aussi froide qu'aux temps où l'Homme n'était pas.

Ah! quel destin banal! Tout miroite et puis passe,
Nous leurrant d'infini par le Vrai, par l'Amour;
Et nous irons ainsi, jusqu'à ce qu'à son tour
La terre crève aux cieux, sans laisser nulle trace.

Où réveiller l'écho de tous ces cris, ces pleurs,
Ces fanfares d'orgueil que l'Histoire nous nomme,
Babylone, Memphis, Bénarès, Thèbes, Rome,
Ruines où le vent sème aujourd'hui des fleurs?

Et moi, combien de jours me reste-t-il à vivre?
Et je me jette à terre, et je crie et frémis
Devant les siècles d'or pour jamais endormis
Dans le néant sans cœur dont nul dieu ne délivre!

Et voici que j'entends, dans la paix de la nuit,
Un pas sonore, un chant mélancolique et bête
D'ouvrier ivre-mort qui revient de la fête
Et regagne au hasard quelque ignoble réduit.

Oh! la vie est trop triste, incurablement triste!
Aux fêtes d'ici-bas, j'ai toujours sangloté :
« Vanité, vanité, tout n'est que vanité! »
— Puis je songeais : où sont les cendres du Psalmiste?

SIESTE ÉTERNELLE

Le blanc soleil de juin amollit les trottoirs.
Sur mon lit, seul, prostré comme en ma sépulture
(Close de rideaux blancs, œuvre d'une main pure),
Je râle doucement aux extases des soirs.

Un relent énervant expire d'un mouchoir
Et promène sur mes lèvres sa chevelure
Et comme un piano voisin rêve en mesure,
Je tournoie au concert rythmé des encensoirs.

Tout est un songe. Oh! viens, corps soyeux que
                                          j'adore,
Fondons-nous, et sans but, plus oublieux encore;
Et tiédis longuement ainsi mes yeux fermés.

Depuis l'éternité, croyez-le bien, Madame,
L'Archet qui sur nos nerfs pince ses tristes gammes
Appelait pour ce jour nos atomes charmés.

SOLEIL COUCHANT DE JUIN

Ah! triste, n'est-ce pas, triste, inutile et sale,
Ta besogne, ô Soleil, malgré tes aubes d'or,
Malgré tes beaux couchants si douloureux d'essor,
Roses d'amour de quelque ardente cathédrale!

Partout, toujours, fouailler les Vices noirs blottis!
— Car, depuis que la vie ici-bas est éclose,
Ô Cœur de Pureté, tu ne fais autre chose
Que chasser devant toi des êtres de leurs lits!

À travers nos rideaux tu sonnes tes fanfares
Et les couples poussifs aux yeux bouffis d'amour
Réparent leur désordre, en se cachant du jour
Qui glace les sueurs des voluptés trop rares.

Mais tu ne songes pas que là-bas, ô Soleil,
Là-bas, l'autre moitié n'attendait que ta chute,
Et rentre en ce moment dans ses fanges de brute
En prétextant le noir,... l'usage,... le sommeil!

Or, à notre horizon tu n'es pas mort encore
Pour aller fustiger de rayons ces pourceaux,
Que nos millions de lits referment leurs rideaux
Sur des couples rêvant de ne plus voir l'aurore!

— Ah! triste, triste va, triste, inutile et sale,
Ta besogne, ô Soleil, malgré tes aubes d'or,
Malgré tes beaux couchants si douloureux d'essor,
Roses d'amour de quelque ardente cathédrale.

30 juin, Luxembourg.

SPLEEN DES NUITS DE JUILLET

Les jardins de rosiers mouillés de clair de lune
Font des rumeurs de soie, aux langueurs des jets d'eau
Ruisselant frais sur les rondeurs vertes des dos
Contournés de tritons aspergeant un Neptune.

Aux berges, sous des noirs touffus, où des citrons
Voudraient être meurtris des lunaires caresses,
Des Vierges dorment, se baignent, défont leurs tresses,
Ou par les prés, les corps au vent, dansent en rond.

D'autres, l'écume aux dents, vont déchirant leurs voiles,
Pleurant, griffant leurs corps fiévreux, pleins de
Saccageant les rosiers et mordant les gazons,   frissons,
Puis, rient ainsi que des folles, vers les étoiles.

Et d'autres, sur le dos, des fleurs pour oreillers,
Râlent de petits cris d'épuisantes délices;
Sur leurs seins durs et chauds, leurs ventres et leurs
Effeuillent en rêvant des pétales mouillés.   cuisses,

Des blancheurs se cherchant s'agrafent puis s'implorent,
Roulant sous les buissons ensanglantés de houx
D'où montent des sanglots aigus mourants et doux,
Et des halètements irrassasiés, encore...

Ah! spleen des nuits d'été! Universel soupir,
Miséréré des vents, couchants mortels d'automne;
Depuis l'éternité ma plainte monotone
Chante le Bienaimé qui ne veut pas venir!

Ô Bienaimé! Il n'est plus temps, mon cœur se crève
Et trop pour t'en vouloir, mais j'ai tant sangloté,
Vois-tu, que seul m'est doux le spleen des nuits d'été,
Des nuits longues où tout est frais, comme un grand
                                                    rêve...

CRÉPUSCULE DE DIMANCHE D'ÉTÉ

Une belle journée. Un calme crépuscule
. . . .
Rentrent, sans se douter que tout est ridicule,
En frottant du mouchoir leurs beaux souliers poudreux.

Ô banale rancœur de notre farce humaine!
Aujourd'hui, jour de fête et gaieté des faubourgs,
Demain le dur travail, pour toute la semaine.
Puis fête, puis travail, fête... travail... toujours.

Par l'azur tendre et fin tournoient les hirondelles
Dont je traduis pour moi les mille petits cris.
Et peu à peu je songe aux choses éternelles,
Au-dessus des rumeurs qui montent de Paris.

Oh! tout là-bas, là-bas... par la nuit du mystère,
Où donc es-tu, depuis tant d'astres, à présent...
Ô fleuve chaotique, ô Nébuleuse-mère,
Dont sortit le Soleil, notre père puissant?

Où sont tous les soleils qui sur ta longue route
Bondirent, radieux, de tes flancs jamais las?
Ah! ces frères du nôtre, ils sont heureux sans doute
Et nous ont oubliés, ou ne nous savent pas.

Comme nous sommes seuls, pourtant, sur notre terre,
Avec notre infini, nos misères, nos dieux,
Abandonnés de tout, sans amour et sans père,
Seuls dans l'affolement universel des Cieux !

DANS LA RUE

C'est le trottoir avec ses arbres rabougris.
Des mâles égrillards, des femelles enceintes,
Un orgue inconsolable ululant ses complaintes,
Les fiacres, les journaux, la réclame et les cris.

Et devant les cafés où des hommes flétris
D'un œil vide et muet contemplaient leurs absinthes
Le troupeau des catins défile lèvres peintes
Tarifant leurs appas de macabres houris.

Et la Terre toujours s'enfonce aux steppes vastes,
Toujours, et dans mille ans Paris ne sera plus
Qu'un désert où viendront des troupeaux inconnus.

Pourtant vous rêverez toujours, étoiles chastes,
Et toi tu seras loin alors, terrestre îlot
Toujours roulant, toujours poussant ton vieux sanglot.

Dimanche 13 novembre.

COUCHANT D'HIVER

Au Bois

Quel couchant douloureux nous avons eu ce soir!
Dans les arbres pleurait un vent de désespoir,
Abattant du bois mort dans les feuilles rouillées.
À travers le lacis des branches dépouillées
Dont l'eau-forte sabrait le ciel bleu-clair et froid,
Solitaire et navrant, descendait l'astre-roi.
Ô Soleil! l'autre été, magnifique en ta gloire,
Tu sombrais, radieux comme un grand Saint-Ciboire,
Incendiant l'azur! À présent, nous voyons
Un disque safrané, malade, sans rayons,
Qui meurt à l'horizon balayé de cinabre,
Tout seul, dans un décor poitrinaire et macabre,
Colorant faiblement les nuages frileux
En blanc morne et livide, en verdâtre fielleux,
Vieil or, rose-fané, gris de plomb, lilas pâle.
Oh! c'est fini, fini! longuement le vent râle,
Tout est jaune et poussif; les jours sont révolus,
La Terre a fait son temps; ses reins n'en peuvent plus.
Et ses pauvres enfants, grêles, chauves et blêmes
D'avoir trop médité les éternels problèmes,
Grelottants et voûtés sous le poids des foulards
Au gaz jaune et mourant des brumeux boulevards,
D'un œil vide et muet contemplent leurs absinthes,

Riant amèrement, quand des femmes enceintes
Défilent, étalant leurs ventres et leurs seins,
Dans l'orgueil bestial des esclaves divins...

Ouragans inconnus des débâcles finales,
Accourez! déchaînez vos trombes de rafales!
Prenez ce globe immonde et poussif! balayez
Sa lèpre de cités et ses fils ennuyés!
Et jetez ses débris sans nom au noir immense!
Et qu'on ne sache rien dans la grande innocence
Des soleils éternels, des étoiles d'amour,
De ce Cerveau pourri qui fut la Terre, un jour.

HYPERTROPHIE

Astres lointains des soirs, musiques infinies,
Ce Cœur universel ruisselant de douceur
Est le cœur de la Terre et de ses insomnies.
En un pantoum sans fin, magique et guérisseur
      Bercez la Terre, votre sœur.

Le doux sang de l'Hostie a filtré dans mes moelles,
J'asperge les couchants de tragiques rougeurs,
Je palpite d'exil dans le cœur des étoiles,
Mon spleen fouette les grands nuages voyageurs.
      Je beugle dans les vents rageurs.

Aimez-moi. Bercez-moi. Le cœur de l'œuvre immense
Vers qui l'Océan noir pleurait, c'est moi qui l'ai.
Je suis le cœur de tout, et je saigne en démence
Et déborde d'amour par l'azur constellé,
      Enfin ! que tout soit consolé.

Pauvre petit cœur sur la main,
La vie n'est pas folle pour nous
De sourires, ni de festins,
Ni de fêtes : et, de gros sous ?

Elle ne nous a pas gâtés
Et ne nous fait pas bon visage
Comme on fait à ces Enfants sages
Que nous sommes, en vérité.

Si sages nous ! Et, si peu fière
Notre façon d'être avec elle;
Francs aussi, comme la lumière
Nous voudrions la trouver belle

Autant que d'Autres — pourtant quels ?
Et pieux, charger ses autels
Des plus belles fleurs du parterre
Et des meilleurs fruits de la terre.

Mais d'ailleurs, nous ne lui devrons
Que du respect, tout juste assez,
Qu'il faut professer envers ces
Empêcheurs de danser en rond.

MŒURS

Ô virtuosités à deux et, vrai! si seules,
Êtes-vous bien la clef des havres de l'Oubli?
Ou nous faut-il tourner à mort la grise meule
Des froments pour l'Hostie à qui Dieu fait la gueule
En cœur? Errer jusqu'à l'octroi des Ramollis?...

Donc, aux abois, du fond des raides léthargies,
Sous ces yeux bovins, morts en pièces de cent sous,
L'âme alitée absout l'heure et se réfugie,
De bonne foi, dans des passés dont la vigie
Ne croit plus d'ailleurs aux « Sœur Anne, où
                                        êtes-vous? »

Le bien-être des sens d'un cœur frais par lui-même
N'était pas fait pour nous, voilà le vrai du vrai.
Qui sait pourtant si quelque étourdissant Je t'aime
N'eût pas redrapé net nos langes de baptême!
Nous n'attendions que ça; ce n'est pas un secret.

Rentrez, petits Hamlets, dans les bercails licites;
Poussez, du bout de l'escarpin verni vainqueur,
Ces heures; circulez, ayez l'air en visite,
Voyez âme qui vive, exultez! Tout haut, dites :
Sursum corda ! et tout *bas :* Ah! oui, *haut-le-cœur !*

313

LA CHANSON
DU PETIT HYPERTROPHIQUE

C'est d'un' maladie d' cœur
Qu'est mort', m'a dit l' docteur,
    Tir-lan-laire!
     Ma pauv' mère;
Et que j'irai là-bas,
Fair' dodo z'avec elle.
J'entends mon cœur qui bat,
C'est maman qui m'appelle!

On rit d' moi dans les rues,
De mes min's incongrues
    La-i-tou!
     D'enfant saoul;
Ah! Dieu! C'est qu'à chaqu' pas
J'étouff', moi, je chancelle!
J'entends mon cœur qui bat,
C'est maman qui m'appelle!

Aussi j' vais par les champs
Sangloter aux couchants,
    La-ri-rette!
     C'est bien bête.
Mais le soleil, j' sais pas,
M' semble un cœur qui ruisselle!

J'entends mon cœur qui bat,
C'est maman qui m'appelle!

Ah! si la p'tit' Gen'viève
Voulait d' mon cœur qui s' crève.
        Pi-lou-i!
        Ah, oui!
J' suis jaune et triste, hélas!
Elle est ros', gaie et belle!
J'entends mon cœur qui bat,
C'est maman qui m'appelle!

Non, tout l' monde est méchant,
Hors le cœur des couchants,
        Tir-lan-laire!
        Et ma mère,
Et j' veux aller là-bas
Fair' dodo z'avec elle...
Mon cœur bat, bat, bat, bat...
Dis, Maman, tu m'appelles?

NUAGE

Oh, laisse-moi tranquille, dans mon destin,
Avec tes comparaisons illégitimes !
Un examen plus serré ferait estime
Du moindre agent,... — toi, tu y perds ton latin.

Preuves s'entendant comme larrons en foire,
Clins d'yeux bleus pas plus sûrs que l'afflux de sang
Qui les envoya voir : me voilà passant
Pour un beau masque d'une inconstance noire.

Ah ! que nous sommes donc deux pauvres bourreaux
Exploités ! et sens-tu pas que ce manège
Mènera ses exploits tant que le... Que sais-je
N'aura pas rentré l'Infini au fourreau ?

Là ; faisons la paix, ô Sourcils ! Prends ta mante ;
Sans regrets apprêtés, ni scénarios vieux,
Allons baiser la brise essuyant nos yeux ;
La brise,... elle sent ce soir un peu la menthe.

SOLUTIONS D'AUTOMNE

Tout, paysage affligé de tuberculose,
Bâillonné de glaçons au rire des écluses,
Et la bise soufflant de sa pécore emphase
      Sur le soleil qui s'agonise
           En fichue braise...

Or, maint vent d'arpéger par bémols et par dièzes,
Tantôt en plainte d'un nerf qui se cicatrise,
Soudain en bafouillement fol à court de phrases,
      Et puis en sourdines de ruse
           Aux portes closes.

— Yeux de hasard, pleurez-vous ces ciels de turquoise
Ruisselant leurs midis aux nuques des faneuses,
Et le linge séchant en damiers aux pelouses,
      Et les stagnantes grêles phrases
           Des cornemuses ?

La chatte file son chapelet de recluse,
Voilant les lunes d'or de ses vieilles topazes;
Que ton Delta de deuil m'emballe en ses ventouses!
      Ah! là, je m'y volatilise
           Par les muqueuses!...

Puis ça s'apaise
Et s'apprivoise,
En larmes niaises,
Bien sans cause...

LA PETITE INFANTICIDE

Ô saisons d'Ossian, ô vent de province,
Je mourrais encor pour peu que t'y tinsses
    Mais ce serait de la démence
        Oh! je suis blasée
        Sur toute rosée

Le toit est crevé, l'averse qui passe
En évier public change ma paillasse,
    Il est temps que ça cesse

        Les gens d'en bas
        Et les voisins se plaignent
        Que leur plafond déteigne

Oh! Louis m'a promis, car je suis nubile
De me faire voir Paris la grand ville
    Un matin de la saison nouvelle
        Oh! mère qu'il me tarde
        D'avoir là ma mansarde...

Des Édens dit-il, des belles musiques
Où des planches anatomiques passent...
        Tout en faisant la noce
        Et des sénats de ventriloques

Dansons la farandole
Louis n'a qu'une parole

Et puis comment veut-on que je précise
Dès que j'ouvre l'œil tout me terrorise.
Moi j'ai que l'extase, l'extase

Tiens, qui fait ce vacarme?...
Ah! ciel le beau gendarme
Qui entr' par la lucarne.

Taïaut! taïaut!
À l'échafaud!

Et puis on lui a guillotiné son cou,
Et ça n'a pas semblé l'affecter beaucoup
(de ce que ça n'ait pas plus affecté sa fille)
Mais son ami Louis ça lui a fait tant de peine
Qu'il s'a du pont des Arts jeté à la Seine

Mais un grand chien terr' neuve
L'a retiré du fleuve

Or justement passait par là
La marquise de Tralala,
Qui lui a offert sa main
D'un air républicain.

Vers de circonstance

Fragments épars

Brouillons

[CHARLES HENRY]

Un soir sur ses longs pieds allait... à la Sorbonne,
      Sa serviette ventrue au bras,
Henry! De noirs voyous plaisantaient sa personne,
      Mais lui — grand — ne les voyait pas!
Hâtif, il souriait aux mornes cheminées
      — Cœurs d'or aux tuyaux de fer-blanc —
Et ces filles, d'un spleen fuligineux minées
      Saluaient ce noctambulant.

Berlin, décembre 1881.

N'allez pas devant ces vers-ci,
Ô spécimen du faible sexe
En un accent très circonflexe
Courber votre divin sourcil.

Vous habitez une âpre rue
Vouée à Denfert-Rochereau
Mais d'ignorer quel numéro
Toute mon âme est fort férue.

Vous chantez comme un bengali
Un bengali bien égoïste
Qui ne veut plus qu'être un artiste

Et tenir le reste en oubli,
Ah! Triste, triste, triste, triste,
Oh! Sandâ, Sandâ-Mahâli!

Le farouche Brutus, grande âme solitaire,
Immole à la vertu sa vie et sa ...
      Et succombe en se reniant.

Aux rayons consolants que l'astre mort lui verse
Avant l'ardeur du jour Paris halète encor
Je veille et je médite et mon rêve se berce
Dans le vide infini criblé d'étoiles d'or.

Ô silence éternel des gouffres de l'espace,
Il s'éteindra toujours dans l'implacable paix
Le cri que jette au ciel l'humanité qui passe
Mais le mot du Destin n'en tombera jamais.

Et pourtant où chercher? où reposer ma tête?
Quel vin te soulevait tourment de l'au-delà?
Mon cœur m'en dirait trop, ma raison est muette.
Rien! et la formidable énigme est toujours là.

Humanités, nos sœurs, sur ces lointaines terres
Qui vaguez comme nous au vide illimité,
Vous frappez-vous le front dans les nuits solitaires
Et sur la vieille énigme avez-vous sangloté?

Ô lointains angelus des soirs, quand les toits fument,
Carillons des grands jours, lumières de Noël...
Tous ces vieux souvenirs aux cœurs morts qu'ils
                                            parfument
Chantent comme un poignant reproche maternel.

Dans mon âme hier encor s'ouvrait la fleur naïve.
J'avais aux jours de doute un sein où m'épancher
Et la mort me tendait les bras de l'autre rive
Mais l'ouragan brutal est venu tout faucher.

Partez rêves divins, car voici la lumière,
Car je suis assez fort pour marcher ici-bas
Et devant le Destin sans blasphème ou prière
Sur mon sein orgueilleux pour croiser mes deux bras...

Ainsi donc pèlerins des grandes solitudes
Souffletez notre Dieu d'un blasphème impuni,
Priez, le cœur mangé de mornes lassitudes,
Hurlez vers la Justice à travers l'infini.

Nul ne vous répondra... — Nous sommes seuls vous
                                            dis-je!
Seuls, perdus sans amour, sans espoir, sans appui,
Dans l'éternel foyer de vie et de vertige
De Celle pour qui c'est à jamais aujourd'hui.

Use-toi les genoux aux dalles des églises,
Refuse les débris de ta débauche aux gueux
Crispant leurs pieds bleus aux morsures des bises,
Baise l'ulcère impur de ton frère lépreux.

Broyeur de nations tout à travers l'histoire
Lâche-toi sans rien voir ainsi qu'un ouragan,
Jette vers Sabaoth tes fanfares de gloire
Puis sous un Panthéon couche-toi saoul de sang!...

Enfant, emplis les bois de frais éclats de rire
S'égrenant dans l'azur comme de gais oiseaux,
Ou, seul, vêtu de deuil, pour premier livre à lire
Viens épeler un nom dans l'herbe des tombeaux.

Écoutant de la nuit tomber les heures lentes,
Au-dessus des rumeurs montant de la cité,
Le cœur brisé d'essors, d'angoisses, d'épouvantes,
Grelotte de stupeur devant l'éternité.

Ou devant les fruits d'or et les viandes fumantes,
Vautré dans les coussins aux bras de tes amours
Gorge au vent, robe ouverte, avec art provocantes,
Gaspille follement et tes nuits et tes jours.

Oh! fils de Prométhée, ô vaillants de la lutte
Apôtres du bonheur ivres d'illusion,
Révoltés que broiera demain l'aveugle brute,
Moi, devant vos assauts je me dis : à quoi bon,

Va, va, lutteur maudit ton Éden n'est qu'un rêve
Tu n'as qu'un jour à vivre, un seul et ton effort
Est tout à disputer pied à pied et sans trêve
Ce lambeau de misère aux griffes de la mort.

Et puis ne sens-tu pas que dans cette âpre fièvre
La moindre goutte d'eau, prix de tant de tourment,
D'une soif plus sublime enflammera ta lèvre,
Et dont la fin serait un vaste bâillement?

Va le mal est en toi, tant que l'infini sera là...

Devant ce carnaval insensé de la vie
Le plus fort en ses reins sent fondre l'énergie,
Avant d'avoir vécu prend la vie en dégoût!
Et bientôt sans [.......] sent le poison du doute
Qui dans son cœur pourri s'infiltre goutte à goutte
Sans but et sans espoir il erre à travers tout.

L'esclave se roidit! car la mesure est pleine,
Car jamais dans son cœur le ferment de la haine
          N'avait levé plus sourdement.

Le plus fort, dès le jour où le poison du doute
Dans son cœur déserté s'infiltre goutte à goutte
Avant d'avoir vécu prend la vie en dégoût.
Tout est pour le néant, à quoi donc sert la vie?
Il sent dans ses vieux reins fondre son énergie
Et sans but, sans espoir, il erre à travers tout.

———

Pourtant! — S'il y avait quelqu'un! oui, tout là-bas,
Rêvant dans l'Infini de l'éternel silence
Il voit tout, il sait tout. Oh! qu'est-ce donc qu'il pense,
Quel est-il? d'où vient-il? Mais non, ne cherchons pas.

Tout est bien, puisqu'Il est. Pourquoi d'ailleurs la vie
Serait-elle à jamais au Mal plutôt qu'au Bien.
Le Mal est l'accident, l'éphémère et n'est rien
Dans l'ordre universel de l'unique harmonie.

Quelqu'un veille là-haut dans l'Éternité noire
Laissons là le Progrès, les Sciences, la Gloire,
Plus d'angoisse, d'effroi, plus de spleen, de remords

. . . .
. . . .
— Comme ce serait bon! Pourquoi ne puis-je croire!

———

En juin quand l'astre d'or dans sa splendeur éclate
Alors qu'au vaste dais de l'implacable azur
Le regard vainement cherche un frisson de ouate
Je fuis l'asphalte mou, Paris, son air impur

Je m'en vais par les champs le long des routes blanches
où poudroie un air bleu plein de vibrations
cherchant loin des sentiers, loin de l'ombre et des
                                                    branches
un coin où le soleil darde à pic ses rayons.

———

Quel silence! On dirait que le monde assoupi
Sur des flots de velours roule dans l'infini
Là haut criblant l'espace à des milliards de lieues
Pèlerins ennuyés des solitudes bleues
. . . .
Les étoiles en chœur circulent vagabondes
Oasis de misère ou cadavres de mondes

ÉPONGE DÉFINITIVEMENT POURRIE

Je sens que je n'ai plus ma foi dans l'Art. L'Idole
Ne sait plus me verser ces furieux transports
Où la pensée un peu se lave et se console.
Je songe aux noirs alcools où l'idéal s'endort
. . . .

Et comme le torrent universel des cieux
Majesté   solennel   menuet solennel   énormes
    lancé sur leurs orbites
S'enlacent, se dénouent, solennels calmes muets et
                                   formidables...
    Dans le silence infini des Espaces   masses
                                       espaces

———

Et sur la terre ainsi comme tout est tranquille
Et marche sans savoir, sans nul étonnement
Comme le temps s'en va toujours benoîtement
Mêlant les pleurs aux cris et la farce à l'idylle

Pourtant l'Énigme est là, dont nul ne sait le mot,
Car nous ne savons rien des cieux ni de la terre,
L'existence, la Mort, la Loi, tout est mystère
Et nos appels toujours resteront sans écho

Et nous crions en vain, l'azur est sans écho.

S'il est un mot, pourquoi dans son apothéose
Ne rayonne-t-il pas?
Quel est-il? d'où vient-il? et Qui le tient caché?
S'il n'en est pas

———

Ô rêve caressé des anges ses pareils
Arrive et montre-toi dans le simple appareil
D'une beauté prête à m'abdiquer ses sommeils
Tu m'apparus un soir en pleine jachère
Mon oncle est décédé,

on se roule les uns les autres sans grâce
tous ont l'air d'avoir tant roulé
Des cœurs de pierre qui rien n'amassent
des blouses
le grattage des façades
Oh! la tristesse des détritus des fruitiers.

Je sais des cloches en province
Dont le bon sanglot te ferait
Aimer, pour peu que tu y tinsses,
Mon cœur jaloux de ses secrets.

Je suis infiniment plus triste et solitaire
Que tous les gens que j'ai tenté de consoler
Mais vraiment à quoi bon? vous ne m'écoutez pas
D'ailleurs je ne saurais vous en faire un reproche
                    Solitaire
                    Et se taire
                    Pauvre cloche
              Sans peur et sans reproche

———

monticules fleuris
marmailles dans les banlieues rébarbatives à toutes
semailles
les gares sont des hôpitaux d'où fusent des cris solennel-
un site éreinté
lement perdus
Une cahute, un acacia, une rigole, un gîte, des vaisselles
à fleurs
Voici la fin du jour où l'aimer s'infinise
le soleil tombe

le ciel qu'un nuage là bas
couture d'une pauvre reprise

un ciel d'hiver, un ciel de famine
Ah! combien ce ciel opère!

Et suçant le vieux sein d'une maîtresse éteinte
une lune débile — breloque de pauvre

Pissenlits et gravats
Pots de fleurs en pièces
Ah ! le cœur en bouillie
Je suis tout gémissant

Un étang, au bord une cahute fait dodo mirée là si dolente
sans s'éloigner d'une masure
dans les pissenlits et les cailloux
un âne à licol pâture
d'un air rosse et doux

octobres en détresse
gestes endoloris

stagne, stagne, pauvre vie
rien ne te fait envie

Ce sentiment doux, simple, a passé
Simple et doux comme une poule
   Mon cœur en a assez
   Il s'étire le soir,
   Crache dans l'encensoir
   Et se dit par des choses
   qu'il ne nomme pas

  qu'il fait chaud
les maisons peintes au lait à chaux
mioches
brioches

      les chaudrons, les orties
      les femmes décaties

octobres incurables
Un ciel de septembre
Un air plaisant

  L'épiderme de mon rêve
  a la chair de poule
  En frôlant les bourgeois
  bruyants, hostiles comme des brisants
  Comme il est petit dans la Nature
    Le chemin de fer [de] ceinture
  Les vents se sont surmenés
    cette nuit

———

Un grain de cachou parfumé
m'a rappelé ta chère haleine
    ô Hélène,

Certain jour pluvieux de mai
Que je te dis mon âme humaine

Les champs de navet
Avaient des tons tristes
histoire d'aggraver
mes accès d'artiste...

(Champs de navets à Chevreuse) —

(Les fleurs du Bon ?)
Imageries intimes —

C'est moi qu' je suis la grande Isis,
Nul ne m'a retroussé mon voile.

Quand reviendra l'automne
Cette saison si triste
Je vais m' la passer bonne
Au point de vue artiste —

———

J'ai passé l'âge timide
Dans un stagnant pays
Où pèse un ciel torride
Sur rien que des champs de maïs

Tuiles, choux, commères du voisinage,
C'est là que j'ai passé mon bel âge
Les beaux ramiers de l'incurie   C'est là
                                    Et lan lan la
                                      C'est là !

Chaque soir vers toi j'irai aussi fidèle
Que chaque soir le soleil vers l'occident

Puis-je me plaindre de n'être pas heureux
Quand il est des femmes à jamais laides

———

Ah ! que ces draps de lit, que ces rideaux me pèsent
Que ce plafond, ce ciel ruissellent de malaise.

Je sais qu'il en est qui s'étalent
montrant les dents, montrant leurs aisselles.

———

Lacs mucilagineux des voluptés
d'où l'on ne peut se dépêtrer.

NOTES ET VARIANTES

LES COMPLAINTES

L'édition originale des *Complaintes*, premier ouvrage publié par Jules Laforgue, parut en juillet 1885, aux frais de l'auteur, chez Léon Vanier, libraire-éditeur, 19, quai Saint-Michel. C'est un in-18 de 145 pages, revêtu d'une couverture bleu ciel dont l'intérieur est blanc. Le tirage en fut de 511 exemplaires, imprimés par Léon Épinette, homme de lettres lui-même sous le pseudonyme de Léo Trézenik.

Les relations commerciales de Vanier avec Épinette suffisent à expliquer que dès le mois de mars 1885, ce dernier, qui dirigeait et imprimait l'hebdomadaire *Lutèce*, ait pu offrir aux lecteurs de son journal la primeur de quelques *Complaintes*. Laforgue qui depuis plus de trois ans résidait en Allemagne n'eût sans doute jamais eu l'idée de proposer lui-même sa collaboration au journal de Trézenik.

L'achevé d'imprimer des *Complaintes* est du 10 juillet 1885. À cette date, *Lutèce* avait déjà inséré six pièces de ce recueil : le 8 mars, la *Complainte propitiatoire à l'Inconscient* et la *Complainte-placet de Faust fils* ; le 22 mars, la *Complainte de cette bonne lune* ; le 17 mai, la *Complainte des blackboulés* ; le 21 juin, la *Complainte sur certains temps déplacés* et la *Complainte des condoléances au Soleil*. Le 19 juillet, au moment de la mise en vente de l'ouvrage, *Lutèce* donna encore la *Complainte-litanies de mon Sacré-Cœur*.

Dans l'édition, fort incomplète, des *Œuvres complètes* de Laforgue, publiée en trois volumes, en 1902 et 1903 au Mercure de France, certaines indications de date et de lieu ont été ajoutées çà et là. Elles ont été prises dans un exemplaire des *Com-*

plaintes annoté par Laforgue et offert par lui à sa sœur Marie, mais nous n'en avons fait état que dans nos notes, préférant nous en tenir, pour le texte même de l'ouvrage, à la présentation voulue par l'auteur.

Le manuscrit des *Complaintes* a figuré dans une vente d'autographes faite à l'Hôtel Drouot le samedi 19 décembre 1936 par Mes Ader et Giard, commissaires-priseurs, assistés de M. Pierre Berès, libraire-expert. Sous le numéro 63 le catalogue de cette vente décrit ainsi cette pièce de choix :

« Manuscrit autographe 96 pages in-4, montées sur onglets et reliées en un volume in-4 maroquin janséniste lavallière, dos à nerfs, doublé et gardes de soie, non rogné, étui.

» Ce manuscrit, qui comporte un certain nombre de ratures et de corrections, présente de très intéressantes variantes avec le texte publié et comprend quelques passages inédits.

» On a fixé sur une des pages un beau dessin original à la plume, caractéristique de la manière des dessins de Laforgue. »

Nous n'avons pas eu l'avantage de feuilleter ce manuscrit et d'en relever les variantes. Il avait fait partie, nous a-t-on dit, de la bibliothèque de Gustave Kahn, mort au cours de l'année 1936, et fut adjugé 30 000 francs à un libraire, qui le céda peu après à un collectionneur. Selon les renseignements que nous avons pu recueillir, ce collectionneur aurait perdu tous ses biens en juin 1940, dans un bombardement, à Sully-sur-Loire. Il ne resterait donc aucun espoir que resurgisse un jour le manuscrit des *Complaintes*. En revanche, un jeu d'épreuves du recueil de Laforgue corrigées par l'auteur existe encore. Achetées en 1899 à Vanier par un jeune homme de vingt-trois ans, Charles Martyne, que nous avons connu trente ans plus tard bibliothécaire de l'École des Beaux-Arts, ces épreuves appartiennent aujourd'hui au neveu du regretté Martyne, notre ami Jean-Louis Debauve, qui en a donné une minutieuse description dans un des chapitres de *Laforgue en notre temps* (Neuchâtel, La Baconnière, 1972), ouvrage désormais indispensable à une parfaite connaissance de Laforgue.

Presque toutes les variantes des *Complaintes* qu'on trouvera dans les notes qui suivent proviennent des documents conservés et publiés par M. J.-L. Debauve.

On conçoit que Laforgue ait tenu à dédier ses *Complaintes* à Paul Bourget, quoique celles-ci, composées pour la plupart en 1883 et 1884, fussent d'une toute autre facture que les poèmes « cosmiques » qui, lors de ses timides débuts, lui avaient valu les encouragements de Bourget. À l'époque où il fit paraître *Les Complaintes*, les plus chers amis de Laforgue et les plus sensibles à l'originalité et aux charmes de sa poétique étaient assurément Charles Henry et Gustave Kahn. Mais ni l'un ni l'autre ne pouvaient lui inspirer autant de gratitude que Paul Bourget, qui, en 1881, l'avait tiré de difficultés en lui procurant un avantageux emploi de lecteur auprès de l'impératrice d'Allemagne.

Né le 9 septembre 1852, Bourget avait huit ans de plus que Laforgue. *Les Aveux,* auxquels fait allusion la dernière strophe de la dédicace en vers des *Complaintes,* constituent le quatrième recueil de poésies de Bourget. Leur publication date de 1882.

Page 36.   PRÉLUDES AUTOBIOGRAPHIQUES

Ses amis Gustave Kahn et Charles Henry, ayant lu *Les Complaintes* sur épreuves, avaient conseillé à Laforgue d'en retirer ce poème, d'un autre ton que les autres. De Berlin, il répondit à Kahn en mars 1885 :

« Sauf vos deux respects, je maintiendrai volontiers la pièce préface. Elle est faite avec des vers d'antan, elle est bruyante, et compatissable — elle est autobiographique. J'ai sacrifié un gros volume de vers philo d'autrefois parce qu'ils étaient mauvais manifestement, mais enfin ce fut une étape, et je tiens à dire (aux quelques à qui j'enverrai le volume), qu'avant d'être dilettante et pierrot, j'ai séjourné dans le Cosmique. Cette préface explique la dernière et longue litanie qui ferme le volume : *Complainte du Sage de Paris.* Et puis vous verrez, ensuite. Maintenant vous comprendrez mieux la pièce quand vous la verrez çà et là corrigée comme je l'ai renvoyée à Vanier, avec moins de points d'exclamation : Nébuleuse-Mère (sans ?) (et un petit trait d'union), etc., etc., et page 9 sans la céleste *Éternullité* et page II Brahma Tout Un en soi. »

Soit qu'au dernier moment Laforgue ait renoncé à quelques-unes des corrections qu'il avait apportées à ce poème, soit, —

ce qui est plus vraisemblable, — que Vanier n'ait pas veillé à ce que l'imprimeur fît soigneusement son travail, l'édition des *Complaintes* comporte un point d'interrogation après Nébuleuse-Mère, la céleste *Éternullité* s'y trouve, et Brahma *Tout-Un en soi* également. En revanche, Vanier tint compte de l'adjonction, demandée *in extremis* par Laforgue, d'une *Complainte des Complaintes*, qui prit place après la *Complainte du Sage de Paris.*

Variantes :

v.	13	Les citernes de mes déserts ?
v.	66	Une flèche de cathédrale émerge encor
v.	71	Sans le mot, nous serons digérés, ô ma Terre!
v.	73	Je veux parler au Temps, criai-je. Oh! de l'engrais
v.	76	Que ce Temps, faisant : hein? tomberait en syncope,
v.	81	Lors, fou devant ce ciel qui toujours nous bouda,
v.	83	Et, pâle mutilé, d'un : qui m'aime me suive!
v.	102	Je veux la cuver au sein de l'INCONSCIENT.
v.	104	Partout, sans que mon Ange Gardien me réponde
v.	117	D'un *lucus* aux huis-clos, sans pape et sans laquais.

Sur un exemplaire des *Complaintes* offert par lui à sa sœur Marie en 1885, Laforgue a ajouté au bas de quelques pièces une indication de date et de lieu. Ainsi, les *Préludes autobiographiques* sont suivis de la mention : 1880, 5 rue Berthollet. Mais, comme l'a écrit M. J.-L. Debauve dans l'ouvrage très documenté qu'il a consacré à *Laforgue en son temps* (Neuchâtel, Éditions de la Baconnière, 1972), « il ne faut pas attribuer une valeur absolue » à ces indications qui ne concernent pas forcément la composition d'un poème, mais peuvent se rapporter à l'endroit et au moment où l'idée de ce poème a pris naissance.

Page 44. COMPLAINTE À NOTRE-DAME DES SOIRS

Variantes :

v. 1 L'Extase du soleil, peuh! La verdure, fade,
v. 4 Bercent mon beau voilier dans leurs plus riches rades —

Page 46.   COMPLAINTE DES VOIX
SOUS LE FIGUIER BOUDHIQUE

Dans l'édition originale des *Complaintes*, le vers 56 de ce poème est :

Nous t'écartèlerons de hontes sangsuelles!

mais, à la fin de l'ouvrage, un *erratum* indique qu'il faut *sensuelles* au lieu de *sangsuelles*. Nous avons donc tenu compte de cette rectification, qui ne constituait certainement pas une simple correction typographique. Il n'est pas douteux que Laforgue s'était amusé à fabriquer l'adjectif *sangsuelle*. À la réflexion, il aura renoncé à un néologisme fondé sur un jeu de mots. Aussi faut-il considérer comme une variante le texte du vers 56 dans son orthographe fantaisiste.

D'autres corrections, et plus importantes, ont été relevées par M. Debauve sur un jeu d'épreuves des *Complaintes*. Voici les variantes qu'elles révèlent :

v. 9   Les yeux Promis sont plus simultanés encore.

V. 45-75 : dans la première version du poème, cette récitation des « Jeunes gens » se réduisait à dix vers, suivis d'une indication scénique :

> Beau commis voyageur, d'une Maison là-haut;
> Tes yeux mentent! Ils ne nous diront pas le Mot!
>
> Et tes pudeurs ne sont que des passes réflexes
> Dont joue un Dieu très fort (Ministère des Sexes).
>
> Bestiole à chignon, Nécessaire divin,
> Os de chatte, corps de lierre, chef-d'œuvre vain!
>
> Donc! fausse sœur, fausse humaine, fausse mortelle,
> Nous t'écartèlerons de hontes sangsuelles!
>
> — Vie ou Néant! choisir — ah quelle discipline!
> Que n'est-il un Éden entre ces deux usines ?
>
> _Cris de frayeur :_

Page 53.   COMPLAINTE DES PIANOS
        QU'ON ENTEND DANS LES QUARTIERS AISÉS

Variantes :

v. 36   Vraiment! Et lui ne viendra pas. »
v. 50   Vigne sauvage, même en ces quartiers aisés.
v. 52   Sera, *comme il convient*, d'eau rance baptisé!

Sur l'exemplaire des *Complaintes* offert par lui à sa sœur Marie, Laforgue a écrit au bas de ce poème : *Paris, rue Madame, Sept. 1883.*

Page 56.   COMPLAINTE DE LA BONNE DÉFUNTE

Variantes :

v. 14   La vie exacte continue
v. 17   Et je ne l'ai jamais connue.

Dans l'édition originale des *Complaintes* figure au début des vers 6 et 9 le mot *Jeux*, mis arbitrairement à la place de *Yeux*. Aussi avons-nous tenu compte, dans la présente édition, de la correction apportée par Laforgue lui-même à l'exemplaire de son recueil dédicacé à Laurent Tailhade et que possède aujourd'hui M. J.-L. Debauve.

Page 59. COMPLAINTE D'UN CERTAIN DIMANCHE

Variante :

v. 36   Le Spleen, tyran blasé, sur nos rêves se vautre!

Dans l'exemplaire des *Complaintes* offert à sa sœur, Laforgue a daté ce poème de : *Coblentz juillet 1883.*

Page 61. COMPLAINTE D'UN AUTRE DIMANCHE

Variante :

v. 21   Ce fut un très-au vent d'octobre paysage...

Laforgue a noté sur l'exemplaire des *Complaintes* offert à sa sœur : *Paris 1884 — Octobre, 22 rue Berthollet, retour de la saison à Chevreuse.* Ce poème a donc été composé vers la fin des vacances que le poète, devenu lecteur de l'impératrice d'Allemagne, passait en France en 1884. Comme l'a signalé M. Debauve, Charles Henry habitait au 22 rue Berthollet, à Paris, et séjournait l'été à Chevreuse.

Page 62. COMPLAINTE DU FŒTUS DE POÈTE

Une lettre de Laforgue à Gustave Kahn dans ses *Lettres à un ami, 1880-1886* (Mercure de France, 1941) contient une première version de cette complainte, que Laforgue, en abrégeant peut-être le titre, nomme simplement *Complainte du fœtus.* Cette lettre, qui n'est pas datée, serait, selon G. Jean-Aubry, de février 1884. Voici le texte qu'elle offre de la complainte en question :

> En avant! en avant!
> Déchirer la nuit gluante des racines!
> À travers l'Amour, Océan d'albumine,
> Vers le soleil, vers l'alme et vaste étamine
> Du soleil levant!
>
> En avant!
> À travers le sang gras d'amour, à la nage,

Téter le Soleil! et soûl de lait, bavant
Dodo sur les seins dorloteurs des nuages
    Voyageurs mouvants!

      En avant!
Galop sur les seins dorloteurs des nuages,
Dans la main de Dieu, bleue aux mille yeux vivants,
Au pays du lait tiède faire naufrage...
      — Courage!
    Là, là, je me dégage...

      En avant!
Geins, douce prison! Filtre, soleil torride!
Ma nuit, je ne puis gicler que vous crevant.
Donc, fanez-vous en loques, ma chrysalide.
     — Non, j'ai froid?... En avant
      — Ah! maman.

En adressant cette pièce à son ami Kahn, Laforgue lui demandait :

« Est-ce assez idiot, au fond ? Que pensez-vous du vers de onze pieds ? et par la même occasion, que pensez-vous aussi de l'infini ? »

Page 64. COMPLAINTE DES PUBERTÉS DIFFICILES

Dans l'exemplaire des *Complaintes* offert à sa sœur Marie, Laforgue a inscrit au bas de ce poème : *Sept. 1882, 99 Boulv. St Michel.* Le poème fut donc écrit durant le court séjour que Laforgue fit à Paris à la fin de l'été 1882, après avoir passé ses vacances à Tarbes et avant de repartir pour Baden-Baden. M. Debauve, dans *Laforgue et son temps* (p. 144), précise que le 99 boulevard Saint-Michel était l'adresse d'un hôtel avec table d'hôte, tenu en 1882 par une dame Régis.

Page 66. COMPLAINTE DE LA FIN DES JOURNÉES

Le catalogue de la vente publique de 1936 au cours de laquelle fut adjugé le manuscrit des *Complaintes* comporte la reproduction, en fac-similé, du texte autographe de la *Complainte de la fin des journées.*

Cette reproduction montre que Laforgue n'avait pas aligné le dernier vers de ses quintils sur les trois premiers, mais faisait commencer ce cinquième vers avec un léger décalage à gauche. Elle ne fournit que d'infimes variantes :

v. 7   De déboires.
v. 8   Un, encor!
v. 9   Ah! l'enfant qui vit de ce nom, poëte
v. 17 Mon Dieu, que Tout fait signe de se taire!
v. 21 « Têtue éternité! Je m'en vais incompris » ?
v. 23   Transitoire?
v. 25 J'ai dit : mon Dieu. La Terre est orpheline
v. 27 Va, suis quelque robe de mousseline

M. Debauve possède un autre manuscrit autographe de la même complainte, dans lequel le vers 17 dit :

Mon Dieu, mon Dieu, que Tout fait signe de se taire!

Page 68.   COMPLAINTE DE LA VIGIE
                AUX MINUITS POLAIRES

Poème suivi de l'indication : *5 rue Berthollet, 1882*, dans l'exemplaire des *Complaintes* offert par Laforgue à sa sœur Marie.

Page 70. COMPLAINTE DE LA LUNE EN PROVINCE

Laforgue datait ce poème de : *Cassel, juillet 1884*. Il passa effectivement trois jours de congé à Cassel cet été-là.

Page 72.   COMPLAINTE DES PRINTEMPS

Les épreuves des *Complaintes* que possède M. J.-L. Debauve ont révélé quelques variantes :

v. 6   Avec son éternel cortège d'excitants.
v. 25 V'là que la p'tite est pleine!
v. 26 Drôle de phénomène;
v. 27 — Ça me fait bien d'la peine,
v. 28 — Mais j'ons assez d'ma b'daine.

Page 74. COMPLAINTE DE L'AUTOMNE MONOTONE

Variantes fournies par les épreuves de la collection Debauve :

v. 36 Vent mort, aiguillonne
v. 43 Nuits des gésines,

Les quatre derniers vers de cette complainte ne figuraient pas dans sa version primitive.

Page 76. COMPLAINTE DE L'ANGE INCURABLE

Variantes fournies par les épreuves de la collection Debauve :

v. 34   Des ailes! dans le blanc suffoquant! à jamais
v. 37   Chacun sait en effet que la saison d'automne

Le distique final a été ajouté sur épreuves; il ne figurait pas dans le premier texte de cette complainte.

Page 78.   COMPLAINTE
               DES NOSTALGIES PRÉHISTORIQUES

Dans les *Poésies complètes* de Laforgue (Livre de Poche, 1970), le vers 26 de cette complainte dit :

                Et, nous délivrant de l'extase,

alors qu'il eût fallu :

                Et, nous délèvrant de l'extase,

pour respecter le texte de l'édition originale des *Complaintes*.

Nous avions cru que *délèvrant* présentait une coquille que Laforgue n'avait pas vue. Nous étions dans l'erreur. Le jeu d'épreuves que détient M. Debauve montre que le premier imprimeur des *Complaintes* ayant composé le mot *délivrant*, Laforgue lui-même prit soin de substituer à ce participe un néologisme de son invention.

Dans l'exemplaire de son recueil offert à sa sœur, Laforgue a noté au bas de ce poème : *Berlin-hivers*, en soulignant deux fois le *s* du mot *hivers*.

Page 80.   AUTRE COMPLAINTE
               DE L'ORGUE DE BARBARIE

Variantes :

v. 15   — Après ? qu'est-ce que je veux ?
v. 22   Langueurs d'automne!
v. 23   — Eh bien! qu'est-ce que je veux ?
v. 25   Baisers, littératures —
v. 39   — Enfin! qu'est-ce que je veux ?
v. 40   — Rien. Je suis-t-il malhûreux!

Page 82.   COMPLAINTE DU PAUVRE CHEVALIER-ERRANT

Laforgue a simplifié, en corrigeant les épreuves de son recueil, le titre de cette complainte, appelée d'abord *Complainte de la vigie du pauvre chevalier-errant*.

Variantes :

v. 5 Forêts qui
v. 24 Feu d'artificeront autour de vous mes sens encensoirs!
v. 27 Iront, de ta gorge aux vierges hosties,
v. 29 Quels dessins
v. 30 Dans le roulis des tièdes empilements de coussins!
v. 36 À force de poses sur nos collines, l'Horizon!
v. 37 Puis j'ai des tas d'extatiques histoires,
v. 42 Du rêve, je t'éventerai d'éternels opéras.
v. 52 Au Chevalier-Errant,

Page 84. COMPLAINTE DES FORMALITÉS NUPTIALES

Laforgue a apporté d'importants changements à la composition de cette complainte lorsqu'il eut à en corriger les épreuves.

Les deux distiques que forment les vers 31-32 et 33-34 ne figuraient pas dans la première version, non plus que les vers 43-44.

D'autre part, les vers 39 à 42 ont remplacé ce quatrain moins régulier :

> Puis, qu'importent les mots!
> Laissons les aux sots :
> Ils font des choses
>   closes.

La remarque prêtée à ELLE et qui constitue le vers 66 a été intercalée après coup dans le poème, où elle a pris la place d'un vers qui complétait la strophe commençant par : *Allons, endormez-vous, mortelle fiancée*. La fin de cette strophe était donc :

> Que la vie est sincère et m'a fait le plus fort,
> Et livrez-vous à votre sort.

Autres variantes :

v. 3 Oh! veux-tu te vêtir de mon être éperdu?
v. 14 Sois baptisé du sang de ta beauté nouvelle;
v. 17 Je dois te caresser bien douloureusement.
v. 20 De l'eau, du thé, de l'opium;
v. 23 Et quelle imagination!

Sur l'exemplaire des *Complaintes* offert à sa sœur, Laforgue a ajouté, sans date, cette simple indication de lieu : *Baden-Baden.*

Page 88. COMPLAINTE DES BLACKBOULÉS

Cette complainte s'appelait d'abord *Complainte d'une nuit blanche*. Elle a changé de titre lors de la correction des épreuves.

Variantes :

v. 17   Vieille et chauve à trente ans, sois prise pour une autre,
v. 21   Puis, passe à Charenton, parmi d'immondes folles.
v. 38   Frêle miss, pour

Page 90.   COMPLAINTE DES CONSOLATIONS

Variantes :

v. 11   Oh! que variés, ses airs mourant dans la prison
v. 12   D'un *cant* sur le qui-vive au milieu de nos hontes!...
v. 14   Les jours, les ciels, les mois, dans les quatre saisons

Page 92.   COMPLAINTE DES BONS MÉNAGES

Le premier titre de ce poème était : *Complainte des convalescences.*

Variantes :

v. 1   L'Art sans poitrine m'a trop longtemps tenu dupe.
v. 4   En écoutant le vent.
v. 6   O jupe fais frou-frou, va sans savoir pourquoi,
v. 7   Sois l'œillet émaillé de l'unique théière,

Page 93.   COMPLAINTE DE LORD PIERROT

Les vers 33-34 et les deux derniers vers de cette complainte ont été ajoutés par l'auteur lors de la correction des épreuves.

Variantes :

v. 4   Chahuter là-haut!
v. 16   Déjà luit à l'horizon gris des grèves;
v. 42   Laissez passer, laisser faire,

Page 96.   AUTRE COMPLAINTE DE LORD PIERROT

Variante :

v. 18   Feignant de croire, hélas! à mon sort glorieux,

Page 97.   COMPLAINTE SUR CERTAINS ENNUIS

Variantes :

v. 10   Rompre l'exil des causeries;
v. 13   Elles boudent là, dans le sable

Page 99.   COMPLAINTE DES NOCES DE PIERROT

Cette complainte, qui, dans sa première version, s'intitulait *Complainte de la vraie fiancée*, a été considérablement retouchée par Laforgue lors de la lecture de ses épreuves.

Dans notre édition des *Poésies complètes* (Livre de Poche, 1970), nous nous étions permis d'apporter une légère correction au vers 22. On lit, en effet, dans l'édition originale des *Complaintes* :

Le spleen de tout ce qui s'existe

« S'exister » nous paraissant dépourvu de sens, nous en avions conclu que la transformation d'*exister* en verbe pronominal n'était due qu'à une coquille, et nous avions cru devoir imprimer :

Le spleen de tout ce qui n'existe.

Notre ami J.-L. Debauve, qui possède une épreuve de cette complainte chargée de corrections du poète, nous oppose que ce dernier a bien laissé : *ce qui s'existe*, ce qui, à notre sens, n'est pas probant, Laforgue n'ayant certainement pas eu « l'œil typographique » nécessaire à la minutieuse révision d'un texte imprimé. Mais M. Debauve nous oppose également que le vers que nous avions jugé fautif lui paraît préférable. N'étant nullement assuré d'avoir raison, nous avons respecté cette fois le barbarisme que comporte le vers 22.

Variantes :

v. 2   Mon éphémère corybante ?
v. 3   Je trempe mon âme en tes yeux,
v. 4   Je bats ta beauté pénitente,
v. 5   Où donc vis-tu ? Moi si pieux,
v. 8   Et ton calice rentre encore,
v. 9   Sans me jeter ton pur sanglot!
v. 10   Et moi, je vais te voir te clore,
v. 11   Sans t'arracher ton dernier mot ?
v. 13   Ah! cette fois, c'est pour de bon!
v. 14   Trop longtemps, quittant la partie,
v. 15   Devant vos charmes moribonds,
        Devant leurs charmes moribonds,
v. 17   Dans les aveux nauséabonds
v. 18   De la chair démentie
v. 27   Couvrant d'avance d'un vieux glas
v. 29   Ah! tu me comprends n'est-ce pas,
v. 35   Quoi! bébé bercé, c'est donc tout ?
v. 38   Oh! rattraper son dernier thème!
v. 40   Et sous sa paupière encor blême,
v. 42   L'air lent! l'air non mortel quand même!

Page 101.   COMPLAINTE DU VENT
                        QUI S'ENNUIE LA NUIT

Variantes :

v. 6   Par ses assauts et ses remords,
v. 7   Sied au démoellisant naufrage
v. 31   O toi qu'un baiser fait si morte,
v. 34   Le vent aux étendards des cieux!
v. 35   Rideaux blancs de notre hypogée,
v. 39   Va, vent, assiège
v. 40   Dans sa tour
v. 41   Le sortilège
v. 42   De l'amour;
v. 43   Puis, pris au piège,
v. 44   Vieux sacrilège,
v. 45   Geins sans retour.

Page 103. COMPLAINTE DU PAUVRE CORPS HUMAIN

Variantes :

v. 5   Tout un répertoire d'attaques.
v. 39   Renoient vite dans l'Innocence

Page 105.   COMPLAINTE DU ROI DE THULÉ

Variantes :

v. 3   Qui, loin des jupes et des poses,
v. 4   S'aimait dans les métamorphoses
v. 12   O nuits de lait!
v. 21   Votre *labarum*, votre tiare,
v. 22   Aux cités, foires de l'amour —
            Du culte qu'ils nomment Amour

Page 107.   COMPLAINTE
                   DU SOIR DES COMICES AGRICOLES

En envoyant de Berlin à Gustave Kahn, en 1884, sa *Com-
plainte du fœtus,* Laforgue lui avait également communiqué un
texte de la *Complainte du soir des comices agricoles,* qu'il a
modifié ensuite. En voici les variantes :

v. 1   Deux tendres cors de chasse ont encore un duo
v. 3   Quelques fusées encore vont s'étouffer, là-haut.
v. 4   Et allez donc, gens de la noce!
v. 6   Et comme le jour naît, que tantôt il faudra,
v. 8   Peiner, se resalir dans les labours ingrats,
v. 9   (Allez, allez! gens que vous êtes
v. 10   C'est pas tous les jours, jours de fêtes!)
v. 13   Et le piston tremble un appel vers l'Idéal.

v. 19	Allez! allez! ô cors de chasse,
v. 23	Geignent les cruautés dont le spleen est témoin,
v. 26	Ah! le premier que prit le diabolique accès
v. 28	Sur ce monde enfanté dans l'inconnu lancé!
v. 30	Tu me fais vraiment de la peine!

Laforgue ajoutait, dans le passage de sa lettre à Kahn faisant suite à ce poème : « Pour goûter cette chose, il faudrait chanter les refrains sur un air de cor de chasse que j'ai entendu dans mon enfance en province des piqueurs qui l'après-midi parcouraient la ville [Tarbes], portant en étendard le programme du cirque Anglo-Américain, et aussi écrire le mot mystère en lettres gothiques ou mieux en lettres onciales. »

Les épreuves des *Complaintes* que possède M. Debauve présentent deux autres variantes :

v. 19	Bramez, bramez, ô cors de chasse
v. 23	Saignent leurs rêves niais dont les spleens sont témoins.

Sur l'exemplaire des *Complaintes* offert à sa sœur Marie, Laforgue a noté : *Baden-Baden*, sans indication de date. Mais l'envoi d'un manuscrit de ce poème à Gustave Kahn en 1884 donne à penser qu'il fut composé cette année-là, au cours du séjour que Laforgue fit à Baden en mai et juin.

Page 109   COMPLAINTE DES CLOCHES

Variantes :

v. 11	Crevez, vitraux, soleils saignants!
v. 14	Leurs tuyaux bouchés par l'encens!
v. 15	Oh! il descend! il descend!
v. 19	S'étourdissent en mille gammes
v. 30	Que je t'aime! pour toi-même!
v. 37	Sous ce ciel niais endimanché!
v. 38	Chante à jaillir de ton clocher!
v. 39	Et nous retombe innocent
	Et retombe absolument BÊTE!

Dans l'exemplaire des *Complaintes* annoté par lui pour sa sœur Marie, Laforgue a daté ce poème : *Dimanche, Liége, août 1883*. Il est probable que c'est en se rendant d'Allemagne en France pour y passer ses vacances que Laforgue fit halte à Liège, où il avait peut-être rendez-vous avec l'un ou l'autre des frères Ysaye qui étaient wallons. En tout cas, la mention : *Dimanche, à Liége*, placée en tête de ce poème ne s'accorde guère avec le carillon des cloches en Brabant dont il est question dès la première strophe. Mais peut-être Laforgue croyait-il que la Wallonie est une parcelle du Brabant!

Page 111.   COMPLAINTE DES GRANDS PINS
                 DANS UNE VILLA ABANDONNÉE

Variantes :

v. 3 Mais, nous filtre des monts, là-bas, un œil sacré
v. 9 Le vent toute la nuit n'a pas décoléré.
v. 15 Délayant par ciels bas
v. 16 Qui grimpaient talonnés de noirs *miserere*
v. 27 — qui, consolant des vents les noirs *miserere*
v. 34 Et le voilà qui tout vénérable s'allume!
v. 35   — Oh! quel vent! adieu le sommeil.
v. 38   En plein Bade.

Quoique ce poème porte en épigraphe la mention *À Bade* et que l'atmosphère en soit celle de la station balnéaire rhénane d'où l'automne a fait partir les estivants, Laforgue, dans l'exemplaire des *Complaintes* donné à sa sœur, a fait suivre ses vers d'une note disant : *99 boul. St Michel, Octobre 1883.*

Page 113.   COMPLAINTE
              SUR CERTAINS TEMPS DÉPLACÉS

Variantes :

v. 3 Oh! qui voudrait bien m'écorcher!
v. 5 On se sent le cœur tout nomade,
v. 6 Oh! cingler vers mille Lusiades!
v. 7 Passez, ô fanfarants appels
v. 23 Je rêvais en plein des lagunes
v. 30 En stylite, ce vain Mystère

Page 115. COMPLAINTE DES CONDOLÉANCES AU SOLEIL

On trouvera dans les *Premiers poèmes* de Laforgue (p. 302). une pièce de vingt-quatre vers, *Soleil couchant de juin* au bas duquel figure la mention : *30 juin, Luxembourg* (c'est-à-dire jardin du Luxembourg). Antérieur au départ du poète pour l'Allemagne, ce poème est devenu plus tard, après remaniements et addition, la *Complainte des condoléances au Soleil,* au bas de laquelle sur l'exemplaire des *Complaintes* offert à sa sœur, Laforgue a écrit : *5 rue Berthollet 1881.*

Les épreuves de ce poème dans la version qui l'a changé en « complainte » ont fait connaître les variantes suivantes :

v. 1   Décidément, bien don Quichotte et un peu sale,
v. 4   Rosaces en sang de l'Unique Cathédrale!
v. 10   Ces piteux d'infini, clignant de pauvres yeux,
v. 11   Rhabillent leurs tombeaux, en se cachant du dieu
v. 19   Que nos bateaux sans fleurs râlent vers leurs vieux ciels
v. 28   Rosaces en sang de l'Unique Cathédrale!

Page 117.   COMPLAINTE DE L'OUBLI DES MORTS

Variante :

v. 20   Bien au frais.

Page 119.   COMPLAINTE DU PAUVRE JEUNE HOMME

Variantes :

v. 15   Qu'un piano jouait dans la nuit
v. 17   Frêles gammes,
v. 18   Ensemble, enfants, nous vous jouâmes!
v. 45   Lors, ce jeune homme aux grands ennuis,
v. 46   Lors, ce jeune homme aux grands ennuis,

Sur l'exemplaire des *Complaintes* destiné à sa sœur Marie, Laforgue a mis : *Chevreuse,* au bas de ce poème. Il est souvent allé à Chevreuse, où l'invitait son ami Charles Henry.

Page 122.   COMPLAINTE DE L'ÉPOUX OUTRAGÉ

Variantes :

v. 1   Qu'allais-tu faire à la Mad'leine,
v. 3   Qu'allais-tu faire à la Mad'leine ?
v. 4   — J'allais entendre une neuvaine
v. 6   J'allais entendre une neuvaine.
v. 13   — D'un officier, j'ai vu la figure,
v. 15   D'un officier, j'ai vu la figure.
v. 25   — Les Christs n'ont donc qu'au flanc la plaie,

Comme pour la précédente complainte, Laforgue a ajouté : *Chevreuse,* sur l'exemplaire des *Complaintes* destiné à sa sœur.

Page 124.   COMPLAINTE VARIATIONS SUR LE MOT
             « FALOT, FALOTTE »

Laforgue a daté cette complainte de : *Chevreuse, sept. 1884.* Comme l'a fait remarquer M. J.-L. Debauve (*Laforgue en son temps,* p. 172), cette pièce et la *Grande Complainte de la ville de Paris* font partie des dernières que le poète ait composées pour son premier recueil imprimé.

354

Page 127.   COMPLAINTE DU TEMPS
                ET DE SA COMMÈRE L'ESPACE

Dans l'expédition originale des *Complaintes* le vers 21 de
ce poème dit :

> Quand t'ai fécondée à jamais ? Oh ! ce dut

et le vers 23 :

> Je t'ai, tu nias. Mais où ? Partant, toujours. Extase

Ces deux vers avaient été estropiés par les typographes.
Laforgue écrivit à Léon Vanier, son éditeur, en juillet 1885,
pour lui signaler ces fautes. Il négligea d'en mentionner une
troisième qu'il était facile à tout lecteur de corriger lui-même.
On avait imprimé au vers 31 :

> (Tais-toi si tu ne me peux me prouver à outrance,

Page 129. GRANDE COMPLAINTE DE LA VILLE DE PARIS

Une épreuve incomplète de ce poème en prose a permis à
M. Debauve d'y relever d'assez importantes variantes, classées
ici par alinéas :

§ 3   mais d'elles-mêmes absentes, oui. Ah ! L'Homme [...]
§ 4   spleenuosités, rancœurs omniverselles. [...]
§ 4   tessons, semelles, profilées sur l'horizon des remparts [...]
§ 4   Un chien aboie. Un ballon là-haut [...]
§ 4   Génie au prix de fabrique. Et ces jeunes gens [...]
§ 4   par cigarettes vaines.
§ 6   Des mois, les ans, vers calendréerivores. [...]
§ 6   la canicule aux brises salines des plages faire les toilettes. Puis
          comme nous existons dans l'existence vraie [...]
§ 6   raturant ses Tables des Matières. — O Bilan, va quelconque...

Sur l'exemplaire des *Complaintes* offert à sa sœur, Laforgue
a mis au bas de ce poème : *Rue Madame. Août 1884.* On ne
sait si, au cours du bref séjour qu'il fit à Paris à la fin de l'été
1884, Laforgue fut hébergé rue Madame par un ami. Comme
l'a fait observer M. Debauve (*Laforgue en son temps*, p. 144), il
a fort bien pu loger alors à l'hôtel. Il y en avait un, l'hôtel de
Belzunce, au 61 de la rue Madame, et une maison meublée au
65 de la même rue.

Variantes :

v. 2   Un air divin et voulant que tout s'aime
v. 6   Un tic-tac froid râle en nos poches :
v. 10   Là-haut, s'éparpillent les cloches...
v. 18   Roule à jamais les bons soleils martyrs
v. 19   Fleuve sans digues des nuits du Mystère...
v. 33   Les mondes penseurs volant au Soleil!
v. 36   De leurs parts au gâteau du Temps,
v. 48   Oui, plus d'heure ? fleurir sans âge

Page 135. COMPLAINTE-LITANIES DE MON SACRÉ-CŒUR

Variantes :

v. 6   Se lardent sans répit de baveuses ratures.
v. 18   Qui, me sachant défunt s'obstine à glapir l'heure!

La note inscrite par Laforgue au bas de ce poème sur l'exemplaire des *Complaintes* offert à sa sœur, dit : *5, rue Berthollet, 1881*. Cette date n'a rien d'invraisemblable : Laforgue a rimé d'autres litanies à la même époque, mais nous inclinons à penser que le mot *Complainte* n'a été ajouté que deux ou trois ans plus tard au titre du poème.

Page 137.   COMPLAINTE
       DES DÉBATS MÉLANCOLIQUES ET LITTÉRAIRES

Laforgue ironise en donnant à cette complainte un titre rappelant celui d'un grave quotidien parisien du soir : le *Journal des Débats politiques et littéraires.*

Variantes :

v. 18   J'ai voulu vivre un peu heureux,
v. 23` Je sens des sueurs de faiblesse
v. 39   Là-bas, dans l'or d'un beau septembre,

M. Debauve, qui possède une épreuve de ce poème, signale que son dernier vers (le 42ᵉ) y a été ajouté après coup.

Page 139.   COMPLAINTE
       D'UNE CONVALESCENCE EN MAI

Un premier texte de cette complainte, intitulé *Convalescence,* et qui ne comporte que vingt-huit vers, figure dans le dernier feuillet, vendu séparément, d'une lettre de Laforgue, probablement adressée à Gustave Kahn. Ce feuillet ne se trouvait plus dans le lot de correspondance dont G. Jean-Aubry eut communication, quelques années après la mort de Kahn, pour l'établissement du recueil de lettres de Laforgue : *Lettres à un ami 1880-1886* (Mercure de France, 1941). Il est à peu près certain qu'il avait fait partie d'une lettre envoyée d'Allemagne en mars ou avril 1885. Peut-être constituait-il la fin de la lettre XIX, qui manque au recueil de Jean-Aubry.

Ce feuillet, qui a figuré sous le n° 294 dans le catalogue 50 de la librairie Berès, appartient actuellement à M. Clayeux, qui a eu l'obligeance de nous en laisser prendre copie. En voici la teneur :

voir l'Exposit. Delacroix.
As-tu lu la *Parisienne* de Becque ?
Quel examen as-tu donc à passer en Juillet ?
À ton âge, encore ? fi !
À la dernière heure je t'envoie des vers : tout frais de mise au net, mais thème de Paris, d'antan.

Convalescence

Convalescence au lit, ancré de courbatures,
Je m'égare aux dessins bleus de ma couverture.

Las de reconstituer dans l'art du jour baissant
Cette dame d'en face auscultant les passants.

(Si la mort de son van avait chosé mon être,
En serait-elle moins ce soir à sa fenêtre ?)

Ah ! que de soirs de mai pareils à celui-ci !
Que la vie est égale et le cœur endurci !

Je me sens fou d'un tas de petites misères !
Mais maintenant je sais ce qu'il me reste à faire.

Qui n'a jamais rêvé ? Je voudrais le savoir !
Elle[s] vous sourient avec âme, et puis bonsoir.

Ni vu, ni connu ! Et les voilà qui rebrodent
L'ingénu canevas de leur âme à la mode.

Fraîches à tous, et puis réservant leur air sec
Pour les Christs déclassés et autres gens suspects !

357

N'est-ce pas que je sais ce qu'il me reste à faire,
Mon cœur mort pétri d'aromates littéraires,

Et toi cerveau confit dans l'alcool de l'orgeuil [*sic*]
Et qu'il faut procéder d'abord par demi-deuils ?

Primo : mes grandes angoisses métaphysiques
Sont passées à l'état de chagrins domestiques.

Deux ou trois spleens locaux.... Ah! pitié! voyager
Du moins, pendant un an ou deux à l'étranger!

Plonger mon front dans l'eau des mers, aux matinées
Torrides; m'en aller à petites journées...

— Voici l'œuf à la coque et la lampe du soir.
— Convalescence bien folle! comme on peut voir;

Prends la chose en passant, — et envoie-moi des tiens. Tu en as quantité. Si ça t'ennuie de recopier, envoie l'original, ça ne se perdra pas. — Henry a-t-il reçu une lettre de moi? Je vois que je ne saurai rien de lui qu'en y allant voir.

Je te conseille, toi qui as raté d'Albert d'aller entendre Bulow au piano. (J'ai entendu d'Albert hier.)

Au revoir
                Ton Laforgue

Cette « mise au net » était loin d'être définitive, puisque dans *Les Complaintes*, la *Complainte d'une convalescence en mai* compte six distiques de plus que le texte adressé à Kahn.

M. Debauve possède l'épreuve de ce poème soumise à Laforgue avant la publication des *Complaintes*. Les variantes qu'elle révèle proviennent donc d'une version située chronologiquement entre le texte reproduit plus haut et le texte définitif. Par rapport à celui-ci, ces variantes sont les suivantes :

v. 14   Mais maintenant, je sais ce qui me reste à faire.
v. 22   Que me serait un baiser sur la bouche ferme!
v. 25   N'est-ce pas que je sais ce qu'il me reste à faire.
v. 27   Et vous, cerveau confit dans l'alcool de l'orgueil!
v. 35   Compter les clochers et m'asseoir ayant très chaud.

Ce poème est daté : *Coblentz, 1884* sur l'exemplaire des *Complaintes* offert à Marie Laforgue par son frère.

Ajoutons que d'Albert et Bulow, nommés par Laforgue dans sa lettre à Gustave Kahn, étaient des musiciens connus et appréciés.

Cette complainte portait en épigraphe cette citation, que Laforgue a supprimée avant le tirage de son recueil :

> Aimez, et laissez faire le reste.
>
> SAINT AUGUSTIN

Variantes :

v. 5   Déguster, en menant les rites sexciproques
v. 10   Pour l'art, sans espérer leur *ut,* l'hostie ultime.
v. 11   Ne crois pas que l'hostie où dort ton paradis
v. 41   Au jour, jetez la sonde, ou plongez sous la cloche;
v. 46   Et les métaux défiant notre spectroscope;
v. 49   D'autres reviennent chargés des butins génitoires
v. 50   Et font un feu d'enfer dans leurs laboratoires!
v. 59   C'est l'amour libre, et l'art mort aux solutions,
v. 66   Lévite félin aux riches ronrons lyriques,
v. 69   Sans colère, rire, ou pathos, d'un timbre pâle
v. 70   Aux spleenuosités des pompes argutiales,
v. 71   Sans rites empruntés, car c'est bien malséant,
v. 74   Mais blancs ou deuils et calices qu'un rien parfume
v. 84   — Mais *son* cercueil sera *sa* mort! et cœtera...
v. 85   Assez; ceci suffit. Va, que ta seule étude
v. 86   Soit de vivre sans but, tout en mansuétude.

Page 145.   COMPLAINTE DES COMPLAINTES

Laforgue a supprimé avant le tirage de son recueil l'épi-graphe qu'il avait mise à cette complainte :

> Ah! songe qu'aucun but ne vaut aucun effort!
>
> PAUL BOURGET

Variante :

v. 13   Les lys ultimes de la foi,

AUTRES COMPLAINTES

Aucune des quatre pièces que nous avons rassemblées sous cette rubrique n'a été imprimée du vivant de l'auteur. Sauf la première, elles ont dû être composées à la même époque que les *Complaintes* éditées chez Vanier. Pourquoi Laforgue les a-t-il écartées de son livre ? L'explication est simple pour deux d'entre elles.

La *Complainte des journées*, écrite vraisemblablement bien avant que Laforgue eût eu l'idée de s'exprimer avec ironie sur des rythmes de ponts-neufs et de ritournelles, aurait nettement détonné dans le recueil de 1885. Quant à *La Complainte des montres*, le poète en ayant incorporé les éléments à sa *Complainte des Mounis du Mont-Martre*, il était normal qu'il s'abstînt de la mettre au jour.

Pour ce qui est des deux autres complaintes, force nous est d'avouer que les motifs de l'ostracisme qui les a frappées nous échappent.

Page 149.   COMPLAINTE DES JOURNÉES

Parue dans le n° 2 de la revue *Bételgeuse*, été 1966. Un seul manuscrit.

Il s'agit là d'une pièce vraisemblablement antérieure aux poèmes que Laforgue a rassemblés dans *Les Complaintes*. En 1879 et 1880, Laforgue, âgé de dix-neuf ou vingt ans, assistait volontiers aux soirées que les Hydropathes, futurs familiers du Chat Noir, organisaient dans des cafés du quartier Latin. Les monologues à la fois ironiques et burlesques de Charles Cros figuraient couramment au programme de ces soirées, récités soit par l'auteur, soit par le comédien Galipaux. Les indications scéniques dont s'accompagne la *Complainte des journées* donnent à penser que Laforgue caressa un instant l'espoir de voir interpréter en public des monologues de sa composition.

Variantes :

Dans l'indication scénique du début :   et commence, très-résigné.

v. 2   J'ai très-spontanément couvert mon pauvre corps
v. 13   Des bêtes
v. 24   Et je donnais parfois des médailles susdites.
v. 27   J'ai appris divers faits dont j'ai compris les causes !
v. 29   De tout ordre, avec un air parfaitement sûr.
v. 33   Puis des messieurs prudents, là m'ont renouvelé
v. 36   Maintenant, je me suis dévêtu, puis subtil
v. 37   Remis entre mes draps. — Que de choses ! j'y rêve...
v. 39   N'est-ce pas ? Alors, quoi ? quoi ? rien — Ainsi soit-il ! !

Dans l'indication scénique finale :   il couve l'auditoire de ses yeux mélancoliques [...]

Page 151.   COMPLAINTE DE L'ORGANISTE
DE NOTRE-DAME DE NICE

Publiée pour la première fois dans le tome II des *Œuvres complètes* de Laforgue (Mercure de France, 1903).

Page 153.   COMPLAINTE DU LIBRE ARBITRE

Publiée pour la première fois dans le journal *La Cravache parisienne*, 26 mai 1888, et recueillie dans le tome II de l'édition des *Œuvres complètes* établie par G. Jean-Aubry, Mercure de France, 1922.

Un manuscrit de ce poème, signé J. L., a pour titre : *Complainte sur le libre arbitre.*

Variantes :

v. 3   Venez ça; êtes-vous fatalist'?
v. 4   Pourriez-vous me concilier un peu
v. 6   Si tout c' qui s'fait est prévu de Dieu?
v. 7   Et voici que Jésus,
v. 11 « Un cœur que l' malheur amuse,

Page 155.   LA COMPLAINTE DES MONTRES

Publiée pour la première fois dans la revue *Entretiens politiques et littéraires*, octobre 1892, et recueillie dans le tome II de l'édition des *Œuvres complètes*, établie par G. Jean-Aubry (Mercure de France, 1922). C'est une première version de la *Complainte des Mounis du Mont-Martre.*

Variantes :

v. 4   Le cœur sacré d'or revêtu.
v. 19 Toute maison m'a par dizaines,
v. 29 Et puis le soir
v. 41 Triturant chaque heure en secondes
v. 43 De leur part au gâteau du temps
v. 49 Hein? plus d'heures? n'avoir pas d'âge?
v. 52 D'un vague éternel aujourd'hui?

PREMIERS POÈMES

Nous nous sommes demandé s'il ne convenait pas de distribuer en plusieurs catégories les poèmes écrits par Laforgue avant *Les Complaintes*, ou en même temps que *Les Complaintes*.

On eût pu, en effet, ranger séparément les vers qu'il donna à dix-neuf ans à deux petits journaux toulousains : *L'Enfer* et *La Guêpe*, les poèmes dans lesquels, en 1880 et 1881, s'exprimait son angoisse métaphysique, et ceux qui, composés en 1884 ou 1885, différaient trop des *Complaintes* pour prendre place à côté d'elles.

Nous avons renoncé à ces répartitions, de peur de tomber dans l'arbitraire en traçant des limites dans la production du poète. Rien, jusqu'à présent, ne permet d'affirmer qu'au temps où Laforgue adressait des vers faciles et des chroniques parisiennes à ses amis de Toulouse, il ne lui arrivait pas de s'aventurer déjà « dans le Cosmique ». Un des poèmes de *La Guêpe* ne porte-t-il pas en épigraphe une exclamation de Hamlet ?

Ceux de ses poèmes que Laforgue a qualifiés de « poèmes philo » sont nombreux. Il caressa le projet de les réunir, ou du moins d'en réunir les mieux venus dans un recueil intitulé *Le Sanglot de la Terre*, mais il tirait alors le diable par la queue et ne pouvait donc s'offrir le plaisir d'être édité. Quand son emploi à la cour de Berlin lui eut procuré un peu d'argent, il laissa de côté cette masse de vers, mais n'en détruisit pas un seul feuillet, car s'il en discernait enfin les défauts et les faiblesses, il continuait à se reconnaître en eux. *Les Complaintes* n'impliquent aucun reniement. Elles sont nées d'un souci de respect humain. Laforgue a recouru à elles pour étouffer « le sanglot de la terre ».

Nous avons placé à la fin de ses *Premiers poèmes* quelques pièces *(Nuage, Solutions d'automne, La petite infanticide)* qui peuvent être contemporaines des *Complaintes*, voire légèrement postérieures à celles-ci. Leur facture semble prouver qu'elles sont en tout cas d'une autre saison que les « poèmes philo », encore que Laforgue se soit montré capable de fournir à un journal les vers pimpants d'une *Ballade de retour* à un moment où la lecture de Schopenhauer constituait sa principale nourriture.

Page 161.   LA CHANSON DES MORTS

Parue d'abord dans le journal *L'Enfer*, à Toulouse, le 1ᵉʳ août 1879, où elle est signée Ouraphle. Reproduite dans la *Revue des Sciences humaines*, octobre-décembre 1953.

C'est dans deux petits journaux toulousains, *L'Enfer* et *La*

Guêpe, que furent imprimés pour la première fois des textes de Laforgue. Ces deux feuilles comptaient parmi leurs dirigeants des jeunes gens avec qui Laforgue avait lié connaissance quelques années plus tôt au lycée de Tarbes. On ne s'explique guère le choix de la signature qui accompagnait *La Chanson des morts*, présentée comme le fragment d'un poème dont nous ne savons rien de plus. Un autre texte de Laforgue, en prose celui-là, publié dans le même numéro de journal, y est signé *Ouralphe*, c'est-à-dire du même pseudonyme, ou presque.

Peut-être une recherche anagrammatique est-elle à l'origine de ces noms bizarres : Ouraphle et Ouralphe. Si l'on considère en effet que leur *ph* équivaut à la lettre *f* du nom de Laforgue, on retrouve toutes les lettres de ce nom dans les deux pseudonymes, à l'exception toutefois du *g*. M. Jean-Louis Debauve, dans l'édition qu'il a établie des productions de Laforgue adolescent (*Les Pages de la Guêpe*, A. G. Nizet, 1970), dit avoir vainement cherché le mot *Ouraphle* dans les dictionnaires anciens ou modernes, et ajoute . « Dans Joinville il y a un vocable analogue : *Orafle* pour désigner une girafe. C'est peut-être un sobriquet de collège, mais on voit mal comment l'appliquer à Laforgue. »

Notons, en passant, que la facture de *La Chanson des morts* dénote, chez Laforgue débutant, l'influence de tours prosodiques familiers à Hugo.

Page 165.   IDYLLE

Paru deux fois dans le journal toulousain, *La Guêpe* : d'abord le 3 juillet 1879, puis, signé Ouraphle, le 27 avril 1884. La *Revue des Sciences humaines*, dans son numéro d'octobre 1953, a reproduit le texte de 1884. Celui de 1879 comporte les variantes suivantes, dont la première n'est due sans doute qu'à une faute d'impression :

v.   1   Il est minuit. — Ils sont là, sous les grands marronniers.
v.   2   Dumanet, caporal dans les carabiniers
v. 13   Justine et Dumanet, l'un près de l'autre assis
v. 20   Du clair de lune pâle et de la nuit sereine (!)

Dumanet, dont le nom figure au quatrième vers, était depuis les dernières années du Second Empire un type populaire de troupier ridicule. Le dessinateur Humbert en avait fait un des personnages habituels de sa publication satirique : *La Lanterne de Boquillon.* Rimbaud moque également Dumanet dans un sonnet composé en octobre 1870 : *L'éclatante victoire de Sarrebrück.*

Page 166.   LA FEMME EST UNE MALADE

Paru dans le journal *La Guêpe*, Toulouse, 24 juillet 1879. La Bibliothèque royale de Belgique possède un manuscrit autographe de ce poème, au bas duquel Laforgue a mentionné le titre et la date du journal qui l'avait publié.

La Femme, de Michelet, publié en 1859, était encore un ouvrage très commenté vingt ans plus tard. L'allusion qu'y fait Laforgue n'est certainement pas exempte d'ironie. Proudhon s'était montré plus sarcastique en écrivant vingt ans plus tôt à un de ses amis : « J'ai aperçu le nouveau volume de Michelet : *La Femme.* Encore quelque saleté : une suite à *L'Oiseau,* à *L'Insecte,* à *L'Amour.* Décidément, cet excellent Michelet s'en va en f..terie de pauvre, comme on dit chez nous. Il couche trop avec sa jeune femme... »

Page 168.   EXCUSE MACABRE

Paru d'abord dans l'hebdomadaire toulousain *La Guêpe,* 17 juillet 1879, puis dans la revue *La Connaissance,* juin 1921. Publié en 1922 par G. Jean-Aubry dans le tome II de son édition des *Œuvres complètes* de Laforgue, suivi d'une date inexacte.

Le texte de la revue *La Connaissance* présente deux variantes, qui ne résultent sans doute que d'une transcription fautive :

v. 3   Je le savoure assez, chaque jour, Dieu merci,
v. 23   Un crâne..., je puis bien le vendre, n'est-ce pas.

À quatorze ans, à Tarbes, Laforgue s'était épris d'une Marguerite, pour qui, a-t-il dit plus tard dans une lettre à son ami Charles Henry, « je faisais des vers d'une facture très audacieuse pour mon âge ». Il est peu probable que cette Marguerite bigourdane ait quelque rapport avec la Margaretha de 1879. Tout porte d'ailleurs à croire que celle-ci n'est issue que des rêveries de Laforgue sur des thèmes shakespeariens.

Page 170.   *Impassible en ses lois...*

Fragments de poème publiés pour la première fois dans les *Poésies complètes* de Laforgue (Livre de poche, 1970). À gauche des vers 1, 9 et 33, le manuscrit comporte, en marge, une suite de points. La signification que ces repères avaient pour le poète nous échappe. L'indication de date et de lieu a été ajoutée après coup; elle est d'une encre plus pâle, d'une écriture plus petite et d'une plume plus légère. Un long trait de plume sépare du reste de la page la strophe commençant par : *Leur âge nous confond !*

La galerie d'Orléans, mentionnée au bas du poème, est une des galeries du Palais-Royal. En 1879, ces galeries étaient déjà assez peu fréquentées le dimanche, et il n'est pas étonnant que Laforgue s'y soit réfugié un moment pour griffonner des vers. Plus surprenante en revanche est la précision complémentaire qu'il donne : « En sortant de la rue Colbert. » Cette rue, sur son côté impair, longe la Bibliothèque nationale, et sur son côté pair n'offre ni restaurant, ni café, ni magasin où s'attarder. Le seul établissement ouvert autrefois au public rue Colbert se trouvait au n° 8. C'était une « maison de société », moins huppée que le Chabanais ou le Hanovre, mais dont les clients devaient cependant être plus capables de dépense que le jeune et pauvre poète.

Page 172.   AU LIEU DE SONGER
À SE CRÉER UNE POSITION

Paru dans le journal toulousain *La Guêpe*, 21 août 1879, et reproduit dans la *Revue des Sciences humaines*, octobre-décembre 1953, ce poème a été recueilli par M. Sergio Cigada dans l'édition de Laforgue qu'il a publiée à Rome, en français, mais avec des notes en italien : *Poesie complete*, Edizioni dell' Ateneo, 1966, t. II.

Depuis Baudelaire, le thème de l'évasion était un poncif, auquel Laforgue débutant ne pouvait donner l'attrait du neuf. Son exclamation : « Ramper! toujours ramper! Voir des notaires », banalise celle du clown de Banville demandant à son tremplin de le faire bondir

> Si haut que je ne puisse voir
> Avec leur cruel habit noir
> Ces épiciers et ces notaires!

Page 174.   INTÉRIEUR

Paru dans le journal toulousain *La Guêpe*, 4 septembre 1879, reproduit dans la *Revue des Sciences humaines*, octobre-décembre 1953, et recueilli, comme le poème précédent, dans l'édition Cigada.

La Bibliothèque royale de Belgique, à Bruxelles, possède un manuscrit de ce poème.

Variantes :

v. 1   On vient de se lever. — Les sueurs de la nuit
v. 3   L'homme prend dans un coin son bain de pieds sans bruit
v. 4   Sa femme en cheveux, hume un bas qu'elle ravaude
v. 5   Tandis qu'assis par terre — ouh! le vilain méchant! —
v. 6   Toto sauçant du poing un vieux débris d'écuelle
v. 7   Geint, piaille, renifle, et tout en pleurnichant

Exercice de style inspiré des « faux Coppées » auxquels les Zutistes s'étaient amusés en 1871 et que Charles Cros, Germain Nouveau, Nina de Villard et quelques autres parodistes avaient remis à la mode en faisant paraître en 1876 un recueil collectif de *Dixains réalistes*.

Page 175.   INTÉRIEUR

Publié pour la première fois dans les *Poésies complètes* (Livre de Poche, 1970) d'après le manuscrit qu'en possède la Bibliothèque royale de Belgique.

Page 176.   LES HUMBLES

Publié pour la première fois dans les *Poésies complètes* (Livre de Poche, 1970). d'après le manuscrit, apparemment incomplet, qu'en possède la Bibliothèque royale de Belgique.

Son titre en souligne le caractère parodique.

En 1872, Coppée avait publié chez Lemerre un recueil de poésies intitulé *Les Humbles*.

Page 177.   CE QU'AIME LE GROS FRITZ

Publié dans le journal toulousain *La Guêpe*, 11 septembre 1879.

Rappelons qu'au lendemain de la guerre de 1870, la rumeur publique accusait les Prussiens d'avoir volé de nombreuses pendules en France dans les maisons dont les habitants s'étaient enfuis au moment de l'invasion.

Page 178.   ÉPICURÉISME

Paru dans le journal toulousain *La Guêpe*, 18 septembre

1879, reproduit dans la *Revue des Sciences humaines,* octobre-décembre 1953, et recueilli dans l'édition Cigada.

Page 180. INTÉRIEUR

Publié dans le journal toulousain *La Guêpe,* 2 octobre 1879.

Page 181. MÉMENTO

Publié pour la première fois dans les *Poésies complètes* (Livre de Poche, 1970). Manuscrit signé : *Jules Laforgue, Mouni.* On sait que les Mounis étaient des ascètes hindous et qu'une des *Complaintes* de Laforgue s'intitule *Complainte des Mounis du Mont-Martre.* En marge de ce sonnet, en haut et à gauche, figurent sur le manuscrit ces mots d'une lecture incertaine : *Les œuvres de F. Rio* (ou peut-être : *Rive*). La ligne de dédicace a été biffée. Dans la marge droite, et en oblique : *à charge de retour.* La date a été modifiée; il y avait d'abord 28 au lieu de 27. L'usure des bords du feuillet a fait disparaître les deux derniers chiffres de l'année.

Variantes :

v. 1   Depuis les temps lointains, depuis l'Éternité,
v. 3   Enchevêtrant sans but ses   vagabondes,

Le mot manquant a été surchargé de telle sorte qu'on ne déchiffre ni la première ni la seconde leçon.

La première leçon du vers 4 est indéchiffrable, sauf :

le Vide illimité.
v. 11   Râle un globe gelé. C'est toi, ma pauvre Terre!
v. 14   Va, perds-toi, bloc sublime en cendres anonymes!

Au vers 5, Laforgue a écrit : *solemnité,* et au dernier vers : *Dissouds-toi.*

Page 182. SOLEIL COUCHANT

Deux poèmes de Laforgue portant ce titre ont paru dans le journal toulousain *La Guêpe* en 1879. Celui qui commence par :

L'astre calme descend vers l'horizon en feu

figure dans le numéro du 12 octobre 1879.

Page 183. SOLEIL COUCHANT

Le poème dont le premier vers dit :

Le soleil s'est couché, cocarde de l'azur

a paru dans le journal toulousain *La Guêpe*, le 26 octobre 1879.
Son texte imprimé n'est pas exempt de fautes. Au quatrième
vers, on lit dans *La Guêpe : De son nombril spameux.* On eût
pu se demander vainement la signification de l'adjectif *spameux*.
M. Christian Larrivaud, qui ne connaissait pas le texte de *La
Guêpe*, nous a communiqué une copie du même poème, prise
autrefois sur un manuscrit de Laforgue appartenant à un
ancien habitué des soirées des Hydropathes, le poète et essayiste
Jules Mahy, dont le nom figura plusieurs fois au sommaire
de la revue *La Jeune France*, en 1878 et 1879.

Grâce à cette copie, nous avons pu voir que le mot *spameux*
était fautif. Au demeurant, le texte que nous a procuré M. Lar-
rivaud étant meilleur que celui de *La Guêpe*, c'est ce texte que
nous avons retenu pour notre édition. Les variantes indiquées
ci-dessous sont celles que présente le poème dans sa version
imprimée d'octobre 1879 :

v. 2   C'est l'heure où le fellah près de la fellahine,
v. 7   Tout ivre de printemps, le poux [*sic*] siffle un refrain,
v. 8   Plus content que le roi de toutes les Castilles;
v. 10   Songe à la vanité sombre de toutes choses,
v. 12   Sur une patte, auprès, rêvent des flamants roses.
v. 16   Les souffles d'air chargés d'effluves capiteuses.
v. 17   Cependant qu'à Paris, tout en prenant le thé,
v. 18   À sa fenêtre ouverte, un gros propriétaire,
v. 19   Repu, rit du bohême au jabot non lesté,

Page 184.   *On les voit chaque jour...*

Poème sans titre paru dans le journal toulousain *La Guêpe*,
16 novembre 1879.

Laforgue a transcrit de mémoire l'épigraphe tirée de Cham-
fort. Pour être exact, il eût fallu mettre : « La société est com-
posée de deux grandes classes : ceux qui ont plus de dînés que
d'appétit, et ceux qui ont plus d'appétit que de dînés. »

Page 185.   NOËL SCEPTIQUE

Publié pour la première fois dans le tome II des *Œuvres
complètes* de Laforgue (Mercure de France, 1903).

Un manuscrit du même poème, intitulé simplement *Noël*,
présente les variantes suivantes :

v. 2   Sur mon livre sans foi j'ai déposé ma plume.
v. 3   — O souvenirs ! chantez, tout mon orgueil s'enfuit,

v. 5   Toutes ces voix chantant aux cieux Noël! Noël!
v. 6   M'apportent du lieu Saint qui là-bas s'illumine,
v. 7   Un si tendre et si doux reproche maternel
v. 8   Que mon cœur doucement se fond dans ma poitrine.
v. 9   Et j'écoute longtemps les cloches dans la nuit,
v. 10 Semblable au paria, loin de la foule humaine,
v. 11 À qui le vent apporte, en son pauvre réduit,

Un autre manuscrit, ayant pour titre *Noël solitaire*, offre à peu près le même texte que le manuscrit intitulé *Noël*. On y relève cependant de légères différences :

v. 3   O Souvenirs! chantez! tout mon orgueil s'enfuit,
v. 5   Ah! Dieu, ces voix chantant aux cieux Noël! Noël!
v. 10 Je suis le paria, loin de la foule humaine,
v. 11 À qui le vent apporte en mon pauvre réduit

Le manuscrit de *Noël solitaire* est daté de : Novembre 1879.

Page 186.   *Ô gouffre aspire-moi!...*

Publié pour la première fois dans les *Poésies complètes* (Livre de Poche, 1970). Dans le manuscrit, la date de Noël 1879 surcharge la date de Juin 1880.

Variantes :

v. 1   Tout est fini, prends-moi! Néant, repos divin
v. 3   Les heures lentement s'écouler goutte à goutte
       Les heures s'écouler lentement goutte à goutte
       Les heures de mes nuits qui tombent goutte à goutte
v. 4   Quand pourrai-je ô Néant me fondre dans ton sein ?
       Grand oubli, laisse-moi me fondre dans ton sein.

Page 187.   *Certes, ce siècle est grand...*

Publié pour la première fois dans les *Poésies complètes* (Livre de Poche, 1970). Le manuscrit présente les variantes suivantes :

v. 7   Un fil nerveux jeté
v. 15 Les trains et les vapeurs hurlent mangeant les lieues,
v. 21 Et pourtant nous pleurons! Nous pleurons, et la Terre
v. 22 Se meurt de se voir seule ainsi dans l'Infini,
v. 23 Et renonçant à tout depuis qu'elle est sans Père
v. 24 Hurle éternellement *lamasabacktani.*
       N'a plus qu'un mot
v. 28 Et quel but à sa vie, hélas! s'il ne croit plus ?
v. 29 Ne valait-il pas mieux lui laisser l'esclavage,
       O Christ, n'est-ce pas, dis, mieux valait l'esclavage,
v. 30 Les terreurs, l'ignorance et la peste et la faim,
       La lèpre, les terreurs et la mort sans linceul,
v. 31 Sous le ciel bas et lourd du sombre Moyen-âge.
       Sous le ciel sans espoir

v. 32   Avec l'espoir dernier de l'Aurore sans fin ?
        Avec l'espoir au moins
v. 33   Ah ! qu'est-ce que la vie et ses douleurs sacrées,
v. 36   Les âmes se fondront de douleur et d'amour!
        Les êtres pleureront

En marge du dernier quatrain, Laforgue a noté, d'une écriture minuscule : *pas écrit*, d'où l'on peut inférer qu'il se proposait de remanier ces vers.

Au vers 12, il a écrit étourdiment : *fournaux*.

Page 189.   JUSTICE

Publié pour la première fois dans les *Poésies complètes* (Livre de Poche, 1970). Il existe deux manuscrits de ce poème, datés l'un et l'autre du 29 mars 1880. Ni l'un ni l'autre ne sont des manuscrits de premier jet. Un détail prouve d'ailleurs que l'un d'eux est un texte recopié. Laforgue, ayant écrit au troisième vers de la huitième strophe : *Réponds-moi, car tu tiens, tu tiens encor ma vie*, s'est aperçu aussitôt qu'il venait de sauter un de ses alexandrins et a biffé celui qui ne se trouvait pas à sa place pour le récrire ensuite où il convenait. Le sous-titre (ou l'épigraphe) du même manuscrit comportait d'abord un lapsus : *De profundis ad te*. Laforgue a surchargé *ad te* et écrit : *clamavi ad te...* Les fantaisies orthographiques ne manquent pas : vers 7, *aux loins ;* vers 17, *retrouvai* (au lieu de l'imparfait); vers 30 : *n'arrachent* (il faudrait le singulier); vers 68, *affollées*.

Variantes :

v. 32   Le concert désolé des douleurs de l'Histoire
v. 39   Grattant sa chair pourrie avec un vieux tesson,
v. 48   Dans le calme néant tu n'as plus qu'à rentrer.
v. 60   De ce drame divin qui fut l'humanité ?

Page 192.   *Oh ! je sais qu'en ce siècle...*

Publié pour la première fois dans les *Poésies complètes* (Livre de Poche, 1970). Le manuscrit comporte trente-quatre vers sans intervalles, après lesquels Laforgue a tiré un trait, détachant nettement le dernier quatrain des vers qui le précèdent. Le vers 28 est resté inachevé.

Variantes :

v. 10   Devrait scruter loin de tout bruit
v. 11   Les sphères d'or vaguant dans l'éternel silence

Inattentif à l'orthographe, Laforgue a écrit, au vers 11, *vagant*, et au vers 16, *égoût*. Plus distrait que jamais, il a même commis au vers 36 un lapsus que le sens et la rime permettent heureusement de corriger : Puisque rien ne peut *t'émoire*.

Page 194. AU LIEU DES « DERNIERS SACREMENTS »

Publié pour la première fois dans les *Poésies complètes* (Livre de Poche, 1970). On n'a pas la fin de ce poème dont les trente-trois premiers vers couvrent entièrement le recto d'un feuillet. Laforgue y a commis, par négligence, quelques fautes d'ortho-graphe. Il écrit au vers 2 : *froit de loup ;* au vers 3 : *phtysique ;* au vers 19 : *nuit folles*. Le vers 15 compte trois pieds de trop.

Variantes :

v. 11 Pour m'achever, sais-tu,... je voudrais qu'un vampire
v. 12   Qui de

Page 196.   LE SPHINX

Publié pour la première fois dans les *Poésies complètes* (Livre de Poche, 1970). Il existe deux manuscrits de ce poème proba-blement inachevé, puisque chacun de ces manuscrits comporte *in fine* le chiffre III, que ne suit aucun texte.

Variantes :

v. 1   Aux dunes du désert, à l'heure où l'azur morne
v. 3   Les yeux sur l'horizon muet, vaste et sans borne,
v. 5   À ses pieds, devant lui, mourant comme une houle,
v. 9   Puis ce peuple n'est plus. Le soleil écarlate
v. 11   Et l'haleine du soir, tiède et délicate
v. 15   Et jusqu'à ce jour rien encor n'a pu distraire
v. 17   Rien! ni Memphis, ni This, ni Thèbe aux cent pylônes
v. 20   Et regardant, soucieux,
        Regardant, soucieux, s'élever leurs tombeaux.
        Et contempl
v. 23   Ni les lépreux
v. 26   Dont l'épaule saignant sous les fouets de cuir
v. 28   Et qu'on broyait, hurlants, s'ils essayaient de fuir.
v. 35   Vient, au bruit de ses pas, dans tes grands hypogées
v. 36   Que tu semblais garder, éveiller les échos,
v. 42   Toi, Sphinx de granit, rien n'a remué dans tes flancs,

Dans les deux manuscrits, Laforgue a griffonné, en marge des derniers quatrains, et perpendiculairement à ceux-ci, des vers qui sont restés à l'état de brouillon :

        Tout a passé...   extases solennelles,
        Vertus, crimes, sanglots, peu[p]les, tout a passé

Comme ce flot mouvant d'éphémères fourmis
Sans troubler un instant dans tes vastes prunelles
De la méditation inconnue où tu vis.

Et tout cela pas plus qu'un troupeau de [*mot illisible*]
Pas plus que ce flot noir d'éphémères
Un instant n'a troublé...

Certains vers de ce brouillon ont reçu des corrections qui les changent ainsi :

v. 4 Un instant n'a troublé dans tes vastes prunelles
v. 5 La méditation éternelle où tu vis.

Le mot qui manque au vers 33 est resté en blanc dans les deux manuscrits.

En vue de corrections qu'il n'a pas faites, Laforgue a noté, en marge du vers 2 : *s'écrier de, se pâmer de.*

Orthographe fautive au vers 12 : *Disperce* (dans les deux manuscrits); au vers 23 : *les lépreux maudit* (dans un des deux manuscrits); au vers 30 : *les clairons d'airains* (dans les deux manuscrits).

Page 198.   APOTHÉOSE

Publié pour la première fois dans les *Poésies complètes* (Livre de Poche, 1970). Le manuscrit ne comporte pas le chiffre 1 au début du poème, chiffre qui s'impose pourtant puisque ce poème se divise en deux parties.

Variantes :

v. 9 Et partout les vitraux ruisselaient de joyaux :
       Et partout des vitraux ruisselaient des joyaux :
v. 11 Émeraudes, rubis, palpitant éblouis
v. 15 Je reconnus, pareil à l'Ostensoir vermeil
v. 16   Que le prêtre expose,
v. 27 L'Orgue tremblant ses longs appels, roulant
v. 29 Tout chantait en chœur, vers mon si triste cœur,
       Tout psalmodiait
v. 33 Oh! lorsqu'au dehors, long sanglot des morts,
       Oh! lorsqu'au dehors, triste appel des morts,
v. 34   Se lamente la bise,
v. 35 Oubliant Paris, ses plaisirs, ses cris,
       Oubliant Paris, ses fureurs, ses cris,
v. 41 Dans l'encens brumeux, tremblent mille feux,
v. 42   Où triste, une Madone

Dans une lettre à Charles Henry, reproduite dans le tome IV des *Œuvres complètes* de Laforgue (Mercure de France, 1925), lettre adressée de Berlin et que G. Jean-Aubry date du 30 décembre 1881, le poète, parmi des vers de Baudelaire et de Heine, a glissé ceux-ci, qui sont de lui et qui semblent provenir d'un texte, encore ignoré, d'*Apothéose*. Ils ont en effet la même coupe que les vers d'*Apothéose*, ils font entendre les mêmes accents et ils comportent, eux aussi, des rimes intérieures. Laforgue, dans sa lettre, les fait précéder des mots : *Mon cœur, prière (suite)*. Peut-être une seconde version d'*Apothéose* s'est-elle intitulée *Mon cœur*.

> Qu'il fasse tout pur, à travers l'azur,
> Et, mordu d'un cilice,
> Qu'il marche vers Vous, déchiré de tous,
> Et brûle et resplendisse,
> Au seuil des grands cieux, dans un radieux
> Écroulement de roses,
> Ardent reposoir où monte, le soir,
> L'encens triste des choses...

Page 200.   DÉSOLATION

Publié pour la première fois dans les *Poésies complètes* (Livre de Poche, 1970). Manuscrit peu raturé. La correction modifiant le dernier vers est à l'encre rouge, que Laforgue n'a guère utilisée que dans des manuscrits postérieurs à son retour d'Allemagne.

Variantes :

v. 1   Vertiges solennels! musiques infinies!
v. 2   Mon cœur se fond d'amour et saigne de douceur,
        Mon cœur se fond d'amour en saignant de douceur,
v. 19   L'amour de tous les cœurs dans mon cœur se résout,
v. 35   Autrement je sens un remord...

Laforgue, dans son premier texte du vers 35, a écrit *remord*. Il n'est pas sûr que ce fût pour éviter une terminaison apparemment plurielle.

Page 202. DERNIERS SOUPIRS D'UN PARNASSIEN

Publié pour la première fois dans les *Poésies complètes* (Livre de Poche, 1970). Il existe deux manuscrits de ce poème, portant l'un et l'autre en tête le chiffre 1, quoique ni l'un ni l'autre ne comportent de seconde partie. Tous deux sont datés du 21 avril 1880, mais il en est un où Laforgue a poussé la précision jusqu'à dire : *Bib. Ste Genev. (Soir) 21 avril 1880*. Le titre a été raturé sur l'un comme sur l'autre. On déchiffre difficilement,

373

sous les traits de plume, les mots *Derniers soupirs d'un parnassien sans Dieux*. Encore la lecture des mots *sans Dieux* est-elle conjecturale. Le manuscrit daté du soir s'intitule *Dernier soupir d'un parnassien*, au singulier, mais le ou les mots qui suivaient sont absolument illisibles sous les ratures.

Variantes :

v.	1	Klop. Klip. Klop. Klop. Klip. Klop.
v.	2	Égrenant dans
v.	6	Sur des flots de velours roule dans l'infini.
		Sur des flots de velours glisse par l'infini.
v.	12	Les sphères d'or en chœur circulent vagabondes.
		Se déroulent en chœur les sphères vagabondes.
v.	15	Les strophes en mon sein déjà battent de l'aile
		Les strophes en mon sein déjà battent des ailes...
v.	18	Me roule dans les plis de son gouffre mouvant,
v.	19	Je me fonds doucement... Je suis mort, et je doute

Page 203.   INTERMEZZO

Publié pour la première fois dans les *Poésies complètes* (Livre de Poche, 1970). Il existe deux manuscrits de ce poème. Sur chacun, le titre *Intermezzo* est précédé d'une abréviation ou d'un mot très court, indéchiffrable.

Variante :

v. 4   Dites-lui que je suis toujours

En vue de corrections qu'il n'a pas faites, Laforgue a écrit en marge du vers 1 : *fines*, et en marge du vers 2 : *splendide*.

On a pu voir, dans le poème *Épicuréisme* (p. 178) que Laforgue, à dix-neuf ans, mettait très haut Henri Heine. Deux parnassiens au moins, Léon Valade et Albert Mérat, l'avaient précédé dans cette admiration. On leur doit une traduction intégrale de l'*Intermezzo*.

Page 204.   LITANIES DE MISÈRE

Publié pour la première fois dans le tome II des *Œuvres complètes* de Laforgue (Mercure de France, 1903), sans le troisième vers que nous avons pu rétablir d'après le bulletin d'autographes nº LIV de la librairie Marc Loliée, qui cite un passage de ce poème.

MARCHE FUNÈBRE
POUR LA MORT DE LA TERRE

Publié pour la première fois dans le tome II des *Œuvres complètes* de Laforgue (Mercure de France, 1903).

LASSITUDE

Publié pour la première fois dans les *Poésies complètes* (Livre de Poche, 1970).

Nous connaissons quatre manuscrits de ce poème, dont deux datés du 20 mai 1880, et sur lesquels, à côté du titre, qui n'a pas été biffé, figurent les mots : *Dernière idole.* Entre le titre et le premier vers, un de ces deux manuscrits comporte sur deux lignes la note suivante, relative sans doute à un projet d'épigraphe : *Renonciation totale et douce. Pascal.* Dans l'autre, une note en tête du feuillet dit : *Renonciation totale et douce paresse.*

Variantes :

v.	1	Ah! je me reposais sur toi, Sainte Justice,
v.	6	Réveillerait les Bons de leur paix solennelle,
		Réveillerait les Bons de la nuit solennelle,
v.	7	Et les faisant asseoir dans la fête éternelle.
v.	9	Car j'étais dans l'Éden, l'arbre de la science
v.	15	Que mon espoir divin n'était qu'une chimère,
v.	17	Que me fait désormais ce monde de misère ?
v.	18	Je pleurerai sur lui, mais lutter, à quoi bon,
v.	20	S'éparpiller un jour dans la nature entière ?
v.	21	S'il n'est pas d'au-delà, si tout est accompli,
v.	22	Quand la forme est rendue à l'aveugle ouvrière,
		Quand la forme est rendue à la grande ouvrière,
v.	23	Si tout ne va qu'à faire une même poussière
v.	24	Que le Destin balaie aux hasards de l'oubli.
v.	25	La Justice est un mot! et
		La Justice est un mot ? l'idéal est un leurre ?
v.	26	À quoi bon l'existence ? à quoi bon le progrès,
		À quoi bon l'existence ? à quoi bon le Progrès ?
		À quoi bon l'existence ? à quoi bon le Progrès,
v.	27	S'il n'est plus que des lois, et s'il
v.	28	Sans but et sans témoin, pêle-mêle tout meure!
		Sans but et sans témoin, pêle-mêle tout meure ?
v.	29	Depuis l'Éternité! jusqu'à l'Éternité!
		Depuis l'Éternité, jusqu'à l'Éternité!
v.	30	Ce splendide univers n'est qu'un torrent des choses
		Ce splendide univers n'est qu'un torrent de choses
		L'univers n'est plus
		L'impassible univers n'est

v. 31	S'entretenant sans but par leurs métamorphoses
	S'entretenant sans fin par leurs métamorphoses
v. 33	— Et j'erre à travers tout, sans but et sans envie,
v. 34	Fouillant tous les plaisirs sans pouvoir rien aimer,
v. 35	N'ayant pas même un Dieu contre qui blasphémer,
	N'ayant pas même un dieu contre qui blasphémer,
v. 36	Rempli d'une nausée immense de la vie!
	Avant d'avoir vécu dégoûté de la vie.
	Repu d'une nausée immense de la vie.

Le troisième et le quatrième manuscrit contiennent quatre quatrains de plus, que l'on retrouve dans le poème *Prière suprême*, qu'ils terminent. Sur les mêmes manuscrits, Laforgue a noté, en marge des seize premiers vers : *Berlin est bâtie sur un banc de squelettes d'animalcules microscopiques. Le poids de chacun d'eux équivaut à un millionième de milligramme,* et en face du huitième quatrain : *Les positivistes ont la prétention de mutiler la nature humaine.*

Page 212.   PRIÈRE SUPRÊME

Publié pour la première fois dans les *Poésies complètes* (Livre de Poche, 1970). Il existe deux manuscrits de ce poème, dont les quatre derniers quatrains figurent en outre à la fin du poème intitulé *Lassitude*, dans deux manuscrits de celui-ci.

Variantes :

v. 9	Farouche vision du grand jour de la terre,
	Farouche vision de la mort de la Terre
v. 10	Lorsque, les temps venus, ce pauvre drame humain
v. 14	Insensible aux appels qui jaillissent d'en bas
	Insensible aux appels qui montent d'ici-bas
v. 15	La Loi de l'univers, tranquille, se déroule
	La loi de l'univers muette se déroule
v. 19	La contemplation sans espoir, sans blasphème
	La contemplation solitaire
v. 20	Dans l'attente de l'heure où l'on rentre au néant!
	Dans l'attente de l'heure où l'on rentre au néant?
v. 21	Oh! tout cela, Nature, immortelle existence,
v. 22	Ce cri qui peut demain, sans nom, s'évanouir,
	Ce cri qui va demain, sans nom, s'évanouir,
v. 23	Le chanter une fois, seul, devant ton silence,
	Le chanter une fois! seul devant ton silence
v. 24	Dans la solennité de minuit, et mourir!

Sur chacun des deux manuscrits portant le titre de *Prière suprême*, Laforgue a noté un autre projet de titre : *Vœu.*

En marge des quatrième et cinquième quatrains, recherches de rimes et ébauche d'un autre quatrain :

```
Dût ce cri qui partout        moelles
........                       foudroyer
.... en montant vers les calmes étoiles
....                          crier! crier!

Dût mon
C'est le manteau de soufre. Il me brûle les moelles.
Il                            dût-il me foudroyer
Qui montant solitaire où monte[nt] les étoiles
       vibrant          [à] travers les étoiles
```

Dans les deux manuscrits *Lassitude*, Laforgue a écrit *jaillisent* et *atôme*. Dans un de ces manuscrits, il a écrit : *blasphême*. Le mot *atôme* se retrouve encore pourvu d'un accent superflu dans les deux manuscrits *Prière suprême*.

Page 214.   SUIS-JE ?

Publié pour la première fois dans les *Poésies complètes* (Livre de Poche, 1970). Manuscrit sans ratures. Dans le coin supérieur gauche du feuillet, Laforgue a écrit : *des éternités de solitudes d'azur.*

Une seule variante :

v. 32 À jamais, sans espoir? Et que le Temps dévore

Page 216.   L'ESPÉRANCE

Publié pour la première fois dans les *Poésies complètes* (Livre de Poche, 1970). Manuscrit à l'état de brouillon.
Variantes :

v. 1 L'Espoir! toujours l'espoir! Ah! gouffre insatiable,
      Vouloir! toujours vouloir. Ah! gouffre insatiable,
v. 3 Ne soupçonnes-tu pas à quel néant tu sers?
      Ne soupçonnes-tu pas à quel complot tu sers?
      Ne soupçonnes-tu pas à quelle œuvre tu sers?
v. 4 N'entends-tu pas, sans trêve, en la nuit lamentable,
      Que te faut-il encor?
v. 6 Leur désillusion en sinistres concerts?
      Leur désillusion en sublimes concerts?
v. 15 Par les sentiers déserts où la mousse frissonne,
      Par les jardins publics
v. 17 Qu'il espère encor vivre et revoir le printemps.
v. 19 Qui vient revoir le fleuve, immense fossoyeur
      Que tente la Seine, oublieuse
v. 20 Se roidissant encor, retourne à sa misère

	Et sonde l'eau sinistre où tremble un réverbère
	Sonde l'abîme noir où tremble un réverbère
v. 22	Le gueux cent fois damné quand son heure est venue
	Le gueux damné cent fois et dont l'heure est venue
v. 22 *bis*	Les cierges, l'air, l'encens et l'orgue triomphant
v. 23	Entend un son de cloche apporté par le vent
	Il sait, il se souvient, et sa tête chenue
v. 24	Faible et doux, il essuie une larme inconnue
	Se courbe, il sent germer une larme inconnue
v. 25	Et se repose en Dieu comme un petit enfant.
	Et s'incline
v. 30	A toujours des rêveurs éblouis de chimères
v. 31	Pour lui chanter encore l'Éden de l'avenir!
v. 34	Du jour où quelqu'un vit ce qu'est le grand sommeil
v. 37	Cria que tout allait au néant sans réveil.
	Cria que tout sombrait au néant sans réveil.
	A crié
v. 39	Fou d'angoisse devant l'énigme de son sort
v. 40	Et s'il fixe toujours le Sphinx aux lèvres closes
	Et s'il fixe toujours l'Isis
v. 41	Au lieu de se coucher en attendant la mort
v. 42	Aux pieds de
v. 45	Jésus criant vers Dieu son unique abandon
	Jésus criant vers Dieu son sublime abandon
v. 47	Caton, Léopardi, Henri Heine, Byron,
	Marc-Aurèle, Caton
v. 51	L'homme, sans voir la croix lui tendre en vain les bras,
v. 58	Que l'Être se voit seul et qu'au lieu de la voûte
	Que l'Être se sait
v. 60	Il n'aperçoit partout, ignorant de sa route
	Il ne sonde partout, ignorant de sa route
	Il ne sonde partout, sans échos et sans route
v. 63	Sur ce globe trop vieux marche à pas de géant,
	Sur ce globe caduc
	Sur ce bloc décrépi
v. 64	Qu'on songe à tous ces cœurs où plus rien ne subsiste
	Qu'on songe à tous les cœurs où plus rien ne subsiste
	Qu'on songe à tous ceux-là que le gouffre béant
v. 65	Qui les retienne encor loin du gouffre béant,
	Pour leur cacher encor
	Attire sans qu'en eux résiste
v. 68	Qu'on songe! — Et dans mille ans quel en sera le nombre
v. 70	Désertant les cités, sans désir, muet, sombre,
	Désertant les cités, et le crâne rasé
v. 71	Accroupi dans la cendre et le crâne rasé
	Bercé par des concerts infinis, muet, sombre
v. 74	Eh bien! plus tard encore à son Heure suprême
	Eh bien plus tard, plus tard encor, au jour suprême
v. 75	Quand ce même soleil roulant comme un
	son vieux tombeau
	Quand ce même soleil autrefois jeune et beau,

<pre>
                Quand ce même soleil aujourd'hui jeune et beau
    v. 79   Au lieu des tapis d'or que lui faisaient les blés
                Au lieu des tapis d'or déroulés par
                Au lieu des tapis d'or que déroulaient
                N'emportant
                Ne montrant tour à tour que steppes désolés
                N'emportant par l'azur
                Déroulant le linceul des steppes désolés
    v. 83   Les frissons de la mort secouer ses reins gelés
                Les frissons de la mort secouer ses os
    v. 87   Et voir que c'était vrai, que sans nulle espérance
                Pour voir que c'était vrai, qu'il n'est plus d'espérance,
                Pour voir que c'était vrai, qu'il n'est plus de doute
    v. 88   Rien n'ouvrant les cieux, tout continuant encor,
                Et rien
                Que rien
                Rien n'écartant
                Que rien ne se montrant
                Que nul n'apparaissant
    v. 89   La terre va sombrer pour jamais dans la mort
                La terre pour jamais va sombrer dans la mort,
                Sans témoin
                Le dernier cœur de tout va
                Le dernier témoin
                Le dernier Cœur Humain
    v. 90   Non, tu ne croiras plus aux antiques chimères,
                Certes tu n'auras plus nos antiques chimères
                Certes tu n'auras pas nos antiques chimères
    v. 91   Dernier né de l'histoire et n'ayant que trop lu
                Dernier né d'ici bas
                Dans les yeux de Maïa tu n'auras que trop lu
                Dans les livres   ayant trop lu
    v. 92   Dans les yeux de Maïa   absolu
                Et résigné d'avance à ses lois nécessaires
                Tu   le néant absolu
    v. 93   Et résigné d'avance aux
                Et résigné d'avance à ses lois nécessaires
    v. 94   Tu   ce globe vermoulu.
                Les derniers battements de ce bloc vermoulu.
                Le refroidissement de ce bloc vermoulu.
</pre>

En marge des vers 6-10, Laforgue a tracé à gauche une acco-
lade et écrit en regard : *à transposer*. Dans la marge droite, il
a noté les vers suivants :

<pre>
        Va, nous n'espérons plus : nous sommes résignés
        Mais laisse-nous dormir après tant de siècles
        Hurle après le repos. Va ! laisse-nous mourir !
</pre>

puis cette strophe, biffée ensuite de deux traits de plume en
croix :

Nous t'avons dépouillé! Tu n'es que l'artifice
Du vieil Instinct qui veut que la Loi s'accomplisse
Donc laisse-nous dormir! Nous sommes résignés
Va, nous n'attendons plus le jour de la justice
Rien ne t'arrachera de nos cœurs obstinés
Tu chanteras toujours

puis un autre état de la même strophe :

Nous t'avons dépouillé pourtant! vieil artifice
On nous veut jusqu'au bout pour que Dieu s'accomplisse
Mais nous n'espérons plus! nous sommes résignés,
Nous savons qu'au néant nous sommes destinés
Et nous ne croyons plus au jour de la justice.

Pour plusieurs des vers ci-dessus, Laforgue a envisagé des variantes :

Nous t'avons dépouillé pourtant! pauvre artifice
Qui veut que jusqu'au bout pour que Dieu s'accomplisse
Va, laisse-nous dormir! nous sommes résignés

Ensuite, ces vers ou fragments de vers :

Ah! tu cherches [*ou :* chantes, — *le mot est douteux*]
Nous les martyrs maudits à l'oubli destinés.
Mais nous n'espérons plus : nous sommes résignés
Et nous ne

                                    artifice
Nous t
Nous les martyrs maudits à l'Oubli destinés
On nous veut jusqu'au bout pour que Dieu s'accomplisse
Mais nous ne croyons plus à la sainte Justice
Va, laisse-nous dormir, nous sommes résignés
Mais tu chantes touj

Laforgue a laissé en blanc la place des mots qui manquent au vers 81.

Page 220.   L'ANGOISSE SINCÈRE

Publié pour la première fois dans les *Poésies complètes* (Livre de Poche, 1970). Il existe quatre manuscrits de ce poème, dont trois à l'état de brouillon, datés du 4 juin 1880, le quatrième, daté de la « nuit du 4 juin », comportant encore diverses ratures. Ils s'intitulent tous *La Grande Angoisse*, ce titre n'ayant été changé que sur le dernier manuscrit. Dans les deux premiers brouillons figure en exergue le nom de H. Heine, signature d'une épigraphe qui n'a pas été ajoutée.

Les deux premiers brouillons ne comportent que douze quatrains, placés dans un ordre que l'auteur a corrigé ensuite, et correspondant aux quatrains 1, 2, 3, 4, 5, 7, 6, 10, 12, 13, 14 et 15 de la dernière version. On retrouve cependant les quatrains 8 et 9 au bas des brouillons, sous une forme un peu différente et accompagnés d'un autre quatrain qui n'a pas pris place dans la version finale.

Dans le troisième brouillon, qui contient les quinze quatrains, l'ordre est celui de la dernière version jusqu'au dixième quatrain, après lequel viennent les quatrains 13, 11, 12, 14 et 15.

Variantes :

v. 1   L'homme est seul ? Nul ne sait tout dans l'Espace immense
       Tout est seul ? Nul ne songe au fond des
       Tout est seul. Nul ne songe au sein des nuits profondes
       Tout est seul! Nul ne songe au sein des nuits profondes!

v. 2   Seul! seul! oh! que ne puis-je à travers l'infini
       Seul! Oh! si l'on pouvait à travers l'infini
       Oh! si l'on pouvait
       Seul! et l'on [ne] peut pas, à travers l'infini,
       Seul ? Oh! si l'on pouvait, à travers l'infini,
       Seul! Oh! si l'on pouvait, à travers l'infini,

v. 3   Vers le calme témoin de l'angoisse des mondes

v. 4   Crier l'universel *lamasabacktani !*
       Crier l'universel lamasabachtani !

v. 5   Ce cri me foudroierait montant dans les étoiles,
       Ce cri me foudroierait en montant aux étoiles,
       Ce cri qui monterait à travers les étoiles,
       Cet appel déchirant monterait aux étoiles,
       Cet appel nous tuerait
       Ce cri nous foudroierait en montant aux étoiles!
       Ce cri nous foudroierait jaillissant aux étoiles!

v. 6   Mais Toi, tu m'entendrais, Cœur de l'immensité,
       Mais tu nous entendrais, Cœur de l'immensité
       Cet appel nous tuerait
       Et tu nous entendrais, Cœur de l'immensité,
       Mais tu nous entendrais, Cœur de l'immensité,
       Mais, tu nous entendrais, Cœur de l'illimité,

v. 7   Où que tu sois, malgré l'azur dont tu te voiles,
       Quel que tu sois, malgré l'azur dont tu te voiles,

v. 8   Tu tressaillerais [*sic*] bien dans ton éternité.
       Tu tressaillerais bien dans ton éternité!
       Et tu tressaillerais dans ton éternité.
       Et tu tressaillerais dans ta sérénité.
       Et tu te serrerais dans ton éternité.

v. 9   Car tu es, car tu es! Oh! tout dit le contraire,
       Car tu es, car tu es! Tout nous dit le contraire,
       Car tu es! car tu es! Tout nous dit le contraire,
       Car tu es! car tu es! Tout chante le contraire.

v. 10   La raison, [*illisible*], les lois, tout nous le dit.

La raison nous le dit
La raison, le silence et le juste maudit.
Tout dit que l'homme est seul comme un lutteur maudit.
Tu dis que l'homme est seul comme un lutteur maudit.
Tout dit que l'homme est seul, comme un lutteur maudit,
Et que l'Homme va seul, comme un lutteur maudit.

v. 11   Mais si tu n'étais pas, Espace, Temps, Cieux, Terre,
Mais si tu n'étais pas, Sphinx morne et solitaire
Mais si tu n'étais pas, Espace, Temps, Cieux, Terre,
Mais si tu n'étais pas, espace, temps, cieux, terre,

v. 12   Tout serait le chaos! — et cela me suffit.
Ce serait le chaos! — et cela me suffit.
Tout serait le chaos! — et cela me suffit.
Tout serait le *chaos!* — et cela me suffit.
Ce serait le *chaos!* — et cela me suffit.

v. 13   Tu ne peux pas ne pas être, Témoin des choses,
v. 14   Libre, aveugle, ou fatal, tu rêves quelque part,
Libre ou fatal, tu es, tu rêves quelque part,

v. 15   Et la création dans ses métamorphoses
Et la Création, en ses métamorphoses,
Et l'œuvre universel, dans ses métamorphoses,
Et la création dans ses métamorphoses

v. 16   Sent palpiter un cœur
Sent palpiter un Cœur et veiller un Regard.
Toujours sent battre un Cœur et veiller un Regard!

v. 17   Eh! quoi? depuis les Temps les vastes solitudes
Stupeur! depuis les Temps les vastes solitudes
Stupeur! depuis les temps, les mornes solitudes
Dieu! Dieu! depuis le temps, les chastes solitudes
Stupeur! Depuis les Temps les vastes Solitudes

v. 18   Se peuplent de soleils qui meurent sans retour
Se peuplent de soleils qui meurent tour à tour
Pullulent de soleils s'éteignant tour à tour
Se peuplent de soleils grésillant tour à tour,

v. 19   Et les humanités sombrent par multitudes
Et les humanités sombrent par multitudes!
Et des humanités sombrent les multitudes!
Et les humanités sombrent par multitudes,
Et les humanités passent par multitudes,

v. 20   Et nul cœur, nul témoin! tout est aveugle et sourd!
Et pas un souvenir! tout est aveugle et sourd!
Et rien ne s'en souvient, tout est aveugle et sourd!
Et rien ne s'en souvient! Tout est aveugle et sourd!

v. 21   O gouffre du passé, néant, fosse éternelle!
O gouffres du passé Néant fosse éternelle!
O frères inconnus! Néant fosse éternelle!
O frères du passé! Néant, fosse éternelle!
O frères inconnus! Passé, fosse éternelle!
O frères inconnus! mondes que Dieu harcèle
O frères inconnus! Univers que harcèle

v. 22   Tant de sanglots poussés vers le Beau, vers le Bien!

Tant de sanglots perdus vers le Beau, vers le Bien!
L'Amour! Sanglots perdus vers le Vrai, vers le Bien!
v. 23 Tant de mondes perdus, engloutis, pêle-mêle,
Tant d'atomes divins que chaque astre recèle
D'atomes douloureux que chaque astre recèle
Atomes de martyrs que chaque astre recèle
v. 24 Sans recours, sans raison, et nul n'en sachant rien!
Sans remords, sans raison, et nul n'en sachant rien!
Sans une conscience, et nul n'en sachant rien!
Sans orgueil, sans remords, et nul n'en sachant rien!
Sans une Conscience! et nul n'en sachant rien!
v. 25 Je sais que la Justice, abandon formidable,
Oh! la Sainte Justice, abandon formidable,
Oui, la Sainte Justice, abandon formidable,
Que la Sainte Justice, abandon formidable,
Oh! la Sainte Justice, abandon formidable,
Oui, la Sainte Justice, abandon formidable,
Que la Sainte Justice, — abandon formidable! —
v. 26 Ne siège qu'en nos cœurs, mais qu'il ne sait pas, Lui,
Ne siège qu'en nos cœurs, mais il ne sait pas, Lui,
Mais il ne serait pas, lui
Ne siège qu'en nos cœurs, mais qu'il ne soit pas, Lui,
Ne siège qu'en nous, soit, mais qu'il ne soit pas, Lui,
Ne siège plus qu'en nous, mais qu'il ne soit pas, Lui,
Ne siège qu'en nos cœurs! Mais qu'il ne soit pas, Lui,
N'exis
v. 27 L'impassible Témoin, l'Unique, l'Immuable,
Le solitaire
L'impassible Témoin, l'Unique, l'Immuable,
Le Témoin, l'Éternel, l'Unique, l'Immuable,
v. 28 Le Rêveur pour qui c'est à jamais aujourd'hui!
Le Songeur pour qui c'est à jamais aujourd'hui!
Pour qui c'est à
Le songeur pour qui c'est à jamais aujourd'hui?
v. 29 La terre va pourtant, et toujours se referme
Tout va, pourtant! toujours la terre se referme
Et Tout va! chaque jour la terre se referme
Pourtant la
v. 30 Sur de nouveaux enfants rendus au grand sommeil,
Sur des corps convulsés par l'espoir d'un Réveil,
Sur des morts convulsés par l'espoir d'un Réveil,
v. 31 Et toujours, quand du blé monte en elle le germe,
Et toujours, quand du blé sourd en elle le germe
Et chaque avril sentant sourdre en elle des germes
Et chaque avril sentant partout sourdre des germes
Et toujours, quand du blé monte en elle le germe,
v. 32 Ouvre ses vieux sillons aux baisers du soleil!
Elle ouvre ses sillons aux baisers du soleil.
Ouvre ses vieux sillons aux baisers du Soleil!
Elle fend ses sillons aux baisers du Soleil.
Elle ouvre ses sillons aux torrents du Soleil!

v. 33   Et calme, comme aux temps d'innocente jeunesse
           Et calme, comme aux jours d'innocente jeunesse
           Et, triste comme aux temps d'impudique jeunesse,
           Et toujours, comme aux temps d'impudique jeunesse
           Et calme, comme aux jours d'innocente jeunesse

v. 34   Où sur ce monde encor
           Où l'homme encor là haut ne levait pas les yeux,
           Où nul encor là-haut n'avait levé les yeux,
           Où [sur] la terre encor nul ne levait les yeux.

v. 35   Chaque soir sur nos fronts se déroule la messe
           Chaque soir, [?] ment, se déroule la Messe
           Chaque soir, dans l'encens se déroule la Messe

v. 36   De l'infini, la fête immortelle des cieux.
           Solennelle, la fête immortelle des cieux.
           Solennelle, la fête éternelle des cieux!
           Solennelle, la Fête immortelle des Cieux!

v. 37   Non! que Tu ne sois pas et que tout continue
           Oh! qu'il n'y ait personne et que tout continue
           Oh! que Tu ne sois pas et que tout continue
           Oh! qu'il n'y ait personne et que tout continue!
           Non! qu'il n'y ait personne et que tout continue!

v. 38   Sans témoin, sans raison, depuis l'Éternité.
           Dans un calme stupidement serein
           Stupidement, sans but, depuis l'Éternité.

v. 39   Mais non, Tout ne serait qu'un enfer sans issue!
           Tout ne serait alors qu'un enfer sans issue!
           Tout ne serait alors qu'un Enfer sans issue!
           Mais tout n'est plus alors qu'un Enfer sans issue!
           Tout ne serait alors qu'un enfer sans issue!

v. 40   S'il en était ainsi, rien n'eût jamais été!
           Pourquoi donc quelque chose a-t-il jamais été?
           Mais comment quelque chose
           Comment donc quelque chose a-t-il jamais été?

v. 42   Qu'un ouragan béni, venu du fond des temps,
           Qu'un ouragan béni, lancé du fond des temps,
           Qu'un ouragan béni, soufflé du fond des temps,
           Qu'un ouragan béni, lâché du fond des temps,

v. 43   Balayant les vieux déserts
           Balayant les déserts d'azur de l'étendue,
           Drainant les infinis d'azur de l'étendue,
           Balayant les déserts sans fin de l'Étendue
           Balayant les déserts mornes de l'Étendue
           Visitant tous les coins

v. 44   Bouscule vers la nuit les soleils haletants!
           Bouscule vers la Mort les soleils haletants!

v. 45   Que tout s'effondre alors dans la grande débâcle!
           Que Tout s'effondre enfin dans la grande débâcle!
           Que tout, tout, tout, s'effondre en la grande débâcle!
           Que tout s'effondre alors dans la grande débâcle!

v. 46   Qu'on entende passer le dernier râlement!

Que s'éteigne
Que la dernière vie ait son dernier moment,
v. 47   Qu'il ne reste plus rien de l'immense spectacle!
Plus d'heures, plus de   ni témoin, ni spectacle
Plus d'heures, plus d'échos, ni témoin, ni spectacle,
v. 48   Et que ce soit la nuit irrévocablement!
Et que ce soit la mort irrévocablement!
Et que ce soit la nuit irrévocablement!
v. 49   Si tout est sans témoin à quoi bon l'existence?
Si tout court au néant, à quoi bon l'Existence
Si Nul n'est Immuable à quoi bon l'existence
Car s'il
v. 50   Et la douleur de l'être, et la réalité?
Et la Pensée [... ... ...] la réalité?
À quoi rime avec ses fleurs la réalité?
Et s'il ne rime à rien ce spleen de vérité
Et la douleur de l'être, et la Réalité?
v. 51   Pourquoi la vie? et non l'universel silence
Pourquoi la Vie et non l'universel silence
Qui fouette l'univers, pourquoi pas le silence
v. 52   Emplissant à jamais le vide illimité?
Emplissant à jamais le Vide illimité!
Emplissant à jamais le noir illimité
v. 53   Oh! Douter! rester là devant le Temps qui passe
Et rien, ne pas savoir, douter!
Oh! rien douter! douter devant le temps qui passe!
Oh! douter! rester là, devant le Temps qui passe!
v. 54   Et les mondes errants pour demander le mot
Et les mondes errants, pour demander le Mot
Et les mondes meurtris, pour arracher un mot
v. 55   En troupeaux affolés bondissant par l'Espace
En troupeaux affolés bondiraient par l'espace
En troupeaux affolés rouleraient par l'espace,
En troupeaux affolés hurleraient par l'espace,
En troupeaux affolés bondiraient par l'Espace!
v. 56   Que l'azur morne
Que l'azur infini resterait sans écho!
Que l'infini béant resterait sans écho!
Que l'horizon béant
Que ce morne infini resterait sans écho!
Que l'horizon béant resterait sans écho!
Que l'azur toujours bleu resterait sans écho!
Que l'horizon béant resterait sans écho!
v. 57   Mais non! s'il n'était pas, ce serait trop sublime!
Mais non! s'Il n'était pas, Tout serait trop sublime!
Mais non! s'Il n'était pas, ce serait trop sublime!
Mais non! S'il n'était pas, ce serait trop sublime!
v. 58   Tout est si calme! Il est! insensé que je suis!
Tout est si calme! Il est, pauvre fou que je suis!
Tout est si calme! Il est, chercheur malade
Tout est si calme! Il est, malade que je suis!

Tout est si calme! Il est, insensé que je suis!
v. 59   Quelqu'un sait, quelqu'un voit, et du fond de l'abîme
        Quelqu'un voit, quelqu'un sait, et du fond de l'abîme
        O Dieu! tu es, tu sais! et penché sur l'abîme
v. 60   Il doit prendre en pitié l'angoisse de mes nuits.
        Tu dois prendre en pitié l'angoisse de mes nuits.

À la suite des deux premiers brouillons, Laforgue a ajouté
trois quatrains, dont deux se retrouvent dans les manuscrits
ultérieurs et constituent les vers 29-33 du dernier texte. L'autre
quatrain, qui n'a pas été incorporé au poème et qui a d'ail-
leurs été biffé sur les deux brouillons où il figure, dit :

Quelle nuit, mais le jour blanchit mes persiennes
Et mes tempes en feu battent plus faiblement.
Le coq sonne la diane à la mêlée humaine
Et la terre toujours roule stupidement.

Sur le second brouillon, le premier vers de ce quatrain a été
légèrement rectifié pour ne pas faire rimer un pluriel avec un
singulier :

Quelle nuit, mais le jour blanchit ma persienne

Peu attentif à l'orthographe, Laforgue, dans les deux der-
niers manuscrits de son poème, a écrit *affollés* (vers 55). Dans
l'un de ces manuscrits, il met au vers 18, *pullullent*, et dans
l'autre : *pululent*. Plus fâcheuse est la faute de conjugaison
qu'il commet partout, en écrivant au vers 4 : *tu tressaillerais*,
au lieu de *tu tressaillirais*.

Page 223.   RÉSIGNATION

Publié pour la première fois dans les *Poésies complètes* (Livre
de Poche, 1970). Un seul manuscrit, à l'état d'ébauche.
Variantes :
v. 8   Les soleils désolés accourent de leur Fête!
v. 9   Pauvre cœur insensé! Non, tu ne comptes pas.
v. 10   Et bien d'autres on[t] dit ton sanglot ici-bas,
        Et bien d'autres sont morts aux cœurs frères du mien
        Et bien d'autres sont morts dont nul ne se souvient
        Et bien d'autres sont morts frères
v. 11   Où sont-ils maintenant. Et la
v. 14   Sans avoir même su l'universel Pourquoi.

Le vers 13 comportait un mot qu'une surcharge a rendu
illisible.

Publié pour la première fois dans les *Poésies complètes* (Livre de Poche, 1970). Un seul manuscrit, très raturé. Une ébauche du premier quatrain figure en outre au bas des deux manuscrits d'*Intermezzo*.

L'ordre initial des quatrains était quelque peu différent. En face de chacun, Laforgue a mis un numéro indiquant le classement qu'il entendait leur donner.

Le titre a été biffé d'un trait léger. Laforgue l'a fait suivre du mot : *Baud.* Il s'agit évidemment d'une abréviation du nom de Baudelaire. Le titre choisi était en effet très baudelairien, mais Laforgue n'en a pas donné d'autre à son poème.

Variantes :

v. 1   Voici venir le soir cher aux âmes mystiques
v. 2   C'est l'heure où l'on a faim où les chauves-souris
v. 3   Volètent dérangeant les valses [des] moustiques
       Dérangent dans l'air bleu les valses des moustiques,
       Dérangent dans l'air bleu la danse des moustiques,
v. 4   mille petits cris.
v. 7   Fait ruisseler les feux des bocaux verts ou rouges
v. 8   Phares lointains de ceux qui s'en iront ce soir
       Phares lointains de ceux qui sombrent dans le noir
v. 10   Puis dans les flots de gaz des cafés ruisselants
       Puis dans les flots de gaz des cafés aveuglants
v. 11   Murmurant des marchés que la débauche enroue
       Murmurant des marchés que l'eau-de-vie enroue
       En marchandant d'une voix que l'alcool enroue
       Défile et d'une voix
v. 12   Défile, balançant ses atours insolents.
       Propose ça et là ses appas insolents.
       Marchande à tout venant
v. 13   Au fond des hôpitaux la veilleuse nocturne
       Au fond des hôpitaux la veilleuse paisible
v. 14   Éclaire le dortoir aux lits numérotés
       Éclaire les deux rangs
v. 16   Est bien lente à sonner l'aube aux douces clartés
       Est si lente à sonner l'aube aux douces clartés.
v. 17   L'orgie hurle au milieu des lumières splendides,
v. 18   Des musiques, des fleurs et des marbres jaspés,
v. 20   On mesure de l'œil les larges canapés.
       Son ombre découpant les
v. 21   Trop pauvre pour manger aux gargots des bohèmes,
       Trop pauvre après avoir
       Las de sentir l'odeur
       Aux odeurs des gargots
v. 22   Le paria songeur qui regagne son trou

v. 23	Dans un rire mauvais mâchant de vieux blasphèmes
	Meurt de faim
	Dans un rire mauvais mâchant d'amers blasphèmes
v. 25	Dans sa couche aux draps blancs, aux viols qu'elle convoite
	Dans son lit aux draps blancs, aux viols qu'elle convoite
v. 27	La vieille fille, seule en sa mansarde étroite
	La vieille fille, seule en sa cuisine
v. 28	Fait glapir sur le feu le restant d'un dîner.
v. 34	Et songeant
	Songeant qu'il eut jadis aussi, lui, son foyer,
	Songeant qu'il eut aussi, lui, jadis un foyer,
	Songeant au temps où il avait aussi
v. 38	Vole sa femme enceinte et prise d'âpres toux,
v. 40	Tendant à son dernier son sein meurtri de coups.
v. 41	Le moribond s'accroche, ivre, aux draps de sa couche,
	Le moribond s'accroche ivre, au linceul
	La femelle qui met bas, seule, sans feu,
v. 42	L'amoureux passe au col de sa belle un collier,
	L'amoureux passe au col de sa reine un collier,
	Se tord... dans un brasier qui bout
v. 43	Et la femme qui seule, en son taudis, accouche,
	Le moribond s'accroche aux draps et tord sa bouche
	Le moribond, d'un râle écartèle
v. 44	Se tord comme un lingot dans un ardent brasier.
	Les morts dorment là-bas
	Les morts dorment blasés et revenus de tout.
v. 45	Le moine va et vient d'ardeurs secrètes
	Le moine va et vient brûlé d'ardeurs secrètes
	Le moine par le
	Le moine se glissant
v. 46	Par les cours de son cloître et le long des murs blancs,
	Râle aux tentations courant sur les murs blancs
v. 49	Et las de tout un jour de délires sauvages
	Brisés, prostrés
v. 53	Et le penseur songe
	Et le penseur fatigué
v. 54	Si Tout est seul, si Nul ne veille quand tout dort ?
v. 56	Meurtres, soupirs d'amour, remuements de tas d'or,
	Meurtres, râles
v. 58	Paris vole emporté par l'Espace rêveur
v. 59	Où les sphères d'argent s'allument, éternelles,
v. 60	Comme aux jours où la Terre était un bloc sans cœur !
	Qu'aux jours bleus où la Terre était un bloc sans cœur !
	Que quand la terre était un bloc inhabité.

Page 227.   FANTAISIE

Page 229.   ROSACE EN VITRAIL

Poèmes publiés pour la première fois dans le tome II des *Œuvres complètes* de Laforgue (Mercure de France, 1903).

Poème publié pour la première fois dans le tome II des *Œuvres complètes* de Laforgue (Mercure de France, 1903), sous un titre légèrement différent : *Devant la grande rosace en vitrail de Notre-Dame,* et dans une version moins correcte que celle que nous donnons ici, d'après un manuscrit certainement postérieur au manuscrit utilisé par le premier éditeur.

Ajoutons qu'il n'est pas certain que Laforgue ait tenu pour définitif le dernier état que nous connaissions de ce poème. Sur le manuscrit que nous avons eu en mains figure, entre l'épigraphe et le début de la première strophe, le chiffre I, qui semble impliquer l'existence d'une seconde partie. Mais peut-être celle-ci n'a-t-elle jamais été composée.

Peu raturé, le manuscrit qui nous a servi n'offre que peu de variantes :

v. 30   Les Soleils, parfumés d'amour!
         Les Soleils, éperdus d'amour!
v. 34   Des Sphères effeuillant des roses,

En revanche, nombreuses sont les différences de texte que révèle l'édition de 1903. On peut toutefois se demander si quelques-unes de ces différences ne sont pas simplement dues à un déchiffrement fautif du manuscrit ou à une mauvaise correction d'épreuves, car les vers 18, 29 et 31 figurant dans la liste ci-dessous sont des vers boiteux. Au total, l'édition de 1903, comparée à la nôtre, fournit vingt variantes :

v. 2   Le *Dies iræ* du dernier jour.
v. 9   Parfums, musiques triomphales,
v. 10   Noyez, bercez, broyez mon cœur.
v. 12   L'Amour sans but, sans chair, l'Ardeur.
v. 13   Je veux me parfumer de myrrhe,
v. 14   Je veux pleurer, je veux sourire,
v. 15   Je veux me fondre de pudeur!
v. 16   Nimbés de rubis, de topaze,
v. 18   Les Anges que l'Éternel embrase,
v. 19   Vêtus d'ineffable et d'extase,
v. 20   Vont, m'emportent dans leurs torrents!
v. 21   Gloire! Douleur! Douleur encore!
v. 22   Et devant les Élus des Cieux
v. 23   Dont l'âme en montant s'évapore,
v. 27   Spasme céleste et sans retour!
v. 28   Puissants ouragans d'allégresse,

v. 29 Faites s'enlacer sans cesse
v. 30 Les soleils parfumés d'amour!
v. 31 Et le grand Sanglot des choses
v. 32 Roule sans fin répercuté

Page 234.   BALLADE DE RETOUR

Publiée dans *L'Art de la Mode*, septembre 1881, et recueillie dans le tome II de l'édition des *Œuvres complètes* de Laforgue établie par G. Jean-Aubry (Mercure de France, 1922). Cette édition place à la fin du sixième vers le mot *ritournelles*, qui ne saurait convenir dans cette pièce à rimes régulières.

Un manuscrit de cette ballade, intitulé *Ballade de bon retour*, comporte les variantes suivantes :

v. 3   Arrive l'hiver qui grelotte,
v. 4   En son *ulster* d'ours abrité.
v. 9   Toujours l'océan qui clapote,
v. 11   Le vent d'automne qui sanglote

Sur ce manuscrit, au bas duquel figure la date du 25 septembre 1880, le poète a noté, en marge de quelques vers, des mots qu'il a parfois utilisés dans la version définitive de sa ballade. Ainsi figurent :

en marge du v. 9   sanglote
en marge du v. 11   marmotte
en marge du v. 13   un ciel de brumes
                        triste

Page 236.   *J'écoute dans la nuit...*

Publié pour la première fois dans les *Poésies complètes* (Livre de Poche, 1970). Un seul manuscrit, sans titre.
Variantes :

v. 1   J'écoute dans la nuit pleurer le vent d'automne,
        J'écoute dans la nuit beugler le vent d'automne,
v. 3   Où de vieux moribonds que n'assiste personne
v. 5   Écoutent dans la nuit rager le vent d'automne.
v. 10   Seul, sous un blanc déluge éternel de lilas!
v. 11   Ah! non j'entends toujours rager ce vent d'automne.
v. 12   Géante amour
        Géante débauchée, oh! ne viendrais-tu pas
v. 13   M'endormir dans tes seins d'un ron-ron monotone
v. 15   Où l'on n'entend jamais pleurer le vent d'automne.

Page 237.   DÉSOLATIONS

Publié pour la première fois dans les *Poésies complètes* (Livre de Poche, 1970). Un seul manuscrit. Dans le coin supérieur droit du feuillet, les mots : *Les psaumes du Vent,* titre sous lequel Laforgue se proposait peut-être de rassembler quelques poèmes.

Variantes :

v.	1	Dans ces jours de grand vent où pleure tout l'automne,
v.	2	Loin des nefs aux vitraux plaintifs et des concerts,
v.	6	Les spleens vierges du Christ et des grandes victimes,
v.	7	Cependant que les
		Et les chênes toujours tordent leurs hautes cimes
		Et les chênes sans fin
		Aux arbres incompris tordant
v.	8	Dans la plainte éternelle, éternelle, du vent.
		Dans la plainte éternelle et trop triste du vent.
v.	12	Sans fin, dans des sanglots de cascades lointaines,
v.	13	Et je ferme les yeux. Je suis seul dans le noir,
		Très-lointaines!
v.	14	Dans les sabbats rageurs de mon apothéose,
v.	15	Ces rafales partout cherchent le cœur des choses,
		Ces rafales, vois-tu, cherchent le cœur des choses,
v.	16	Et, ne le trouvant pas, beuglent de désespoir.
v.	17	Ah! nul ne m'aime, allez! ô chaos de rafales
		Qui m'aime? parmi
		Mais qui m'aime? Seul, seul. O psaumes de rafales,
		Mais qui m'aime? Seul, seul. O plain-chant de rafales,
v.	18	Prenez, broyez mon cœur! et, loin de tout écho,
		Prenez, prenez mon cœur!
v.	19	Promenez ce tombeau du terrestre sanglot
		Jouez avec
v.	20	Dans un déchaînement de clameurs triomphales!
		Dans vos affolements de clameurs triomphales!

Dans la seconde variante du vers 20, Laforgue a écrit : *affollements,* faute analogue à l'une de celles que présentent les manuscrits d'un autre poème : *L'angoisse sincère.*

Page 238.   EXCUSE MÉLANCOLIQUE

Publié pour la première fois dans les *Poésies complètes* (Livre de Poche, 1970). Deux manuscrits, le premier à l'état de brouillon. Le second seul est daté.

Variantes :

v.	1	Je ne vous aime pas (non, ni vous, ni personne.)
		Je ne vous aime pas (oh, ni vous, ni personne.)

v.	2	L'Art, mon spleen, ma santé, sont mes graves amours;
		Rythmes lents et parfums sont mes seules amours;
v.	3	Puis, mon cœur est bien sec pour fleurir comme aux jours
		Puis, mon cœur est bien sec pour saigner comme aux jours
v.	4	Où j'eusse fait de vous mon unique Madone.
		Où mes
v.	5	Je ne vous aime pas. Mais vous semblez si bonne!
v.	6	L'oubli serait si bleu dans vos yeux de velours!
		Oh! crépuscules bleus de vos yeux de velours!
		Oh! boire l'opium
		O boire la morphine en vos yeux de velours
v.	7	Oh! dégonfler mon cœur crevé de sanglots sourds,
		Oh! dégonfler mon cœur de ses chagrins trop lourds
v.	8	Le front sur vos genoux, enfant frêle et mignonne!
v.	9	Oui, dites, voulez-vous ? Je serais votre enfant,
v.	10	Vous auriez des douceurs pour mes heures moroses
		Vous sauriez endormir mes cruautés sans causes,
		Vous sauriez assouvir
		Vous gâteriez
v.	11	Vous sauriez pardonner mes cruautés sans causes,
		Bercer d'échos si purs mes plaintives névroses!
		Panser de mots très-purs
v.	12	Et peut-être qu'à l'heure où viendrait le néant
		Et peut-être qu'à l'heure où le flot
		Et peut-être qu'un jour à l'heure où le néant
		Et peut-être qu'à l'heure où viendrait le néant
		Et peut-être qu'à l'heure où ferait le néant
v.	13	Rouler dans sa fraîcheur mon âme inassouvie,
		Prendrait dans sa fraîcheur
		Viendrait prendre à son tour
		Tenterait d'un baiser
		Viendrait baigner mon corps de fraîcheur infinie
		Baigner mon corps brisé de fraîcheur infinie,
		Couler par tout mon corps bénie
v.	14	Je mourrais dans vos bras, — consolé de la vie.
		Je mourrais près de vous, — consolé de la vie.
		Je mourrais, sans remords, consolé de la vie.
		Je mourrais doucement, consolé de la vie.
		Je mourrais dans vos bras

Page 239.   MÉDITATION GRISÂTRE

Publié pour la première fois dans le tome II des *Œuvres
complètes* de Laforgue (Mercure de France, 1903).

Deux manuscrits de ce sonnet, datés tous deux du 26 octobre
1880, présentent les variantes suivantes :

v.	1	Sous le ciel pluvieux noyé de brumes sales
		Sous le ciel pluvieux brouillé de brumes sales
v.	4	Dans le concert mourant des hurlantes rafales.

Dans le concert hurlant des mourantes rafales.
Dans le concert hurlant des farouches rafales.
v. 7   Et croulent à mes pieds avec d'âpres sanglots
v. 8   Qu'emporte la tourmente aux haleines brutales.
        Qu'emporte la tourmente en ses clameurs brutales.
v. 13   À songer que l'espace est sans borne, sans borne,

Sur un de ces manuscrits, Laforgue a noté, en marge du septième vers : *avec un long sanglot (P. B.)*. Les initiales P. B. désignent Paul Bourget. La note se rapporte vraisemblablement à une observation de Bourget concernant la liberté qu'avait prise son jeune ami Laforgue de faire rimer *galop* (singulier) avec *sanglots* (pluriel).

Page 240.   LES APRÈS-MIDI D'AUTOMNE

Publié pour la première fois dans les *Poésies complètes* (Livre de Poche, 1970). Un seul manuscrit.

Variantes :

v. 2   Il fait gris. On s'ennuie. On tousse. On n'a personne.
v. 3   Un piano voisin sanglote, monotone.
v. 4   Et, perdu dans les jours d'autrefois, on tisonne.
v. 5   Comme la vie est triste! Et je songe à mon sort.
v. 7   Et la peur de la vie! Hélas! suis-je assez fort?
v. 9   Ah! celle dont on est le frêle aimé, l'idole,
v. 11   Si je l'avais encore, à présent, loin de tous,
v. 13   Et je resterais là, sans dire une parole,
        Pour rester là, pleurant, sans dire une parole,
        Oh! je resterais là, sans dire une parole,
v. 14   À pleurer jusqu'au soir, et ce serait bien doux.
        À pleurer jusqu'au soir, le cœur crevé

Page 241.   LES AMOUREUX

Publié pour la première fois dans les *Poésies complètes* (Livre de Poche, 1970). Un seul manuscrit. Le titre *Les amoureux* a été biffé. Nous l'avons néanmoins maintenu, Laforgue n'ayant finalement pas fait de choix entre les projets de titre qu'il a notés : *Électeur, Feuilles mortes, Adieu paniers!..., Pas d'abstentions* et *Vieux papiers*.

Variantes :

v. 4   Ils s'adorent, depuis Avril, à deux genoux.
        Ils s'adorent, depuis Avril, comme deux fous!
v. 8   Ils perpétuent pour eux le mois de mai si doux,
v. 10   Dans un *de profundis* lugubre et monotone
v. 13   Jaunes, verts, bleus, lilas, écarlates ou roses,
        Jaunes, bleus, verts de fiel, écarlates ou roses,

Entre les mots automne et monotone, placés à la rime des vers 9 et 10, Laforgue a écrit le mot : *gouailleur*, mais comme il n'a biffé aucun mot auquel gouailleur se fût substitué, on ne saurait dire s'il avait envisagé de mettre vent gouailleur au lieu de vent d'automne, ou s'il projetait de modifier le vers suivant de telle sorte qu'il se terminât par gouailleur. En tout cas, il n'a pas persisté dans son projet de remaniement, puisque son manuscrit ne comporte aucune indication de rime avec le mot gouailleur.

Les corrections du vers 13 s'expliquent par le souci d'en faire disparaître le mot *lilas*, présent dans la version finale du vers 8.

À noter que Laforgue a souligné la préposition *par* utilisée au vers 11 et au vers 14. Sans doute se proposait-il de remanier l'un ou l'autre de ces deux vers pour éviter que les tercets de son sonnet présentassent, *in fine*, la même construction.

Page 242.   LITANIES NOCTURNES

Publié pour la première fois dans les *Poésies complètes* (Livre de Poche, 1970). Un seul manuscrit. En marge du vers 13 (*Dans sa cellule un Penseur pense*), Laforgue a écrit : *Pascal*.

Variantes :

v.	46	O Christ faites
v.	49	O pitié! Sainte Providence!
v.	53	Non! douter serait une offense!
v.	59	Mais, j'ai des vices assortis
		Pourquoi pas j'ai des appétits
v.	60	Et des déf
v.	64	Que ce verre
v.	74	Sphinx sans cœur et sans conscience,
v.	98	La terre roule avec démence
v.	100	Dans les espaces endormis
v.	101	Et la vaste magnificence.

Page 247.   ÉCLAIR DE GOUFFRE

Publié pour la première fois dans le tome II des *Œuvres complètes* de Laforgue (Mercure de France, 1903).

Il existe deux manuscrits de ce poème. Dans l'un d'eux, le titre *Éclair de gouffre* a été biffé et remplacé par : *Sincérité*. Ce manuscrit-là n'est pas daté, tandis que l'autre porte la mention : *Phare de la Hève, 28 octobre 1880*.

Variantes :

v. 1 J'étais sur une tour, seul, parmi les étoiles!
       J'étais sur une tour au milieu des étoiles!
       J'étais au haut d'un parc en face des étoiles!
       J'étais sur une tour, perdu dans les étoiles!
v. 3 Je sondais,
       Je sondai, grelottant d'effarement, de peur,
v. 6 Et m'emporte? — Et je puis mourir! mourir, partir
       Et m'emporte? — Oh! je puis mourir! — Mourir, partir
v. 7 Sans rien savoir! — Parlez! O rage! et le temps coule
       Sans rien savoir! — Parler! O rage! et le temps coule
v. 10 Je ne sais rien! J'étais dans le néant
       Je ne sais rien! J'étais dans la nuit, puis je nais.
v. 12 N'est qu'un homme! On ne sait rien! Montre-toi, parais,
       N'est qu'un homme! On ne sait rien! O Témoin, parais,
v. 13 Témoin, nous sommes seuls! Parle
       Puisque nous sommes seuls,
       Nous serons seul à seul. Un mot, pourquoi la Vie?
v. 16 Ah! redevenir rien, irrévocablement!
       Oh!...... redevenir rien, irrévocablement!
       Ah!... Je me fonds... plus rien... irrévocablement.
       Stupeur! redevenir rien irrévocablement.

Sur le manuscrit non daté, Laforgue a souligné d'un petit trait, au début des vers 7 et 8, le mot *sans*, dont la répétition lui semblait appeler une retouche.

Page 248.   SPLEEN

Publié pour la première fois dans les *Poésies complètes* (Livre de Poche, 1970). Un seul manuscrit.

Variante :

v. 11 Puis la nuit et le gaz et je rentre à pas lourds...

Laforgue a noté, probablement en vue de remaniements et de corrections, en marge du vers 9 : *même gouvernement qui tue* ; en marge du vers 11 : *parcours*.

Page 249.   SANGLOT PERDU

Publié pour la première fois dans les *Poésies complètes* (Livre de Poche, 1970). Un seul manuscrit.

Variantes :

v. 3 Et devant leur douceur
v. 4 Moi je sanglotais longuement vers elles.
       Moi je hululais

Publié pour la première fois dans le tome II des *Œuvres complètes* de Laforgue (Mercure de France, 1903).

Un manuscrit de ce sonnet, dont le titre avait été d'abord *Stupeur*, puis *Toujours*, présente les variantes suivantes :

v. 9   Charriant à jamais engloutis dans ses ondes
v. 10 Les autels, les cités, les peuples martyrs
       Les autels, les cités, les martyrs et les mondes
v. 11 Le Temps, universel et vaste écoulement.
v. 12 Qui ne sait rien non plus, ni son but, ni sa course,
       Qui ne sait rien non plus, ni son but, ni sa source,
v. 13 Mais rencontre à jamais des soleils dans sa course,
v. 14 Coule de l'urne bleue intarissablement!

Des notes marginales montrent que Laforgue avait envisagé de légères corrections. Le manuscrit porte, en marge du vers 2 : *étincelle ;* en marge des vers 7 et 8 : *qui ne revient jamais sur lui-même ;* en marge du vers 14 : *inépuisablement.*

Page 251.   LE SANGLOT UNIVERSEL

Publié pour la première fois dans les *Poésies complètes* (Livre de Poche, 1970). Un seul manuscrit.

Variantes :

v. 7   Et comme nous, du Vide, oasis solitaires,
       Et comme nous, voyant
v. 8   Tous désespérément hurlent vers le ciel sourd!
v. 14 Et c'est le rut, la faim et leurs égorgements.
v. 15 Et les faibles, la nuit, du haut des grands pics chauves,
       Et les faibles, le soir, du haut des grands pics chauves,
       Et les faibles, le soir, du faîte
v. 16 Vers la lune écarlate ululent longuement.
       À la lune écarlate ululent longuement.
v. 18 Les fauves bondissant en troupeaux effarés
v. 20 Dès lors monte la voix des grands misérerés.
                                          désespérés.
v. 22 Nous savons désormais que nul ne nous entend,
v. 24 Et toujours vers ce cœur nous sanglotons pourtant.
v. 27 Et qui dans le vertige encor qui les emporte
v. 28 N'ont plus que la clameur de leurs vieux océans.
v. 34 Nul ne dira pourquoi

Après les deux premiers quatrains, le manuscrit de ce poème comporte un autre quatrain, que Laforgue a biffé, mais qu'il avait envisagé de placer entre le premier et le second, comme l'indiquent les numéros 3 et 2 mis par lui en marge de ses vers. Le quatrain supprimé dit :

De partout! des sanglots montent dans les cieux blêmes
Se croisant affolés implorant un écho,
Chœur unique d'appels, de râles, de blasphèmes,
Et c'est à tout jamais l'universel sanglot!

En marge de ces quatre vers, le poète avait noté, en vue de corrections : à droite du vers 1, *pâles ;* à droite du v. 2, *s'éteignant sans ;* à gauche du vers 3, *sublime.* Au vers 2, une faute d'orthographe que Laforgue a souvent faite : *affollés.*

Après le vers 24 venait d'abord ce début de quatrain, que Laforgue a biffé mais qu'il a repris un peu plus loin :

Et tous ces archipels de globes éphémères
S'enchevêtrent

Page 253. ÉTONNEMENT

Publié pour la première fois dans les *Poésies complètes* (Livre de Poche, 1970). Deux manuscrits, plus un manuscrit des deux derniers quatrains, précédés du titre *Résolution* et figurant sur le même feuillet que le poème *Sincérité* (qui est la première forme d'*Éclair de gouffre*).

Variantes :

v.	5	Soudain je nais. — Pourquoi ? — Nul ne répond. — Où suis-je ?
v.	6	Autour de moi, partout, illimité, le bleu! Autour de moi, partout, illimité, du bleu!
v.	9	Dans leurs rayonnements en aurores fécondes
v.	16	Va, pleure, espère, et meurt! Et ne s'étonne pas!
v.	25	Et toujours j'interroge, ayant l'horreur du doute!
v.	32	Qui donc a pu tirer l'Univers de la Nuit!
v.	33	Et rien! être impuissant! sans Et rien! ne pouvoir rien! Mon Dieu! mais qui m'assure
v.	34	Que je ne serais pas, dès demain, étendu,
v.	36	Au fond d'un trou creusé dans ce globe perdu ?
v.	39	D'Afrique! Être une brute, et la chair assouvie, D'Afrique, en brute épaisse, et, la chair assouvie,
v.	40	Oublier le cerveau que le siècle m'a fait. Oublier le cerveau que les siècles m'ont fait!

Sur chacun des deux manuscrits, Laforgue a écrit à mi-hauteur dans la marge de droite : *Entêtement.*

Page 255. TROP TARD

Publié pour la première fois dans les *Poésies complètes* (Livre de Poche, 1970). Deux manuscrits.

Variantes :

v. 1   Ah! que n'ai-je vécu dans ces temps d'innocence,
           Ah! que n'ai-je vécu dans ces jours d'innocence,
v. 2   Lendemains de l'an mil où l'on croyait encor,
v. 3   Où Beato peignait loin des bruits de Florence
v. 5   O cloîtres d'autrefois! âmes d'or, fleurs naïves,
           O cloîtres d'autrefois! existences
           O cloîtres d'autrefois! jardins d'âmes naïves,
           O cloîtres d'autrefois! jardins d'âmes pensives,
           O cloîtres d'autrefois! existences pensives
v. 6   Grands corridors muets, solitaires murs blancs,
v. 8   Où les jours s'écoulaient monotones et lents!
           Où les jours pieux coulaient monotones et lents!
v. 9   Dans un cloître perdu de la mystique Ombrie,
v. 12   Mort au monde, les yeux au ciel, ivre de Dieu!
           Dans l'attente
v. 14   Dont le regard
v. 16   Et mon âme eût souri plus pure que leurs yeux.
v. 20   Qu'elle criât vers Dieu tous mes sanglots d'amour!
           Qu'elle montât
           Qu'elle portât
           Pour qu'elle dît
v. 23   Qui semblent dans l'encens et les cantiques d'âmes
           Qui semblent de clartés
v. 24   Des portails lumineux s'ouvrant au paradis.
           Des portails lumineux venant
           Des portails lumineux montant
v. 26   Senti fondre mon cœur vaguement consolé,
           Senti fondre mon cœur soudain inconsolé
v. 29   Et bientôt consumé de
v. 30   Quelque châsse où la Vierge en habits précieux
v. 31   Joignant avec ferveur ses mains fines et pâles
           Joignant avec ferveur ses mains longues et pâles
           Tenant un lys de lait dans ses fines mains pâles

Page 257.   ENFER

Publié pour la première fois dans les *Poésies complètes* (Livre de Poche, 1970). Deux manuscrits, à l'état de brouillon.

Variantes :

v. 7   Devant le noir charnier des siècles engloutis
           Devant le grand charnier des siècles engloutis
           À cet
           À cette
           À l'immense charnier des siècles engloutis
           Au sanglot
           Que j'entends le sanglot des siècles engloutis
v. 10   Au jour réparateur des futurs paradis.
           Car je n'espère plus vos futurs paradis.

```
v. 13    Qui sous le soleil mort se hérisse de glaces
v. 14    Se dissoudra bientôt sans laisser nulles traces,
         Et se perdre à jamais sans laisser nulles traces,
v. 16    Si je me mêle encor au troupeau de mes frères
v. 18    Avec ses dieux, ses arts, ses fanges, ses misères,
v. 19    Devant cette mêlée aux destins éphémères,
v. 20    Je suis pris de nausée et je saigne d'amour!
         Je suis pris de nausée ou je saigne d'amour!
v. 21    Mais dès que las de tout je descends en moi-même,
         Mais si repu de tout je descends en moi-même,
         Mais si repu de tout je reviens en moi-même,
v. 23    Je trouve l'Être impur qui m'écœure et que j'aime,
         Je trouve l'Être vil qui m'écœure et que j'aime,
         Je traîne l'Être impur qui m'écœure et que j'aime,
         Je traîne l'être vil qui m'écœure et que j'aime,
v. 26    Seule encor, seule encor la musique me verse
         Alors
         Seule enfin
         Tout me
v. 27    Son oubli merveilleux je vais dans les concerts.
v. 28    Là, je ferme les yeux, je me
         Là, je ferme les yeux, je suis mort, je me berce
v. 30    Je rêve doucement qu'il n'est pas d'univers.
         Et tout n'est plus qu'un rêve et l'homme et l'univers.
         Je crois que j'ai rêvé qu'il n'est pas d'univers.
```

En marge du vers 11, Laforgue, se moquant lui-même, a écrit : *Quand aura-t-il tout vu?*

Page 259.   GUITARE

Publié pour la première fois en 1922 par G. Jean-Aubry dans le tome II de son édition des *Œuvres complètes,* avec quelques erreurs de transcription. M. Clayeux nous a communiqué le manuscrit qu'il possède de ce poème. D'autre part, M. Marc Loliée nous a fait connaître un brouillon de la même pièce, sans titre, découpé en strophes de quatre vers, mais incomplet, puisqu'il s'interrompt au milieu d'une strophe. Voici le texte de ce brouillon :

I

Vous qui valsez ce soir, fière et fine mondaine
Toute en noir lacé de vieil or
Et traînant le velours passez comme une reine
Dans cet éblouissant décor.

Riche, noble, enviée, exquisement aimée
Vous que souvent à l'Opéra

J'ai contemplée ainsi qu'un calme et pur camée,
   Un jour qui n'est pas loin viendra.

Un jour où quand le prêtre aura mis en offrande
   Les huiles sur votre front
Dans votre plus beau drap de toile de Hollande,
   Vos gais héritiers vous coudront.

Dans votre cercueil, comme une enfant qui sommeille,
   Sous le drap noir d'un corbillard
Conduit par un cocher soûl encor de la veille,
   Vous insultant pour un retard.

Et vous irez au pas jusqu'au seuil de l'Église
   Comme aux dimanches d'autrefois
Quand vous veniez prier, douce, en toilette exquise
   Folle encor de la course au Bois.

Bientôt se relevant, vos frivoles amies
   Furtivement du coin de l'œil
Comparent les façons plus ou moins alanguies
   Dont elles portent votre deuil.

L'orgue éclate, la nef s'étoile jusqu'au faîte
   On s'agenouille autour de vous.
Et le De profundis passe large tempête
   Sur les fidèles à genoux,

Car vous irez pourrir, fière et fine mondaine,
   O chef-d'œuvre exquis de Paris
Pourrir dans le sol gras! et le plomb et le chêne
   Sont de dérisoires abris.

. . . .
   Toujours pourrir loin des vivants,
Dans la neige, l'averse et les rumeurs [...]
   Et la plainte infini[e] des vents.

Vos seins blancs seront secs comme deux vieilles nèfles,
   Vos cuisses iront en lambeaux,
Votre doux nez mutin ne sera plus qu'un trèfle,
   Et vos bras que deux maigres os.

Oui, vous aurez été belle, adorée, ouverte
   Aux voix de l'univers profond
Et vous pourrirez fétide, informe, inerte
   Comme une charogne sans nom.

Dans les trous de vos yeux grouillera la vermine,
   Vos cheveux soyeux, blonds, ardents,

Ce premier texte est très raturé. Le vers 3 comportait d'abord un autre début, que des surcharges ont rendu illisible. En marge des vers 3 et 4, Laforgue a noté, comme s'il recherchait d'autres rimes : *traîne, ténor.* Le vers 33, entièrement biffé, n'a pas reçu de nouvelle forme. Le vers 35 est resté inachevé. Le vers 36 offre une faute de genre, sans laquelle il serait faux. Pourtant, à ces strophes, composées probablement vers 1880, le jeune poète avait déjà apporté de nombreuses corrections. Nous y avons relevé les variantes suivantes :

v. 5   Vous riche, noble, enviée, vous fine
                      uniquement aimée
v. 14 Vous irez sur un corbillard
v. 16 Vous maudissant pour un retard
v. 18 De l'Église
v. 20 Dans les chants d'orgues et les voix.....
v. 21 Sous leur voile, à genoux, vos frivoles amies
v. 23 Comparant les façons plus ou moins alanguies
v. 25 L'orgue éclate, la nef s'étoile de lumière
v. 27 Et le de profundis court comme une tempête
v. 30 Chef-d'œuvre exquis du grand Paris
v. 33 Toujours seule, toujours la nuit et le silence
       Toujours seule, toujours le noir
       Pourrir parmi les morts, riches, catins, bourgeoises
v. 37 Vos deux seins blancs
       Vos seins blancs seront secs comme une vieille nèfle,
v. 39 Et votre nez mutin ne sera plus qu'un trèfle
v. 40 Et que deux trous vos yeux si beaux
v. 41 Vos yeux seront deux trous tout grouillants de vermine
       Vous, belle! vous tout cœur, vous âme immense ouverte
       Stupeur! avoir été belle,
v. 43 Et pourrir peu à peu, fétide, informe, inerte
v. 44 Tout comme un chien crevé
v. 46 Vous montrerez toutes vos dents.

Le manuscrit Clayeux, de composition plus tardive, présente lui-même nombre de ratures et de corrections.

Variantes (les références renvoient au texte de notre édition) :

v. 2   Toute en brocart noir lacé d'or
v. 3   Et, traînant le velours, passez comme une reine
v. 4   Dans un éblouissant décor,
v. 6   Vous, que souvent à l'Opéra
v. 9   Un jour où, quand le prêtre ayant mis en offrande
v. 10 L'huile sainte sur votre front
v. 13 Dans un doux cercueil, comme une enfant qui sommeille,
      Où, dans votre cercueil, douce enfant qui sommeille,
      Un jour où, chaste ainsi qu'une enfant qui sommeille,
v. 17 Lentement vous irez jusqu'au seuil de l'Église

v. 19   Vous veniez pour prier, frêle, en toilette exquise
v. 21   Les cloches aussitôt, en tumulte, et sans trêve,
         Et les cloches alors, en tumulte, et sans trêve,
v. 26   C'est comme un alambic trop plein
v. 31   Femmes fières lorgnant au soleil les vitrines
v. 32   Et qu'en rêvant suit le regard.
         Et passants cherchant leur regard.
v. 33   L'orgue éclate, la nef s'allume jusqu'au faîte,
v. 34   On se recueille autour de vous
         On frissonne en songeant
v. 37   Mais bientôt, se levant, vos meilleures amies
v. 38   Distraitement, du coin de l'œil,
v. 49   Bals, modes, fleurs
v. 55   Pour ce beau paradis dont rêvaient vos tristesses,
v. 56   Mais cet Éden
v. 59   Pourrir comme un chien mort! Car ce plomb et ce chêne

Après le vers 60 venaient les quatre vers suivants, que l'auteur
a biffés, pour les reprendre, corrigés, un peu plus loin :

           Toujours la grande nuit spleenique et solitaire,
                Toujours pourrir loin des vivants,
           Rien que le bruit de l'eau qui filtre sous la terre,
                Rien que la plainte des grands vents.

v. 65   Vous qui [?]
v. 72   Aux seuls soupirs de

Dans le premier état de ce manuscrit, après le vers 76 venaient
les vers qui, dans la version corrigée, correspondent aux vers 84-
88 et 77-80. Les vers 81-84 de cette version n'existaient pas.
En les ajoutant en marge, Laforgue, par des accolades et des
chiffres, a indiqué dans quel ordre il entendait reclasser les
vers 73-88. Le texte de notre édition respecte l'ordre prescrit.

v. 77   Tout pourrira! vos mains qui conduisaient

Le verbe *conduisaient* est surchargé d'un autre, dont le
début est illisible.

v. 78   Au bois de si belle façon,
v. 79   Vos petits pieds
v. 87   Tomberont; et pour faire aux vers blancs bonne mine
         Tomberont; et, pour faire aux vers roux bonne mine
v. 88   Vous montrerez toutes vos dents.
         Vous sourirez à belles dents.
v. 89   Et par ces longues nuits où le vent noir s'ennuie,
v. 96   Et la langueur des violons
v. 97   Les vieux dandys
v. 98   Qui jadis formaient votre cour
v. 100   Rediront leur chanson d'amour

Le vers 102 est en blanc dans le manuscrit.

v. 104   Avec les plus

En marge du vers 46, Laforgue a noté : dessin de Doré. Peut-être envisageait-il une correction qui eût fait entrer ces mots dans son poème.

M. Marc Loliée nous a communiqué en outre un feuillet d'ébauches de Laforgue, où se retrouvent les vers 41-45 du manuscrit Clayeux, avec les variantes suivantes :

v. 41   Et leur cerveau n'est pas soudain figé
v. 43   Vous êtes là, vous qui leur souri[i]ez heureuse
        Vous pourrissez, vous qui leur parliez hier encore,
v. 45   Néant! néant! clamez donc orgues solennelles

Ensuite, un mot détaché, placé à la rime d'un vers manquant :

cité

et le vers destiné à rimer avec cité :

Et que tout n'est que vanité.

Ajoutons que G. Jean-Aubry a publié dans le n° 1000 du *Mercure de France*, 1er décembre 1946, un texte en prose de Laforgue intitulé *Guitare* et dédié à Charles Éphrussi. Ce texte, qui se rapproche fort du poème portant le même titre, constitue-t-il, comme le pensait Jean-Aubry, une esquisse de ce poème ? C'est possible, non certain. On ne saurait exclure absolument que Laforgue ait eu l'intention de condenser dans un poème en prose les éléments d'une pièce poétique un peu verbeuse.

Voici, en tout cas, cette autre version de *Guitare*, telle que l'a présentée Jean-Aubry d'après un manuscrit qu'il dit très raturé et dont il n'a pu déchiffrer quelques mots :

fine mondaine, qui valsez, en brocart noir, au corsage lacé de vieil or, aux épaules découvertes en cœur, qui minaudez, derrière l'éventail, — nerveuse, — qui le matin, au Bois, courez sous les berceaux dans votre amazone, ivre (de santé et) de bonheur, sans remords, qui êtes aimée finement, un jour, un jour viendra! on vous coudra dans votre plus beau drap de Hollande, dans votre bière, une caisse en plomb pleine de sciure de bois on vous mettra, au couvercle vissé, on vous hissera dans une voiture noire, dont le cocher sera encore saoul d'une noce de la veille. Dans l'encens et les musiques graves, on vous absoudra pour ce paradis élégant dont vous rêviez penchée à St-Augustin sur votre paroissien d'ivoire, aux fermails de vieil or, et qui n'existe pas, car vous irez sous terre, parmi les morts, pauvres et riches, voyous, catins, ouvriers, bourgeoises, etc., faire dodo, et les vers vous mangeront, et la pluie vous amollira, et vos flancs lascifs aux souplesses félines, et vous nourrirez les tiges des saules (épaules...) des beaux et des frêles pissenlits d'or, vos belles dents d'émail frais, vos oreilles fines qu'étoilaient des diamants, votre cervelle de pinson heureux, vos yeux vides estrangés de kol, aux regards d'antilope, votre bouche blême, vos yeux vidés, votre petit ventre flasque, vos cuisses ridées, et vos petits pieds mignonnes mules exquises, et votre langue rose, et votre gorge et votre cœur de diamant,... mains fines, bleuâtres, et vos jambes, et vos intestins nourris de choses fines, fine chère dans les dîners splendides au milieu des cristaux. Et néanmoins, vos meilleures amies danseront au bal comme avant, en toilettes, et les jeunes dandys en frac qui flirtaient avec vous, et les dîners fins, et les bains de mer, l'opéra, le Salon, le soleil, les fleurs, les vitrines, la vie et les modes frivoles et les promenades au Bois. Et la terre volera par les espaces, — et toujours les rondes des soleils, les couchants, les mille répertoires de votre âme, de vos sens, de vos nerfs grisés, et la rêverie en bateau, — délicate, vos mines alanguies, essences, vie ardente, mots capiteux, caprices, fantaisies, — précieux, rare, aigu, exquis, subtil tenant un lorgnon d'or, le petit doigt levé, fantasques, vos cheveux noirs tordus criblés de pierreries, vos traînes de velours, des philtres énervants, des langueurs errantes, de la main des bonjours souriants, Oh! les nuits de juillet, sur les terrasses d'orangers les nuits de bal, les après-midi de décembre, tapis, les crépuscules, les clairs matins frileux du printemps, courses dans les champs de coquelicot, cottages japonais, hamacs dans les feuillages, siestes d'été dans votre palais de bambous. Adieu chiffons, parfums, éventails,... des toilettes, fleurs de serres, vos atomes, chef-d'œuvre exquis d'un temps malade, rentreront dans la nature, les blés, les nuages, les bêtes, les choses.

Page 263. PAROLES D'UN ÉPOUX INCONSOLABLE

Paru dans *La Quinzaine littéraire*, 1er septembre 1966. Il existe trois manuscrits de ce poème. L'un a pour titre *Plaintes d'un amant* et s'accompagne d'un projet de titre : *Paroles d'un amant*, que Laforgue n'a pas retenu. Un autre manuscrit, également intitulé *Plainte d'un amant*, mais au singulier, porte, au-dessus de ce titre, cette mention ironique : *Pour faire pendant au* lac *de Lamartine* et, en guise d'épigraphe, sur deux lignes : *de M. X*** (air connu)*. Quant au troisième manuscrit, *Paroles d'un époux inconsolable*, le premier titre en était *Paroles d'un amant*. Au-dessus de ce titre, Laforgue a écrit ensuite : *Guitares d'occasion*, comme s'il voulait faire entrer son poème dans un ensemble de pièces appelé ainsi. Enfin, il a encore ajouté un surtitre : *Une charge*, lorsqu'il a substitué au mot *amant* les mots : *époux inconsolable*.

L'ordre des quatrains composant ce poème a subi plusieurs

modifications, que Laforgue a indiquées par des chiffres inscrits en marge. Notre texte respecte le dernier classement.

Variantes :

v. 1   Elle est morte! Elle est morte! — Ah! laissons là son âme!
       Tout est dit! Elle est morte! — Ah! laissons là son âme!
       Elle est morte, elle est morte. Ah! laissons là son âme.
v. 2   Son âme ne m'est rien! Je ne la connais pas!
v. 3   Ce qui m'importe à moi, c'est le beau corps de femme
       Ce qui m'importe à moi, c'est ce beau corps de femme
v. 4   Que j'ai mordu d'amour et serré dans mes bras!
       Que j'ai tenu sous moi et serré dans mes bras!
       Que j'ai tenu sous moi, qu'ont étreint ces deux bras.
       Que j'ai tenu sous moi, qu'ont étreint ces deux bras!
       Que j'ai possédé
v. 5   Ce qui m'importe à moi, ce sont ces rouges lèvres,
       Ce sont ces cheveux noirs, ce sont ces rouges lèvres,
v. 7   Que, dans nos nuits de rage, après l'heure des fièvres
       Qu'en nos nuits d'insomnie, après l'heure des fièvres
       Que dans nos nuits d'amour, après l'heure des fièvres
       Où, dans nos nuits d'amour, après l'heure des fièvres,
v. 8   Ma bouche marquetait de mille baisers fous!
       Mon pâle front cherchait à [?] mes dégoûts
v. 10 Ce qui grisa mes sens et ma tête et mon cœur,
v. 11 Si bien, que même encor, y penser me rend ivre
       Si bien, que d'y penser, même encor, me rend ivre
       Si bien, que d'y penser, aujourd'hui me rend ivre
       Si bien, que d'y penser, à présent me rend ivre
       Et dont le souvenir, même encor, me rend ivre,
v. 12 Ou me coule partout un fleuve de langueur.
       Ou me coule par tout un fleuve de langueur.

Les vers 13-16 ne figurent que dans le troisième manuscrit.

v. 14 Ses jupons capiteux et ses gants et ses bas,
v. 15 Oh! ses jupons surtout que j'étreins, que j'embrasse
v. 16 Parfois, pour m'en soûler, et qui ne remuent pas!
       Parfois, pour y jouir
       Parfois, pour y mourir
v. 17 Oh! je ne pour
       Oh! je ne me ferai jamais à cette idée
       Car je ne me ferai jamais à cette idée
v. 18 Qu'elle était et n'est plus! malgré nos beaux amours!
       Qu'elle fut et n'est plus! malgré nos beaux amours!
v. 19 Car moi, je vis encor, moi qui l'ai possédée
v. 20 Et mes bras sont nerveux, et mon cœur bat toujours!
       Et mes bras sont puissants, et mon cœur bat toujours!
       Et mes bras sont vivants, et mon cœur bat toujours!
v. 23 Et les fiacres sans fin broyant toujours le sable,
       Et les fiacres sans fin toujours
       Et les fiacres sans fin faisant crier le sable,

v. 24	Nous avons traversé ce même boulevard!
v. 25	Elle avait ces yeux noirs que l'insomnie attise,
v. 28	Et son chignon croulant percé d'un poignard d'or.
	Son chignon traversé d'un petit poignard d'or.
v. 29	Et maintenant elle est là-bas, au cimetière
	Et maintenant Elle est là-bas, au cimetière
v. 31	Joignant encor les mains comme pour la prière,
	Offrant aux vers muets sa bouche hospitalière
	Ouvrant
v. 33	C'est vrai, malgré sa mort, ici, tout continue
v. 35	Nul ne sait qu'Elle fut, parmi cette cohue,
	Nul ne sait qu'Elle fut, dans cette âpre cohue,
v. 37	Et tout cela n'est plus. Nuits de voluptés folles!
	Et cela n'est plus rien. Nuits de voluptés folles!
	C'est fini, c'est fini. Nuits de voluptés folles,
	C'est un rêve
	Peut-être ai-je rêvé,
	Car je n'ai pas rêvé,
v. 38	Spasmes, sanglots d'amour! baisers à nous broyer!
	Spasmes, sanglots d'amour! rages à nous broyer!
v. 40	Nos deux têtes d'enfants sur le même oreiller!
v. 41	Sous terre, maintenant, elle se décompose
	Tout cela n'est plus rien! elle se décompose
	Je ne la verrai plus! elle se décompose
v. 42	Selon les mouvements éternels, absolus.
	Sous terre, maintenant, en proie à l'univers
	Selon ces mouvements qu'en des livres j'ai lus...
v. 43	Son bras avait au coude une fossette rose.
v. 44	C'est fini. C'est fini. Je ne la verrai plus!
	J'aurai[s] dû mieux l'aimer. Je ne la verrai plus!
	C'est fini. C'est fini. Je ne l'étreindrai plus.
	Où grouille maintenant tout un peuple de vers.
v. 45	Herbes du cimetière, averses des nuits lentes,
v. 46	Chaudes brises d'été, vers de terre gluants,
	Chaudes brises de Mai, vers de terre gluants,
	Brises tièdes, Soleil, vers de terre sacrés,
	Souffles sans but, Soleil,
v. 47	Tous les agents divins vont se glisser aux fentes
v. 48	Du coffre qui détient ces verts lambeaux puants.
	Du coffre qui détient ces vains restes puants.
v. 50	La hanche aux fiers contours, les épaules, les seins?
	La hanche au fier contour, les globes de ses seins?
	Sa hanche au fier contour, les globes de ses seins?
v. 51	Son crâne a-t-il encor sa chevelure noire
	Ce crâne a-t-il encor sa chevelure noire
	Son crâne a bien encor cette crinière noire
v. 52	Où l'orgie une fois tressa ses lourds raisins.
v. 53	Soleil grand pourrisseur, qui fécondes les nues
	Soleil grand pourrisseur, oh! que sont devenues
	Mais son ventre, son dos? Oh! que sont devenues
v. 54	Qu'as-tu fait de ses bras, par l'insensible azur?

```
              Où sont allés ses bras
              À travers les hasards de l'insensible azur
v. 55         Oh! qu'as-tu fait surtout de ces lèvres charnues
              Ses épaules d'ivoire et
              Ses épaules d'albâtre et
              Ces épaules d'albâtre et ces lèvres charnues
v. 56         Où je mordais
              Où ma bouche mordait comme dans un fruit mûr?
v. 57         Où ses cuisses que j'ai fait craquer dans les miennes?
v. 58         Où ses lèvres, son cou, son menton et son nez?
              Et ses lèvres, son cou, son menton et son nez?
v. 59         Où sont ses yeux pareils à ceux des bohémiennes?
              Ses yeux d'enfer pareils à ceux des bohémiennes,
v. 60         Et ses pâles doigts fins aux ongles carminés?
              Et ses doigts délicats aux ongles carminés,
v. 61         Puisque tout n'est qu'échange universel des choses
              Puisque tout est l'échange universel des choses
              Puisque tout n'est qu'échange universel des choses
              La Nature est l'échange universel des choses
v. 62         Rien ne naît de [...] et rien n'est anéanti.
              Rien ne naît par les cieux, rien n'est anéanti,
v. 63         Et pour le flux sans fin de ses métamorphoses,
              Et sur l'aile des vents, pour ses métamorphoses,
v. 64         Ce qui fut ma maîtresse à jamais est parti!
              Ce qui fut ma maîtresse à son tour est parti!
              Ce qui fut ma maîtresse est sans retour parti!
              Ce qui fut ma maîtresse au hasard est parti!
v. 65         Parti pour les forêts, les sillons et les sentes,
v. 66         Pour les beaux raisins blonds, pour l'herbe des troupeaux
              Pour les beaux raisins blonds, les
              Pour les beaux raisins blonds, pour l'herbe des troupeaux,
              Les arbres,
              Les bouleaux des chemins, les prés verts, les troupeaux.
v. 67         Les bouleaux des chemins, les moissons d'or mouvantes
v. 68         Et les grands nénuphars où s'aiment les crapauds.
v. 70         Et les miasmes impurs où flambe le gaz cru
v. 72         La courtisane maigre et le boursier ventru.
v. 73         Parti!... fleurir, peut-être, un vieux mur de clôture
              Qui sait... fleurir, peut-être, un vieux mur de clôture
v. 75         Deux pauvres amoureux guidés par la nature
v. 76         Échangeront un jour des serments infinis!
              Sans rire échangeront des serments infinis!
```

Les deux premiers manuscrits de ce poème finissaient par deux quatrains qui ont disparu de la dernière version. En voici le texte :

```
              Et plus tard, sous le choc de quelque astre qui passe
              La Terre globe mort, par le temps émietté,
              Dispersera sans but aux hasards de l'Espace
              Cette cendre sans nom qui fut l'humanité.
```

Alors, alors qui sait, nos deux bouches peut-être
Après tant de labeurs se retrouvant enfin,
En deux bouches d'amants, sur quelque monde à naître
S'uniront de nouveau dans un baiser divin.

Ces huit vers présentent eux aussi quelques variantes :

v. 1   Et quand
        Et lorsque sous le choc de quelque astre qui
v. 2   La Terre globe mort, par le temps émietté
        La Terre globe mort, par le temps effrité
v. 5   Alors, alors là-bas, dans des siècles peut-être
v. 6   Après tant de labeurs se retrouvant enfin,
        Après tant de labeurs se retrouvant un jour
v. 7   Sur deux bouches d'amants
        Dans deux bouches d'amants sur quelque monde à naître
v. 8   S'uniront de nouveau dans un baiser divin.
        S'uniront de nouveau dans un baiser d'amour.

Dans le premier de ces trois manuscrits, Laforgue a écrit
annéanti. Dans les trois manuscrits, il écrit toujours : *phtysiques*.
Étourdiment, il écrit même *raisains* dans le dernier manuscrit.

Page 266.   POUR LE LIVRE D'AMOUR

Publié pour la première fois dans le tome II des *Œuvres
complètes* de Laforgue (Mercure de France, 1903).

Page 267.   LITANIES DE MON TRISTE CŒUR

Publié pour la première fois dans les *Poésies complètes* (Livre
de Poche, 1970). Deux manuscrits, datés l'un et l'autre du
15 novembre 1886. Ces deux manuscrits ne comportaient
d'abord que onze distiques. Laforgue a ajouté deux distiques,
après le 15 novembre 1880, car leur texte, dans chaque manuscrit,
figure au-dessous de la mention de date. Ajoutons que ces dis-
tiques se présentaient initialement dans un ordre que Laforgue
a rectifié par des indications marginales. Cet ordre était le sui-
vant : 1, 2, 5, 4, 9, 10, 7, 8, 11, 12 et 13. Les distiques 6 et 3
sont postérieurs.

Dans chaque manuscrit, un premier titre disait : *Litanies
de mon pauvre cœur.*

Variantes :

v. 5   Mon cœur est un bourdon qui sonne chaque jour
v. 9   Mon cœur est un noyé vidé d'âme et d'espoirs
        Mon cœur est un mourant vidé d'âme et d'espoirs
v. 10   Qu'étreint la pieuvre Spleen de ses mille suçoirs.

v. 12   Qui bien que je sois mort sonne toujours les heures.
v. 19   Mon cœur est un tyran morne et blasé d'Asie,
v. 20   Qui de rêves sanglants sans fin se rassasie.
v. 23   C'est un feu d'artifice hélas! qu'avant la fête
v. 26   La vie? et le soleil? l'Univers et la Loi?

Au bas d'un des manuscrits de ces *Litanies,* Laforgue a noté les titres de quelques-uns de ses poèmes. Cette liste mentionne : huit sonnets, quatrain, *Litanies du cœur, Noël, Sphinx, De profundis, Lassitude, Grande angoisse, Vœu suprême, Sanglot universel, Litanies nocturnes, Sanglot perdu.*

Page 269.   CITERNE TARIE

Publié pour la première fois dans les *Poésies complètes* (Livre de Poche, 1970). Un seul manuscrit, intitulé d'abord *Spleen.*

Variantes :

v.   1   Hélas! j'ai vu tomber l'Art ma dernière idole,
         Hélas! j'ai vu partir l'Art ma dernière idole,
v.   3   Le Spleen me reste seul, car avec l'Art s'envole
v.   8   Pas un jour où, muet, je ne songe à la mort.
v.   9   Je me traîne énervé d'immenses lassitudes,
         Et je vais enviant
v. 10   Mort à l'illusion qui meut la multitude
v. 11   Altéré de néant
v. 12   Tu bats toujours pourtant, cœur triste et misérable!
v. 13   Ah! si j'étais au moins, comme jadis capable

Au bas du sonnet, cet alexandrin, destiné probablement à un remaniement du tercet final :

        Si tu pouvais du moins en retrouver encore

Page 270.   NOCTURNE

Publié pour la première fois dans les *Poésies complètes* (Livre de Poche, 1970). Un seul manuscrit.

Variantes :

v.   1   Je songe au vieux Soleil un jour agonisant,
         Songeant
v.   2   Je halète atterré, pressant du doigt ma tempe,
         Je halète, j'ai peur, pressant du doigt ma tempe,
         Je halète, pressant ma tempe qui éclate
v.   3   Tandis qu'en face, trois jeunes filles causant
         Pourtant, en face, trois jeunes filles causant

Ce quatrain était d'abord d'un seul bloc. Laforgue a mis en marge des vers 2 et 3 : *séparer les 2 vers.*

Publié pour la première fois dans les *Poésies complètes* (Livre de Poche, 1970). Il en existe deux manuscrits.

Variantes :

v.   1   Le feu s'éteint, l'horloge étouffe un bâillement,
          Je contemple mon feu. J'étouffe un bâillement.
          Le coke flambe
          Le coke
v.   2   Le vent pleure ; l'averse à la vitre ruisselle,
v.   3   Un piano voisin chante une ritournelle.
          Un piano voisin joue une ritournelle.
          Un piano voisin pleu
v.   5   Je songe à cette Terre, atome d'un moment
          Je songe à cette Terre oasis d'un moment
v.   6   Dans l'infini criblé d'étoiles éternelles,
          Perdue en l'hosannah des splendeurs éternelles
          Dans l'hosannah muet des splendeurs éternelles
          Dans l'hosannah sourd
          À l'infini criblé d'étoiles éternelles,
v.   7   Au peu qu'ont déchiffré nos humaines prunelles,
          Au peu qu'ont déchiffré nos débiles prunelles
          Au peu qu'ont entrevu
          Au peu dont s'éblouit
v.   8   Au tout qui nous est clos inexorablement.
v.   9   Nous naissons, nous mourrons. Banales comédies,
          Naître, grandir, mourir. Stupide comédie
          Naître, vivre, mourir ! banale comédie
          Naître, grandir, aimer
          Nous venons tous jouer la même comédie
v. 10   Les vices, les chagrins, l'ennui, la maladie,
          Des vices, des chagrins, l'ennui, la maladie,
          Les vices, les chagrins, l'ennui, la maladie
v. 11   Et nous allons fleurir les fins pissenlits d'or.
          Nous ont bientôt faits mûrs pour les pissenlits d'or.
v. 12   Toujours, toujours ainsi. Depuis que l'homme existe.
          L'histoire
          Et l'histoire
          Ainsi l'Histoire va. Dire que Tout existe.
v. 13   Et nul témoin là-haut. Rien. Attendre la mort.
v. 14   Ah comme Tout est seul, comme la vie est triste !
          Comme Tout est sans but, comme la vie est triste.

En tête du premier des deux manuscrits, dans le coin droit du feuillet, Laforgue a écrit : *le Pourquoi du pourquoi.*

Page 272. À LA MÉMOIRE D'UNE CHATTE NAINE
QUE J'AVAIS

Publié pour la première fois dans les *Poésies complètes* (Livre de Poche, 1970). Un manuscrit de ce sonnet montre qu'il s'intitulait d'abord *Sphinx*. Laforgue a biffé ce mot et l'a remplacé par : *À la mémoire d'une chatte naine que j'avais*. Puis, il a ajouté, au-dessus de la ligne, entre *chatte* et *naine*, le mot *toute*, et au-dessous de la ligne, à la même hauteur, l'adverbe *absolument*, mais il n'a plus rien biffé, hésitant sans doute dans le choix d'un titre définitif.

Un autre manuscrit, que nous n'avons pas vu, était offert dans le bulletin nº 37 de la Librairie de l'Abbaye, qui le dit chargé de corrections et de repentirs.

Variantes :

v. 2 Fait glapir tristement les vieillards dans les cours.
     Fait glapir tristement les mômes dans les cours,
     Fait glapir en claquant
v. 3 Combien en avons-nous laissé passer des jours
v. 4 À rêver seul à seul en ma chambre bien close.
v. 5 Lustrant ton poil soyeux de ta langue âpre et rose
     Lustrant ton poil noir
v. 8 T'allonger comme en quelque noble pose.
v. 9 Et je songeais, plongeant dans tes prunelles d'or
v. 13 Quels yeux fixes pourtant!... parfois... il m'intimide

Page 273.   UNE NUIT QU'ON ENTENDAIT
               UN CHIEN PERDU

Publié pour la première fois dans les *Poésies complètes* (Livre de Poche, 1970). Il en existe deux manuscrits. L'un, à l'état de brouillon, avait d'abord pour titre *Veillées*, que Laforgue a changé en *Veillées de Mars*. L'autre manuscrit portait en titre *Insomnie* avant que l'auteur n'en fît *Une nuit qu'on entendait un chien perdu*. Mais il faut ajouter que dans le premier de ces manuscrits, sous le titre de *Veillées*, figurait sur deux lignes cette indication, biffée ensuite : *Une nuit d'averses qu'on entendait au loin un chien perdu*.

Le premier manuscrit ne comporte que quatorze vers, se présentant ainsi :

    J'entendrai donc toujours ce lugubre aboiement
    Dormez, mangez, aimez, ô vivants...
    Dans cent ans vous girez tous en la fosse noire

    Avez-vous entendu ?... oh, un cri déchirant.
    C'est le sifflet aigu, désolé, solitaire
    D'un train noir de Remords dans la nuit des mystères
    Dans la nuit infinie à jamais s'engouffrant

Tout se tait, un refrain, seul, là-bas, danse encor.
C'est un bal : fleurs, cristaux, toilettes et lumières. —
Le vent rit dans les pins qui fourniront des bières
À ces couples fardés qui sautent sans remord.

Mais à quoi bon pleurer les douleurs de l'histoire
Nous n'en irons pas moins tous en la fosse noire
Loin des refrains de bal de vivants sans mémoire

Le texte ci-dessus a été raturé, de manière à donner les vers suivants, souvent incomplets :

v. 1 J'entendrai jusqu'au jour, là-bas
v. 4 Et soudain dans la nuit passe un cri déchirant.
v. 6 D'un trait noir de Remords [*illisible*] des mystères
v. 7 Dans la nuit solennelle
        Dans la nuit lamentable
v. 8 Tout se tait, un refrain, seul, danse dans la nuit.
v. 12 Mais quand nous pleurerions les douleurs de l'histoire
v. 13 Serons-nous moins toujours tous en la fosse noire
        N'en serions-nous pas moins un jour
v. 14 Loin des refrains de bal des vivants sans mémoire

Au vers 11, Laforgue n'a pas mis d's à la fin du mot *remord*, qu'il avait correctement orthographié au vers 6, mais en le dotant d'une majuscule.

L'autre manuscrit, qui contient vingt et un vers, présente les variantes suivantes par rapport au texte que notre édition reproduit :

v. 1 J'entendrai donc toujours ce
v. 3 Vers les nuages fous qui courent au ciel morne
v. 5 Nul ne veut donc pleurer les douleurs de l'Histoire !
v. 12 Nul ne veut donc pleurer les douleurs de l'Histoire ?
v. 15 Puis le refrain poignant là-bas
v. 18 À ces couples fardés qui dansent aujourd'hui.

Page 275. SUR L'HÉLÈNE DE GUSTAVE MOREAU

Publié pour la première fois dans les *Poésies complètes* (Livre de Poche, 1970). Un seul manuscrit, signé J. L.
Variante :

v. 4 Hélène vient jouir de la douceur du soir.

Au vers 5, Laforgue a écrit par étourderie : *Qui donc est-tu.*

Page 276. NOËL RÉSIGNÉ

Publié pour la première fois dans les *Poésies complètes* (Livre de Poche, 1970). Un seul manuscrit, à l'état de brouillon.

Variantes :

v. 1   Noël! Noël! toujours seul,
v. 4   Car je ne pleure plus, cloches, à votre appel.
v. 5   Noël! Noël!
v. 8   Que tourmente le vent pleurant de désespoir.
v. 9   Dans la pluie et la boue au
          Dans la boue et la pluie on palpe des oranges
          Dans la boue et la pluie on tâte des oranges
v. 10   Restaurants et cafés flambent, ivres de bruit,
v. 11   Qui songe à nos douleurs, à nos [...], à nos fanges
v. 14   Dans quel but venons-nous sur la planète, et d'où ?
v. 15   Sommes-nous seuls ? Pourquoi les cieux ? pourquoi la Terre ?
v. 16   Pourquoi l'éternité stupide ? Pourquoi tout ?
          Pourquoi l'éternité des astres ? Pourquoi tout ?
v. 17   Mais non! et puis qu'importe à la mêlée humaine ?
v. 18   L'illusion nous tient! c'est fête, c'est Noël.
v. 19   Et Paris qui mourra faisant trêve à sa peine
          Et Paris qui mourra oublie un peu sa chaîne
v. 20   Chante encore un Noël vers les cieux éternels.
          Braille encore un Noël aux astres éternels.
          Vers les cieux éternels braille un Noël encor.
          Vers les cieux vainement braille un Noël encor.
          Vers les cieux solennels braille un Noël encor.

Entre le titre et le premier vers de ce poème, Laforgue a
écrit, en le soulignant d'un double trait : *rabâchages*. Au bas
du feuillet, il a écrit également : *Rabâchages ; jours d'antan.
Qu'importe.*

En marge du vers 17, les mots : *à quoi bon*, destinés appa-
remment à une correction qui eût modifié le début de ce vers.

Page 277.   APOTHÉOSE

Publié pour la première fois dans le tome II des *Œuvres
complètes* de Laforgue (Mercure de France, 1903).

Il existe trois manuscrits de ce poème. Les deux premiers,
d'abord intitulés *Un Parisien du XIXᵉ siècle*, puis *Un Parisien
en 1880*, portent en marge le mot *Apothéose*, qui est devenu
le titre du troisième. Le premier comporte une dédicace com-
mentée :

                    (à P. Bourget,
                    ce serait son apothéose)

Variantes :

v. 1   La nuit bleue en tous sens, à l'infini fourmille
v. 2   De grappes d'univers mêlant leurs tournoiements.
v. 3   C'est comme une poussière

		C'est comme un grand jardin sablé de diamants.
v.	4	Mais chaque astre, perdu, loin des autres, scintille.
		Mais, chacun d'eux, perdu, loin des autres scintille.
v.	5	Tout là-bas vers ce point inconnu qui pétille
		Or, là-bas vers ce point inconnu qui pétille
v.	6	De mille étoiles d'or, fleurs des noirs firmaments
v.	7	Tremblote une étincelle aux doux clignotements,
		Palpite une étincelle aux doux clignotements,
v.	8	Patriarche, soleil
v.	9	Sa famille, troupeau d'atomes verts fleuris.
		Harmonieux essaim d'atomes verts fleuris.
		Sa famille, un essaim d'atomes verts fleuris.
v.	10	Sur l'un d'eux, c'est la terre, et sur un point, Paris,
		Sur l'un d'eux, c'est la terre, un point brille : Paris,
		Sur l'un d'eux un point brille et sur ce point, Paris,
v.	11	Sur ce point une lampe, un poëte qui veille,
		Dans ce noir
		Sur ce noir
		Une faible lueur, un poëte qui veille.
v.	12	Dans ce Tout merveilleux, frêle, exquise merveille!
		Dans ce Tout merveilleux, frêle, unique merveille!
v.	13	Il est la conscience, et l'âme et le connaît.
v.	14	Il y songe et s'ennuie et le met en sonnet.

Page 278.   FARCE ÉPHÉMÈRE

Publié pour la première fois dans le tome II des *Œuvres complètes* de Laforgue (Mercure de France, 1903).

Page 279.   VEILLÉE D'AVRIL

Publié pour la première fois dans les *Poésies complètes* (Livre de Poche, 1970). Il en existe trois manuscrits. Le premier, intitulé *Insomnie*, est daté du 4 novembre 1880. Sur le second, le titre *Insomnie* a été biffé, mais n'a pas été remplacé. Le troisième s'intitule *Veillée d'avril*.

Variantes :

v.	1	Il doit être minuit. Quel silence! tout dort.
v.	2	Tout le monde est parti pour l'azur des chimères,
		Chacun glane
		Chacun cueille ses fleurs au pays des chimères
		Chacun cueille sa fleur au bleu jardin des rêves,
v.	3	Seul, moi, pour échapper à ses langueurs amères
		Et moi, pour échapper à ses langueurs amères
		Seul, moi, pour échapper à mes langueurs amères
		Et moi, pour échapper à mes rancœurs amères
		Et moi, pour oublier mes tristesses sans trêves,
		Et moi, pour échapper à mes remords sans trêves,
v.	4	Je distille mon spleen en froides rimes d'or.

414

Je distille mon mal en froides rimes d'or.
Je distille âprement mon mal en rimes d'or.
Je tords mon vieux cœur qui suinte des
v. 5   Soudain, je ne sais d'où me revient un accord,
v. 6   Oh! un air gros pour moi d'évocations chères,
        Oh! quel air, gros pour moi d'évocations chères,
        Un air bête d'antan, et devant moi se lève
        Un air bête d'antan, et sur le mur
v. 7   Un air chanté jadis aux heures éphémères
        Air obscène entendu dans ces jours éphémères
        Air banal entendu dans ces jours éphémères
        Le menuet, toujours plus gai, des heures brèves
v. 8   Où j'étais simple et bon, où je croyais encor.
        Où j'étais simple et pur, où je croyais encor.
v. 9   Et j'ai posé ma plume. Et je songe à ma vie
        Et j'ai jeté
        Et j'ai brisé ma plume. Et je songe à ma vie
v. 10   D'innocence et d'espoir pour jamais défleurie,
v. 11   Et je reste longtemps sur ma page accoudé,
        Et je songe longtemps sur ma page accoudé,
v. 12   Perdu dans le pourquoi des choses de la terre,
        Perdu dans le pourquoi des choses de la Terre,
v. 14   Le roulement lointain d'un fiacre attardé.

Sur le premier manuscrit, Laforgue a noté, en vue de c or-
rections, en marge du vers 4 : *âprement ;* en marge du vers 11 :
mon livre, mes vers. Sur le second manuscrit, où le vers 2 dit :
Chacun cueille *ses fleurs,* il a mis en marge : *sa fleur,* correction
qu'il a faite dans le dernier texte.

Page 280.   SONNET DE PRINTEMPS

Publié pour la première fois dans les *Poésies complètes* (Livre
de Poche, 1970). Deux manuscrits.

Variantes :

v. 2   Et brode aux boutons d'or de blanches collerettes,
v. 5   Narguant d'un air frileux l'haleine
v. 8   L'air très doux est chargé de parfums excitants.
        L'air très doux est chargé d'effluves excitants.
v. 11   J'ai bien assez vécu, je voudrais m'en aller!
v. 12   Pourtant j'attends toujours toujours l'heure sereine,

Dans ces deux manuscrits, Laforgue a écrit, au vers 2, *cole-
rettes,* et au vers 7, *maisonettes.*

Un troisième manuscrit, que nous n'avons pas vu, a figuré
dans un catalogue de la librairie C. Coulet et A. Faure, qui en
cite quelques vers. Dans ce manuscrit, le titre du sonnet est

Assaut de politesse, et son premier quatrain offre les variantes suivantes :

v. 1   Mais qui brode aux buissons leurs robes de printemps
v. 2   Tuyaute aux boutons d'or d'exquises colerettes [*sic*]
v. 3   La mouche d'eau sous l'œil bon enfant des rainettes

Le catalogue cite ensuite deux vers dont nous ne saurions dire quelle est la place, tant ils sont différents des vers des deux autres manuscrits :

> Air connu : fleurs, oiseaux, hymens et cætera
> Au total des viols, des noces, des suicides...

Il est facile, en revanche, de reconnaître des variantes du dernier tercet dans ces trois vers :

v. 12   Me défend bien d'oser hâter l'heure incertaine
v. 13   Où pour la nuit sans rêve en un coffre de chêne
v. 14   Le Sort, cet illettré, voudra bien m'emballer.

Page 281.   SONNET POUR ÉVENTAIL

Publié pour la première fois dans le tome II des *Œuvres complètes* de Laforgue (Mercure de France, 1903).

Ce sonnet s'intitulait d'abord *Misère*, comme le montrent deux manuscrits où ce premier titre a été biffé et remplacé par *Sonnet pour éventail*.

Variantes :

v. 2   Semant par l'infini les sphères vagabondes
        Semant aux
v. 5   Un jour : et me voilà dans la nuit rejeté.
        Un jour ! Puis me voilà dans la nuit rejeté.
v. 6   À jamais, sans espoir, et cependant les mondes
        Pour toujours,
        Je ne serai plus rien, et cependant les mondes
v. 7   Pour l'autre éternité vont continuer leurs rondes
v. 9   Un jour ! le temps de voir que tout est mal sur terre,
v. 11   Qu'il faut se résigner devant ce noir mystère,
v. 13   Pli qui passe un instant sur l'infini des mers,

Page 282.   LES TÊTES DE MORTS

Publié pour la première fois dans le tome II des *Œuvres complètes* de Laforgue (Mercure de France, 1903).

Deux manuscrits de ce sonnet comportent les variantes suivantes :

v. 6   Il eût réveillé
        Il eût touché les cieux — sans ses poumons flétris

416

v. 8	Oh! son corps est partout, mais l'âme illuminée ?	
	Oh! le corps est bien loin	
v. 9	L'âme, cet infini qu'a lassé	
v. 10	Que ne comblerait pas l'éternité des cieux	
v. 11	Et qui criera	
v. 13	— Avez-vous médité, les os serrés de froid,	
	Avez-vous médité, les os gelés d'effroi	
	Avez-vous médité devant eux, dites-moi ?	
v. 14	— Hein ? ce ricanement sinistrement sceptique ?	

Page 283.   À UN CRÂNE QUI N'AVAIT
PLUS SA MÂCHOIRE INFÉRIEURE

Publié pour la première fois dans les *Poésies complètes* (Livre de Poche, 1970). Un seul manuscrit.

Variantes :

v. 1	Mon frère! — où vivais-tu ? dans quel siècle ? Comment ?	
	Mon frère! — où passas-tu ? dans quel siècle ? Comment ?	
v. 4	Qui fait qu'on passe et meurt sans nul étonnement ?	
	Qui fait qu'on naît et meurt sans nul étonnement ?	
v. 9	Mais, ce moment est tout! c'est l'heure solennelle	
v. 11	Le front illuminé des vastes paradis!	
	Les regards éblouis des lointains paradis!	
v. 12	Et ta vie est bien peu, va! si noire fut-elle!	
v. 13	Frère! tu crus entrer dans la Fête éternelle,	

Page 284.   LA PREMIÈRE NUIT

Publié pour la première fois dans le tome II des *Œuvres complètes* de Laforgue (Mercure de France, 1903).

Deux manuscrits de ce sonnet, dont le premier a pour titre *La première nuit sous terre*, présentent les variantes suivantes :

v. 1	Voici tomber le soir doux au vieillard lubrique,	
	Voici venir le soir cher au vieillard lubrique,	
v. 2	À l'horizon, parmi les hauts fourneaux de brique,	
	Là-bas à l'horizon de hauts fourneaux de brique	
v. 3	Monte dans un ciel vert la Lune chlorotique,	
	Éclate en un ciel vert la Lune chlorotique,	
	Monte dans le ciel vert la lune chlorotique,	
v. 4	Et les chauves-souris font la chasse au moustique.	
	Et la chauve-souris fait	
	Et la chauve-souris tourne	
	Et la chauve-souris sort chercher	
	Et la chauve-souris sort, filant le	
	Et la chauve-souris sort, cherchant le moustique.	
	Et la chauve-souris fait la chasse au moustique.	
	Et la chauve-souris happe au vol	
v. 5	C'est l'heure où l'enfant prie, où Paris-Lupanar	
	Sur leur lit des enfants prient. Paris-Lupanar	

v. 6   Lâche par les trottoirs de chaque boulevard
          Fait sortir des pavés
          Fait sortir des trottoirs de chaque boulevard

v. 7   Les houris aux yeux chauds qui, sous le gaz blafard,
          Des houris aux yeux chauds qui, sous le gaz criard,

v. 8   Vaguent, cherchant de l'œil un mâle de hasard.
          Dansent

v. 9   Moi, près de mon beau chat, je songe à ma fenêtre,
          Moi, près de mon grand chat, je rêve à ma fenêtre,
          Moi, caressant mon chat, je fume à ma fenêtre,

v. 11   Je songe à tous les morts enterrés d'aujourd'hui.
          Je songe aux pauvres morts enterrés d'aujourd'hui.

v. 12   Et je me vois rôdant au fond d'un cimetière
          Et je rôde
          Et je vais par les coins sombres des cimetières
          Et je vais dans les recoins
          Et j'aime
          [en bout de ligne les mots :]   muets, fades
          Et je me vois rôdant au fond des cimetières
          Et je me vois rôdant par les frais cimetières

v. 13   Et me mets à la place, en entrant dans leur bière,
          Et me mets à la place, en entrant dans leurs bières,
          Me mettant à la place, allongé dans leurs bières,

La revue *Bételgeuse*, dans son nº 11, automne 1968, a publié la version de ce sonnet intitulée *La première nuit sous terre*.

Page 285.   STUPEUR

Publié pour la première fois dans les *Poésies complètes* (Livre de Poche, 1970). Deux manuscrits, intitulés d'abord : *Dans la rue*. La mention *sonnet pour éventail* a été ajoutée lors du changement de titre, de même que l'épigraphe tirée des *Nuits* d'Young. Par la suite, un autre titre : *Frère il faut mourir*, a été envisagé, mais Laforgue n'a cependant pas biffé : *Stupeur*.

Variantes :

v. 1   J'allais sous le gaz triste à l'heure où l'enfant dort.

v. 3   Les cafés s'éteignaient, un bal, par intervalle
          Les cafés se vidaient, un bal, par intervalle
          C'était un soir de fête, un bal, par intervalle
          C'était un soir de foule

v. 11   Que nous nous rapprochons chaque jour du grand trou!
          Nous rapprochant pourtant chaque jour du grand trou!
          Nous rapprochant toujours cependant du grand trou!
          Ivres, nous rapprochant tous les jours du grand trou!

Page 286.   LA CIGARETTE

Publié pour la première fois dans le tome II des *Œuvres complètes* de Laforgue (Mercure de France, 1903).

Publié pour la première fois dans le tome II des *Œuvres complètes* de Laforgue (Mercure de France, 1903).

Il existe deux manuscrits de ce sonnet portant pour titre : *Misère*.

Variantes :

v.	1	Dans l'Azur fourmillant d'éternelles splendeurs,
v.	4	Vole avec sa vermine aux vastes profondeurs.
		Vole avec sa vermine aux noires profondeurs.
v.	6	Marchent sans s'occuper de l'immense mystère,
v.	8	Saluent et ne sont pas hérissés de stupeurs.
		Saluent et ne sont pas cloués là de stupeurs.
v.	9	La plupart vit et meurt ignorant la nuit noire
		La plupart vit et meurt ne sachant
		La plupart vit et meurt sans soupçonner l'histoire
		La plupart cloués là
v.	10	Où les mondes lointains, leur globe et son histoire
		De leur globe perdu
		De ce globe perdu dans la n
		De ce globe perdu dans l'immensité noire
		De ce globe, sa place en l'immensité noire
v.	11	Et son dénouement sombre au soleil moribond.
		Sa future agonie au soleil moribond.
		Ni son dénouement sombre au soleil moribond.
		Ni les astres lointains, ni les Cieux, ni la Mort.
v.	12	Où vont-ils ? et pourquoi ? rien ne les inquiète.
		Le pourquoi, le comment, rien ne les inquiète.
		La mort
		La mort frappe et les prend
		Où sont-ils ? où vont-ils ? rien ne les inquiète.
		Où sont-ils, où vont-ils ? mais rien ne les étonne.
		Éternité ! splendeurs ! cieux à jamais en fête.
v.	13	Ils vivent, [......] et presque tous s'en vont
		Ils vivent, sans savoir et presque tous s'en vont
		Ils vivent, le temps coule et presque tous s'en vont
		La mort les prend
		Le ciel leur apparaît comme un vague plafond
		Ni les astres lointains
		Ni les Cieux, ni la Mort
		Ils passent, tout est dit, combien même s'en vont
		.... ces problèmes vains
		Ils passent ignorant
		Ils passent, tout est dit, et presque tous s'en vont

Page 288.   BOUFFÉE DE PRINTEMPS

Publié pour la première fois dans les *Poésies complètes* (Livre de Poche, 1970). Il existe deux manuscrits de ce sonnet, l'un intitulé *Spleen* et daté d'avril 1880, l'autre intitulé *Bouffée de printemps*, ce titre se substituant à *Nausée de la vie*.

Variantes :

v. 1   Du soleil, du ciel bleu. Un beau jour de printemps.
        Du soleil, du ciel bleu, l'air tiède
        Du soleil, du ciel bleu, l'air parfumé de
        Du soleil, du ciel bleu, l'air fleurant
v. 2   Les femmes vont au Bois sous leurs ombrelles claires.
        Des femmes vont au Bois sous leurs ombrelles claires.
v. 3   Voyous, bourgeois, chiens, gueux, chacun a ses affaires,
        Chiens, bourgeois ou voyous, chacun a ses affaires.
        Chiens, bourgeois et voyous courent
v. 4   Tout marche! les chevaux de fiacre sont fringants.
v. 5   Dans les jardins publics jouent les petits enfants
v. 6   Aux grandioses éclats des concerts militaires
        Aux tremblants crescendos des concerts militaires
        Aux éclats triomphants des concerts militaires
v. 8   Sous les marronniers verts marchant à pas très-lents.
        Sous les marronniers verts marchant à pas bien lents.
        Tremblant aux durs éclats des cuivres triomphants.
v. 9   Devant les magasins les commis font l'article.
        Devant les magasins des commis font l'article,
v. 10 Derrière les comptoirs des messieurs à l'air fin
v. 11 Pour vérifier leur caisse ont chaussé leur bésicle.
        Pour vérifier un compte ont chaussé leur bésicle.
        Pour revoir quelque compte ont chaussé leur bésicle,
v. 12 Chacun travaille, ou flâne, ou pleure, vit enfin!

Au bas du sonnet, Laforgue, par amusement, a écrit en marge : *immmense* (avec trois *m*).

Page 289.   RÊVE

Publié pour la première fois dans les *Poésies complètes* (Livre de Poche, 1970). Un seul manuscrit, sans retouches.

Page 290.   LES BOULEVARDS

Publié pour la première fois dans les *Poésies complètes* (Livre de Poche, 1970). Quatre manuscrits, dont deux intitulés : *Tout continuera*, un autre intitulé successivement *Confidence, Horreur!* et *Sur le boulevard*, et un quatrième, le dernier, semble-t-il, car il est sans ratures, intitulé : *Les boulevards*.

Variantes :

v. 2   Midi lâchait l'essaim des pauvres ouvrières
v. 3   Qui se hâtaient, le cœur gros de larmes amères,
        Qui se hâtaient,   par bandes familières,
        Qui passaient, en cheveux, par bandes familières,

420

v. 4   Fleurant les messieurs bien de leurs luisants regards.
v. 5   Les omnibus roulaient. Un orgue, au loin, pleurard,
         Les omnibus roulaient. Et des orgues pleurards
         Le boulevard grouillait, et des orgues pleurards
         Distrait, aux spleens lointains de quelque orgue pleurard
v. 6   Nasillait sous l'abri d'une porte cochère,
         Glapissaient du Verdi sous les portes cochères,
         Roucoulaient
         Glapissaient du Verdi sous les portes-cochères.
         J'allais le long des arbres aux langueurs printanières
v. 7   Je rêvais adossé contre un gros réverbère
         Je m'en allais rêvant le long des réverbères
         Triste, je m'en allais le long des réverbères
         Triste, j'errais sans but le long des réverbères
v. 8   Quand je vis lentement passer un corbillard.
         Quand je vis défiler
         Quand je vis coup sur coup passer des corbillards.
         Quand je vis coup sur coup passer deux corbillards.
         Quand vinrent à la queue leu leu deux corbillards.
         Parlaient, lorsque je vis passer un corbillard.
v. 9   Un frisson me secoua. Tu te crois du génie
         Un frisson me secoua. Je me crois du génie
         Un frisson me passa.
         Quel frisson dans le dos! Oh! oui, j'ai du génie,
v. 10   Pour avoir épuisé — : l'angoisse de la vie,
         Pour avoir épuisé l'angoisse de la vie,
         Nul n'a plus épuisé le spleen de cette vie.
         Nul n'a plus épuisé l'amer de cette vie.
v. 11   Mais si tu meurs ce soir, demain qui le saura?
         Mais si je meurs ce soir, demain qui le saura?
         Mais si je meurs ce soir, frères, qui le saura?
         Mais si je meurs ce soir, Terre, qui le saura?
v. 12   Ici même, à midi, la même multitude
         Quand ici, vers midi, la même multitude
         Ici même, à midi, la même multitude
         On saluera mon corps, sans voir, car c'est l'usage
         Des passants salueront ce cercueil, c'est l'usage.
v. 13   Saluera ton cercueil qui passe — une habitude —
         Saluera mon cercueil
         Saluera ce cercueil qui passe — une habitude —
         Saluera ce cercueil sans voir — par habitude —
         Saluera mon cercueil, sans voir, par habitude,
         Quelque voyou dira peut-être : hé! bon voyage!
v. 14   Et tout — ici-bas comme aux Cieux — continuera!
         Oh! tout — ici-bas comme aux Cieux! — continuera!
         Et tout, sur terre comme aux cieux, continuera.

Page 291.   BERCEUSE

Publié pour la première fois dans les *Poésies complètes* (Livre de Poche, 1970). Trois manuscrits, dont deux brouillons.

Variantes :

v.   1   J'ai compté les soleils de notre coin d'espace,
         J'ai compté les Soleils de notre coin d'espace —
v.   2   J'ai
         Je puis revoir la Terre encore en fusion,
v.   3   J'ai remonté la vie à son éclosion,
v.   4   Rêvé sur le berceau d'où partit chaque race.
v.   5   J'ai contemplé le S
         J'ai contemplé l'Isis terrible face à face,
         J'ai contemplé l'Isis muette face à face,
         J'ai contemplé Maïa,
         J'ai contemplé l'azur
v.   6   J'ai des biens d'ici-bas sondé la vision,
         J'ai des biens d'ici-bas vu la dérision,
v.   7   Et déchiré ton voile, ô Sainte Illusion,
         J'ai déchiré ton voile, ô Sainte Illusion.
v.   8   Et maintenant je vais expiant mon audace.
v.   9   Que me fait de savoir la formule de Tout.
v. 11   Trop tard! il est trop tard! Mot rageur doux et triste!
         Reviens Illusion! Trop tard! Elle résiste!
         C'est fini, c'est fini. Trop tard! Elle résiste.
         C'est fini, c'est fini. Trop tard! Rien ne subsiste.
         Je n'aurai pas le cœur de me faire trappiste
v. 12   Et j'attends
         Et je vais attendant de l'autre éternité
         Et j'attends le [......] l'autre éternité
         Ni de me tuer. Je vis par curiosité
v. 13   Berçant ma rage sourde au sanglot du Psalmiste :

Sur les deux brouillons, des traînées d'encre ont rendu partiellement illisible une des variantes du vers 12.

Sur chacun de ces brouillons, figure au bas du feuillet ce vers sans rapport avec le reste :

   Mais moi je ne veux pas m'en aller sans savoir!

Page 292.   HUE, CARCAN !

Publié pour la première fois dans les *Poésies complètes* (Livre de Poche, 1970). Un seul manuscrit.

Variantes :

v.   2   Et, triste d'avoir vu quelque femelle enceinte
v.   3   Glapir sous les quinquets devant sa toile peinte,
v.   9   Elle aussi, morne aveùgle, elle trotte sans trêve;
v. 13   Et quand viendra son heure, il faudra qu'elle crève
         Et puis n'en pouvant plus, il faudra qu'elle crève
         Et puis, plus bonne à rien, il faudra qu'elle crève

Page 293. MADRIGAL

Publié pour la première fois dans les *Poésies complètes* (Livre de Poche, 1970). Un seul manuscrit.
Variantes :

v. 14 Et vous les entendrez, mourant, dans le boudoir.
Et vous les entendrez, remourant·

Page 294. ENCORE À CET ASTRE

Publié pour la première fois dans le tome II des *Œuvres complètes* de Laforgue (Mercure de France, 1903).
Laforgue cite le début de ce sonnet dans une lettre à Mme Multzer (cf. *Œuvres complètes*, édit. de 1925, t. IV, p. 126). On y relève une variante :

v. 2 Ces pantins détraqués buveurs de lait d'ânesse

Page 295. PETITE CHAPELLE

Publié pour la première fois dans le tome II des *Œuvres complètes* de Laforgue (Mercure de France, 1903).
Nous devons à l'obligeance de M. Jean-Louis Debauve la communication des variantes qu'il a relevées sur un manuscrit de ce sonnet :

v. 1   Puisqu'on le veut, j'expose,
v. 3   Nos
v. 4   Qu'un pur
v. 9   Et sans fin
        Venez
v. 11 Comme vers une idole,
v. 12 Les cœurs tristes venus
v. 13 Pour ces mauv

Page 296. LES SPLEENS EXCEPTIONNELS

Inédit.
Dans l'édition des *Poésies complètes* de Laforgue (Livre de Poche, 1970), nous n'avions pu donner que trois vers de ce sonnet, d'après la citation qu'en avait fait en 1968 le bulletin nº 74 de la Librairie de l'Abbaye où était catalogué le manuscrit autographe.
Depuis lors, l'acheteur de ce manuscrit, M. Jean Sigonneau,

nous en a spontanément communiqué le texte complet, dont les corrections révèlent les variantes suivantes :

v. 1 Heureux celui dont l'âme et la chair sont d'accord
v. 2 S'en va quand il lui plaît soûler en lui la bête
       À son gré, n'importe où, amuse en lui la bête....
v. 4 Boire, manger, dormir, être bon sans remords.
v. 8 Et qui noierait si bien ses terreurs de la Mort..
v. 9 Ah bien des jours de spleen, de ces jours gris d'automne,
v. 11 M'ont chassé de ma chambre! — à la fin! décidé
v. 12 À m'en aller dormir sur les seins et les cuisses
v. 14 Qui m'aurait bercé comme

Page 297.   CURIOSITÉS DÉPLACÉES

Publié pour la première fois dans le tome II des *Œuvres complètes* de Laforgue (Mercure de France, 1903).

Page 298.   L'IMPOSSIBLE

Publié pour la première fois dans le tome II des *Œuvres complètes* de Laforgue (Mercure de France, 1903).

Il existe deux manuscrits de ce poème. Le premier, qui s'intitule *Nostalgies*, porte la date du 17 novembre 1880. Le second, où *Nostalgies* a été biffé et remplacé par *L'impossible*, n'est pas daté.

Variantes :

v. 1 Je puis mourir demain! Averses, vents, soleil,
v. 2 Disperseront au loin mon cœur, mes nerfs, mes moelles,
       Émietteront partout
v. 3 Tout sera dit pour moi, sans espoir de réveil,
       Tout sera dit par moi! Sans espoir de réveil
       Tout sera dit par moi! Nul rêve
v. 4 Hélas! je n'aurais pas été dans les étoiles!
       Je n'aurais été dans les douces étoiles!
       Je n'aurai pas été là-bas, dans les étoiles!
       Je n'aurai pas été là-bas, chez les étoiles!
v. 5 Oh! là-bas, je le sais, sur ces astres lointains,
       Oh! là-bas, je le sais, sur ces mondes lointains,
v. 6 Pèlerins comme nous des vieilles solitudes,
v. 7 Dans le calme des nuits, tendant vers nous leurs mains,
       Dans la splendeur des nuits, tendant vers nous les mains,
v. 9 À l'infini, partout, je le sais, je le sais,
       Oui, des frères partout, je le sais, je le sais,
v. 11 La nuit, ils nous font signe. Oh! n'irons-nous jamais ?
v. 12 Nous nous consolerions dans la grande détresse!
v. 13 Les étoiles peut-être, un jour, s'aborderont!
       Mais ces astres peut-être, un jour, s'aborderont!

Mais les astres peut-être, un jour, s'aborderont!
v. 14   Alors se lèvera l'aurore universelle
         Et ce sera
         Luira peut-être alors l'Aurore universelle
         Luira peut-être alors la Pâque universelle
v. 15   Que nous chantent ces fous qui vont, l'Idée au front!
v. 16   Ce sera contre Dieu la ligue fraternelle!
v. 17   Hélas! avant ces temps, averses, vents, Soleil
         Oui, mais depuis longtemps
         Hélas, depuis longtemps averses, vents, Soleil
v. 19   Tout sera dit pour moi, sans espoir de réveil
         Tout sera dit pour moi! Nul espoir de réveil
v. 20   Je n'aurais pas été dans les douces étoiles!

Page 299.   SOIR DE CARNAVAL

Publié pour la première fois dans le tome II des *Œuvres
complètes* de Laforgue (Mercure de France, 1903).

Le manuscrit d'après lequel a été imprimé ce poème ne·
comporte qu'une seule variante, au vers 6, qui disait d'abord :

Nous leurrant d'infini par le Beau, par l'Amour;

Par étourderie, Laforgue a écrit au vers 10 : *orgeuil*, et au
vers 14 : *je cris.*

Page 301.   SIESTE ÉTERNELLE

Sonnet publié d'abord dans *La Revue Blanche,* 1er août
1895, puis recueilli dans le tome II des *Œuvres complètes* de
Laforgue (Mercure de France, 1903).

Il existe un brouillon de ce sonnet intitulé simplement *Sieste.*
Variantes :

v. 1   Au dehors les soleils d'été
         Au dehors le soleil de juin fond les trottoirs,
v. 2   Étendu sur mon lit et dans la paix obscure
v. 3   Des rideaux bien tirés, comme en ma sépulture
         Je tire les rideaux et dans la paix obscure
         Des rideaux tirés, seul comme en ma sépulture,
v. 4   J'évoque la fraîcheur rêveuse des beaux soirs.
v. 5   Des sachets parfumés dormant dans des tiroirs
         Des senteurs de sachets s'exhalent des tiroirs
         Des senteurs de sachets s'échappent des tiroirs
v. 6   Et [...] mes yeux avec leur chevelure
         Caressent mes yeux clos avec leur chevelure
         Caressent mon front
v. 7   Et comme [un] piano lointain je me figure
         Et comme [un] piano lointain et lent murmure

v. 8   Je rêve de concerts célestes, d'encensoirs.
        Nager en des concerts
        Je suis dans des concerts
        Je suis dans un concert céleste d'encensoirs.
v. 9   Et mes nerfs irrités baignent dans des orgies
        Tout se mêle, et je sombre en de chastes orgies
        Tout troublé je me vautre en de chastes orgies
        Non! va-t'en. Je me vautre en de ch
        Non! laisse
v. 10   De parfums musicaux et de sons parfumés
v. 11   Qui m'étreignent le cœur d'exquises nostalgies
        Qui m'éveillent au cœur
        Qui me serrent le cœur d'exquises nostalgies.
v. 12   Tout est un rêve. Oh! viens, toi que j'attends encore
        Tout est un rêve. Oh! viens, âme sœur que j'adore,
        Viens, j'attends, je t'attends
        Je t'attends, je me fonds tout en toi
        Tout est un rêve. Oh! viens, corps divin que j'adore,
v. 13   Je me fonds tout en toi, plus doucement! encore
        Mes membres
        Que je me fonde en toi, plus doucement! encore

En marge des vers 12 et 13, Laforgue a noté : *d'harmonieux parfums.*

Page 302.   SOLEIL COUCHANT DE JUIN

Publié pour la première fois sous cette forme dans les *Poésies complètes* (Livre de Poche, 1970). Deux manuscrits, dont l'un, intitulé simplement *Soleil couchant,* daté du 30 juin 1881 et portant en exergue la mention : *au Luxembourg ;* l'autre, sans cette inscription, mais suivi de l'indication : *30 juin, Luxembourg.* Le premier seul présente des variantes. Plus tard, Laforgue remania encore ce poème et l'augmenta d'un quatrain pour le faire entrer dans ses *Complaintes,* où il est devenu la *Complainte des condoléances au Soleil.*

Variantes :

v. 1   Oh! triste, n'est-ce pas ? triste, inutile et sale,
v. 5   Tu n'éveilles partout que Vices noirs blottis,
v. 6   Et depuis que la vie ici-bas est éclose,
        Oui, depuis que la vie ici-bas est éclose,
        Car depuis que la vie ici-bas est éclose,
v. 8   Que chasser devant toi ces pourceaux de leurs lits!
        Que chasser devant toi les hommes de leurs lits!
        Que chasser devant toi les êtres de leurs lits!
v. 9   À travers nos rideaux tu sonnes tes fanfares,
        À travers nos rideaux quand sonnent tes fanfares,

v. 10	Les couples
v. 12	Qui glace les sueurs de voluptés trop rares.
	Qui glace les sueurs des voluptés trop rares.
	Qui glace les sueurs de leurs voluptés rares.
	Qui vient de les surprendre en des poses très-rares.
v. 13	Hélas! derrière toi, tu laisses, ô Soleil!
	Oui, mais derrière toi, tu laisses, ô Soleil!
	Et tu ne songes pas que là-bas, ô Soleil!
	Mais tu ne songes pas que là-bas, ô Soleil!
v. 14	La moitié des humains qui n'attend que ta chute
	L'autre moitié
	La moitié des humains n'attendait que ta chute
v. 15	Pour rentrer dans la nuit de ses plaisirs de brute,
	Pour rentrer dans sa fange
	Et rentre en ce moment dans ses plaisirs de brute,
v. 16	Sous le prétexte impur d'un besoin de sommeil!
v. 17	Puis, à notre horizon tu n'es pas mort encore
v. 19	Que nos milliers de lits plissent leurs lourds rideaux
	Que nos milliers de lits referment leurs rideaux
v. 21	Oh! triste, n'est-ce pas? triste, inutile et sale,
	Ah! triste, n'est-ce pas? triste, inutile et sale,

Page 304.   SPLEEN DES NUITS DE JUILLET

Publié d'abord dans *La Revue Blanche*, 1ᵉʳ août 1895, puis dans le tome II des *Œuvres complètes* de Laforgue (Mercure de France, 1903).

Un manuscrit de ce poème présente les variantes suivantes :

v. 1	Les jardins de rosiers mouillés de clair de lune
	Les jardins de rosiers trempés de clair de lune
v. 2	Ont des rumeurs de soie aux langueurs des jets d'eau
v. 5	Aux berges, sous les noirs touffus où des citrons
v. 6	Voudraient être meurtris des lunaires caresses,
	Voudraient être meurtris de lunaires caresses,
v. 8	Ou, par les prés, le corps au vent, dansent en rond.
v. 10	Pleurant, griffant leur corps en feu plein de frissons,
	Pleurant, griffant leur corps fiévreux plein de frissons,
v. 11	Saccageant les rosiers et mordant les gazons,
	Saccageant les lis doux et mordant les gazons,
	Saccageant les lis chauds et mordant les gazons,
v. 15	Sur leurs seins durs et chauds, sur leurs ventres, leurs cuisses,
v. 18	Roulant sous des buissons ensanglantés de houx,
v. 22	*Misereres* des vents, couchants mortels d'automne
v. 24	Cherche le Bien-aimé qui ne veut pas venir.
v. 25	O Bien-Aimé! il est trop tard, mon cœur se crève,
v. 26	Et trop pour t'en vouloir; mais j'ai tant sangloté
	Oh! trop pour t'en vouloir; mais j'ai tant sangloté
v. 27	Vois-tu, que j'aime mieux le spleen des nuits d'été,
v. 28	Des nuits mornes où tout est frais comme un grand rêve.

Par étourderie encore, Laforgue a écrit, au vers 17 : *s'aggraffent*, et au vers 19 : des sanglots *aiguës*.

Page 306.   CRÉPUSCULE DE DIMANCHE D'ÉTÉ

Publié pour la première fois dans le tome II des *Œuvres complètes* de Laforgue (Mercure de France, 1903).

Page 308.   DANS LA RUE

Publié pour la première fois dans les *Poésies complètes* (Livre de Poche, 1970). Un seul manuscrit, à l'état de brouillon.
Variantes :

v. 1   Je regardais la rue ardente de Paris.
        C'est le trottoir avec ses arbres rabougris.
        C'est la rue
v. 2   Des hommes égrillards, des femeles enceintes,
v. 4   Les journaux, les comptoirs, la réclame et ses cris.
v. 5   Et devant les cafés des jeunes gens flétris
        Et devant les cafés où des hommes flétris
        Au trottoir des cafés
v. 6   D'un œil vide et muet contemplaient leurs absinthes
        D'un œil terne et muet
v. 7   Regardaient défiler des maigres filles peintes
v. 9   Et la Terre toujours s'enfonce aux steppes vastes,
        Et la Terre toujours vole aux profondes
v. 10   Et dans mille ans d'ici Paris ne sera plus
v. 11   Qu'un désert où viendront des troupeaux inconnus
        Qu'un désert où paîtront
v. 12   Vous sourirez toujours pourtant, étoiles chastes,
v. 13   Et comme il sera loin alors l'énorme îlot
        Et toi tu seras loin alors, terrestre îlot
        Et toujours et toujours la terre morne îlot
        Et toujours roulera stupide et morne îlot
        Et toujours vous jetant son sublime sanglot
        Et la terre toujours volera, morne îlot
v. 14   Toujours roulant, toujours poussant ton vieux sanglot.
        Laissant comme un sillage un sublime sanglot.
        La terre roulera, stupide et morne îlot.
        La terre volera, stupide et morne îlot.
        Toujours jetant aux cieux son éternel sanglot.

Laforgue a noté, en marge du vers 7 : *défilent ;* en marge du vers 8 : *poudre de riz.* A la fin du vers 11, sous les mots : troupeaux inconnus, il a écrit : *stupides*, adjectif qu'il comptait sans doute appliquer à troupeaux dans une nouvelle version de cet alexandrin.

Les indications de jour et de quantième figurant au bas de ce sonnet permettent de le dater de 1881.

Publié pour la première fois dans le tome II des *Œuvres complètes* de Laforgue (Mercure de France, 1903).

Il existe un brouillon sans titre des premiers vers de ce poème et un manuscrit complet comportant d'assez nombreuses variantes :

v. 1   Quel couchant douloureux nous avons eu ce soir!
         Quel morbide couchant nous avons eu ce soir.

Il y avait d'abord un blanc entre les vers 1 et 2.

v. 2   Dans les sentiers sifflait un vent de désespoir
         Cassant sec le bois mort
         Le vent beuglait ainsi qu'une vache qui vêle
         Abattant du bois mort dans un grand désespoir
         Dans les arbres pleurait un vent de désespoir
         Dans la forêt roulait un vent de désespoir
v. 3   Cassant sec du bois mort parmi les maigres mousses
         Cassant sec du bois mort parmi les feuilles rousses
         Le vent beuglait, ainsi qu'une vache qui vêle.
         Abattant le bois mort dans les feuilles rouillées.
         Cassant sec le bois mort dans les feuilles rouillées.
v. 4   Et dans les clairs
         Et derrière les
         Et, là-bas (à travers le
         Et, là-bas (le lacis noir des ramures grêles
         À travers le lacis des branches dépouillées,
         À travers le lacis des branches défeuillées
v. 5   Dont l'eau-forte sabrait le ciel bleu-pâle et froid)
         Une eau-forte sabrant
         Sabrant de leur eau-forte un ciel bleu-pâle et froid)
         Dont l'eau-forte sabrait le ciel bleu-clair et froid,
         — Noire eau-forte sabrant le ciel bleu-pâle et froid, —
v. 6   Solitaire et navré descendait l'astre-roi.
         Solitaire et navrant descendait l'Astre-roi.
         Solitaire et navré descendait l'Astre-roi.

Le brouillon et le manuscrit comportent un blanc entre les vers 6 et 7.

v. 7   O Soleil, l'autre été dans des pourpres de gloire
         O Soleil, l'autre été dans des décors de gloire
v. 8   Tu sombrais, glorieux comme un grand saint ciboire
         Tu sombrais, radieux comme un grand Saint-Ciboire
         Tu sombrais, glorieux comme un grand Saint-Ciboire!
v. 9   Est-ce toi, vieux Soleil, qu'à présent nous voyons,
         Incendiant l'azur! — Maintenant, nous voyons
         Grand Soleil, est-ce toi qu'à présent nous voyons ?
v. 10   Qui tombe à l'horizon

Un disque safrané, malade, sans rayons,
Toi, ce disque orangé, malade, sans rayons,
v. 11 Qui meurt à l'horizon balayé de cinabre,
Qui meurt à l'horizon mal fardé de cinabre,
v. 12 Tout seul dans un décor poitrinaire et macabre,
Tout seul, dans ce décor poitrinaire et macabre
v. 13 Colorant faiblement les nuages frileux
Fardant légèrement
Fardant bizarrement
Teintant bizarrement les nuages frileux
v. 14 En blanc morne et livide, en verdâtre fielleux,
En blanc de cold-cream sale, en verdâtre fielleux,

Le manuscrit comporte un blanc entre les vers 15 et 16.

v. 16 Tout est jaune et poussif... longuement le vent râle,
Tout est jaune et poussif... le vent éternel râle
v. 17 Oh! c'est fini, fini, les jours sont révolus,
v. 21 Grelottent; et voûtés sous le poids de foulards
v. 22 Au gaz jaune et mourant des brumeux boulevards
Encombrant les cafés des brumeux boulevards
v. 23 D'un œil vide et muet contemplent leurs absinthes,
D'un œil stupide et mort ils scrutent leur absinthe,
v. 24 Riant amèrement quand des femmes enceintes
Riant amèrement lorsqu'une femme enceinte
v. 25 Défilent, étalent leurs ventres et leurs seins,
Humble, passe, étalant son ventre et ses vieux seins
v. 26 Dans l'orgueil bestial des esclaves divins.
Dans l'orgueil bestial des éternels desseins.
v. 27 Ouragans illettrés des justices finales
Ouragans inconnus des débâcles finales,
Ouragans solennels
Ouragans justiciers
Ouragans solennels des Justices finales,
v. 28 Ah! ruez-vous! lâchez vos chaos de rafales
Accourez! déchaînez vos trombes de rafales!
Ruez-vous! déchaînez vos trombes de rafales!
v. 30 Sa lèpre de cités et ses fils ennuyés!
Sa lèpre d~ cités et leurs fils ennuyés!
v. 31 Et jetez ces débris sans nom au Noir immense!...
Et soufflez ces débris sans nom au Noir immense!...
v. 32 Et qu'on ne sache rien, dans la grande innocence
Pour qu'on ne sache rien, dans la grande innocence
v. 33 Des soleils éternels, des étoiles d'amour,
Des soleils innocents
Des chastes soleils d'or, des étoiles d'amour,
v. 34 De ce cerveau pourri qui fut la Terre un jour!
Du vieux cerveau pourri
Rien du cerveau pourri qui fut la Terre un jour!

En marge des vers 31 et 32, Laforgue a écrit : *Les soleils blond filasse.*

Page 311.   HYPERTROPHIE

Publié pour la première fois dans le tome II des *Œuvres complètes* de Laforgue (Mercure de France, 1903).

Page 312.   Pauvre petit cœur sur la main...

Poème sans titre publié d'abord dans la revue *Les Ibis,* n° 4, 1894, et recueilli dans le tome II de l'édition des *Œuvres complètes* de Laforgue, établie par G. Jean-Aubry (Mercure de France, 1922).

Page 313.   MŒURS

Publié d'abord dans la revue *Entretiens politiques et littéraires,* octobre 1892, reproduit dans la revue *Action*, n° 6, décembre 1920, et recueilli dans le tome II de l'édition des *Œuvres complètes* de Laforgue, établie par G. Jean-Aubry (Mercure de France, 1922).

Contrairement à la présentation qu'en a donné l'édition susdite, ce poème se divise en quatre strophes. Il en existe un manuscrit, où, par étourderie, Laforgue a écrit au vers 17 : l'escarpin *vernis.*

Ce manuscrit nous a permis de rectifier en deux endroits le texte de ce poème, qui, jusqu'à présent, avait été imprimé avec deux fautes qui rendaient certains vers incompréhensibles. Au vers 7, on lisait : yeux *badins*, alors qu'il faut : yeux *bovins ;* au vers 15 : ce n'est pas un *furet*, alors qu'il faut : ce n'est pas un *secret ;* et au vers 19 : *Pourtant* dites, au lieu de *Tout haut* dites. On ne saurait considérer comme des variantes des différences de texte, qui, visiblement, ne résultent que du mauvais déchiffrement d'un manuscrit.

Variante :

v. 10   Ne croit plus d'ailleurs aux « Sœur Ann' d'où sortez-vous ? »

Page 314. LA CHANSON DU PETIT HYPERTROPHIQUE

Publiée d'abord dans *La Revue Blanche,* 1er août 1895, puis recueillie dans le tome II des *Œuvres complètes* de Laforgue (Mercure de France, 1903).

Cette « chanson » était composée dès 1882. Laforgue en parle dans une lettre qu'en février 1882 probablement, il adressait de Berlin à Mme Multzer. Cette lettre dit : « Au fond, au tréfond, quand je me replie sur moi-même, je retrouve mon éternel cœur pourri de tristesse et toute la littérature que je m'arracherai des entrailles pourra se résumer dans ce mot de peine d'enfant, *faire dodo* (avec la faculté de se réveiller!) Pour tout ceci vous verrez un jour mes vers. La prochaine fois, je vous chanterai *La Chanson du petit hypertrophique*. Sa mère est morte d'une maladie de cœur, et il va mourir aussi et il chante pour refrain :

> J'entends mon cœur qui bat,
> C'est maman qui m'appelle.

« Vous mettrez cela en musique. »

Page 316.   NUAGE

Publié pour la première fois dans la revue *Entretiens politiques et littéraires*, octobre 1892, et recueilli dans le tome II de l'édition des *Œuvres complètes* établie par G. Jean-Aubry (Mercure de France, 1922).

Il en existe un manuscrit sans ratures.

Variante :

v. 1   Eh! laisse-moi tranquille, dans mon destin,

Page 317.   SOLUTIONS D'AUTOMNE

Publié pour la première fois dans la revue *Entretiens politiques et littéraires*, octobre 1892, reproduit dans la revue *Action*, n⁰ 6, décembre 1920, et recueilli dans le tome II de l'édition des *Œuvres complètes* établie par G. Jean-Aubry (Mercure de France, 1922).

Page 319.   LA PETITE INFANTICIDE

Publié pour la première fois dans les *Poésies complètes* (Livre de Poche, 1970). Quelques vers en avaient été cités auparavant dans un article de *La Quinzaine littéraire*, 15 mars 1966. Un seul manuscrit, à l'état de brouillon.

Variantes :

v. 2   Comme on mourrait pour peu que tu y tinsses
v. 3   Oh! c'est de la démence...
         Mais c'est de la démence...
         Mais je sais que c'est de la démence...

Le vers 4 se présentait d'abord en deux vers, au lieu d'un :

Oh la la
Je suis blasée

v. 4 Oh! je suis blasée
Voit-on les tourelles
v. 5 Sur toute rosée
Vivre d'eaux la vaisselle ?...
v. 6 Le toit est crevé, l'automne qui passe
v. 7 En ruiss
v. 9 O ma mère
Oh! comme ça la nuit
v. 10 J'ai la nuit
v. 11 Bien des ennuis
J'ai des tas d'ennuis.
v. 12 L'autre m'a promis, de façon civile
Mais Louis m'a promis, car je suis nubile
Mais nous allons changer de domicile
Mais Louis m'a promis notre domicile
v. 13 De me mener à Paris la grand ville
Sera z'à Paris Paris la grand ville
v. 14 À la saison nouvelle
Aux beaux soirs de la saison nouvelle
Dès la saison nouvelle
v. 15 Oh! que ça me tarde...
Oh! que Dieu m'accorde
v. 16 Rien qu'une mansarde
v. 17 Des Édens dit-il, et puis des musiques graves
v. 18 Où passent des planches anatomiques
v. 19 Tout en buvant des drogues
Tout en faisant des crêpes
v. 22 Il n'a qu'une parole
v. 23 Oh! je vois! Comment veut-on que
Assez! et
v. 25 Et je n'ai que l'extase...
v. 26 Qu'est-c' qu' c'est que cette vacarme
v. 27 Eh! Bonjour beau gendarme
Bonjour charmant gendarme
v. 34 Alors
Mais son amie Louise
v. 35 Qu'elle s'est du pont neuf jeté dans la Seine
v. 38 Or par là justement passait

Le quatrain final, ajouté en marge, est précédé des mots :

(Dieu d'en
haut

qui ne se rattachent pas au texte du poème.

VERS DE CIRCONSTANCE

Nous avons cru devoir mettre à part quelques vers relatifs à Charles Henry et un sonnet à Sanda Mahali parce qu'il s'agit là de piécettes auxquelles Laforgue n'attachait aucune importance, et dont il ne projetait évidemment pas la publication.

Page 323.   [CHARLES HENRY]

Parus dans *La Connaissance*, juin 1921 sous le titre *Un portrait cursif de Charles Henry*, ces vers ne comportent en réalité aucun titre. Ils figurent dans une lettre que Laforgue adressait de Berlin à son ami Charles Henry en décembre 1881.

Page 324.   *N'allez pas devant ces vers-ci...*

Paru dans *La Revue Blanche*, 1ᵉʳ août 1895. Sonnet adressé de Coblentz, en juillet 1882, à une femme de lettres, Mᵐᵉ Multzer, née Sabine Jumelin, qui signa plus tard divers ouvrages du nom d'Arsène Oeris, mais qui, à l'époque où Laforgue lia connaissance avec elle, utilisait le pseudonyme exotique de Sanda Mahali. On trouve des vers de Sanda Mahali dans plusieurs numéros de la revue *Le Parnasse* (15 juin, 15 juillet, 15 août et 15 octobre 1878, 15 juillet 1879). Mᵐᵉ Marie-Jeanne Durry a donné d'intéressants renseignements sur cette personne dans son essai sur *Jules Laforgue* (Éditions Pierre Seghers, 1952).

FRAGMENTS ÉPARS ET BROUILLONS

Tous les vers rassemblés sous ces deux titres proviennent de manuscrits autographes incomplets ou dont le texte est resté inachevé.

Page 325. Le farouche Brutus, grande âme solitaire...

Fragments publiés pour la première fois dans les *Poésies complètes* (Livre de Poche, 1970). Recueillis au recto et au verso d'un feuillet manuscrit de l'auteur. Il semble qu'aient été réunis dans ces deux pages des textes inachevés d'inspiration diverse, qu'on pourrait diviser de la façon suivante :

1⁰ Les vers 1-3
2⁰ les vers 4-47
3⁰ les vers 48-72
4⁰ les vers 73-78
5⁰ les vers 79-81
6⁰ les vers 82-87, qui constituent une nouvelle version des vers 73-78.

Dans le coin supérieur gauche de la première page, Laforgue a écrit : *Les mondes orphelins.*

Variantes :

v. 6   Je songe à ma fenêtre et mon rêve se berce
v. 7   Aux déserts infinis criblés d'étoiles d'or.
v. 13   Quel vin voudra soûler cette soif d'au-delà ?
v. 17   Errantes comme nous au vide illimité,
v. 27   Mais l'ouragan brutal a bien su tout faucher
v. 31   Sur mon sein orgueilleux je croiserai mes bras.
v. 34   Priez, le cœur mangé de mornes platitudes
v. 43   Baise l'ulcère gris blanc vert
v. 47   Puis dans un Panthéon va dormir saoûl de sang !...
v. 50   Ou, seul, vêtu de noir, pour premier livre à lire
v. 55   Halète de stupeur devant l'éternité.
v. 65   Tu n'a[s] qu'un jour à vivre, à peine, et ton effort
v. 66   Suffit à disputer pied à pied et sans trêve
v. 68   Et puis ne vois-tu pas que dans cette âpre fièvre
v. 77   Qui dans son cœur vidé s'infiltre goutte à goutte
v. 83   Dans un cœur vide et mort s'infiltre goutte à goutte

Le dernier vers (87) est suivi de trois lignes de prose :

En attendant de rentrer dans l'océan des choses d'où le jeu des forces éternelles le [*biffé :* firent] fit sortir sans raison pour un jour. Jour d'angoisse et de spleen.

Page 328. Pourtant ! — S'il y avait quelqu'un !...

Publié pour la première fois dans les *Poésies complètes* (Livre de Poche, 1970). Brouillon de poème inachevé. Des finales, notées en marge des derniers vers, donnent à penser que Laforgue comptait utiliser cette ébauche dans la composition d'un sonnet. Ces finales sont en effet groupées par trois et, par conséquent, prévues pour des tercets.

Variantes :

v. 2   Rêvant dans l'infini des steppes
v. 5   Puisqu'il est, tout est bien. Et pourquoi l'Univers

Serait-elle plutôt en proie au Mal qu'au Bien
v. 7   Le Mal est l'accident et ne compte pour rien
       l'éphémère moyen
        soutien
        apparence
v. 9   Oh! laissons-nous aller. Quelqu'un veille là-haut.
   Oh! ne plus se raidir! Quelqu'un veille là-haut.
v. 10 Nous sommes des enfants,
   À quoi bon le Progrès,
   Laissons là le Progrès, les Angoisses, la Gloire
v. 11 Mais pour moi tout est dit. Pourquoi ne puis-je croire
        Savoir que lorsqu'on dort
v. 12 Comme ce serait bon!
   Croupissons dans l'opium, la paresse, l'amour
   Croupir dans l'opium, la paresse et la mort
v. 13 Aimons, dormons, mourons.

Par inadvertance, Laforgue a écrit, au vers 8 : *Dans l'ordre universelle.* Il n'a pas mis d'*s* au mot *remords*, placé à la fin du vers 11, mais c'était peut-être à dessein, pour que ce mot, destiné à rimer avec *mort*, n'eût pas une terminaison plurielle.

En marge des derniers vers, Laforgue a noté les finales suivantes :

i	a	a	our	oire
e	e	es	re	our
i	e	es	our	oire

Le bulletin n° 71 de la Librairie de l'Abbaye, paru en 1968, mentionne le manuscrit autographe d'un sonnet de Laforgue, intitulé *Épilogue*. Nous n'avons pas vu ce manuscrit, qui comporte de nombreuses corrections, mais les quatre vers qu'en cite le bulletin montrent qu'il s'agit du sonnet dont nous publions le brouillon. Ces quatre vers disent :

Pourtant, pourtant! S'il y avait quelqu'un là-bas!
Un témoin dans le spleen de l'infini silence!
Il sait, il est, il voit — oh! qu'est-ce alors qu'il pense?
Et d'où vient-il? d'où? Mais non, n'y rêvons pas...

Page 329.   *En juin quand l'astre d'or...*

Paru dans *La Revue Blanche,* 15 avril 1896.

Variantes :

v. 2   Que sous le vaste dais de l'implacable azur
v. 4   Je suis l'asphalte mou d'où monte un air impur.
v. 5   Je m'en vais par les routes les longues routes blanches
v. 7   Cherchant loin des maisons

En marge du vers 2, les mots : *saphir — indigo.*

Page 329.   Quel silence ! On dirait que le monde assoupi...

Ces six vers proviennent d'un manuscrit que nous n'avons pas vu. Ils sont cités dans le bulletin n° 55 de la Librairie de l'Abbaye, paru en 1966 et où deux poèmes autographes de Laforgue intitulés, l'un *Fleur de rêve*, et l'autre *Le Vent d'automne*, étaient groupés. Le catalogue ne précise pas auquel de ces deux poèmes appartiennent les vers qu'il cite.

Page 330.   ÉPONGE DÉFINITIVEMENT POURRIE

Ce quatrain, cité dans le bulletin n° 68 de la Librairie de l'Abbaye, fait partie d'un sonnet dont cette librairie offrait le manuscrit autographe en 1968. Selon la notice du bulletin, ce manuscrit, qui comporte de nombreuses corrections, est « curieusement suivi d'un certain nombre d'initiales P. B. entrelacées de diverses manières ». Il date apparemment de l'époque où Laforgue débutant soumettait ses vers à Paul Bourget.

Page 331.   Et comme le torrent universel des cieux...

Et sur la terre ainsi comme tout est tranquille...

Notes et brouillon de poème de Laforgue publiés pour la première fois dans les *Poésies complètes* (Livre de Poche, 1970) et provenant d'un feuillet autographe dont le bas a été coupé d'un coup de ciseaux qui a atteint le texte.
Variantes :

v. 4   S'enlacent, se dénouent, réguliers, formidables...
v. 7   Et trouve naturel sans nul étonnement
v. 13   Et tout appel humain restera sans écho
v. 15   S'il est un mot, pourquoi n'est-il pas   closes
        S'il est un mot, pourquoi dans une apothéose

Page 332.   Ô rêve caressé des anges ses pareils...

Paru dans les *Entretiens politiques et littéraires*, janvier 1892.
Variantes :

v. 3   D'une beauté qu'on saura sevrer de sommeil
v. 17   Que tous les gens que j'ai vus tristes solitaires
v. 19   Et moi je ne saurais vous en faire un reproche

Page 333.   monticules fleuris...

Paru dans les *Entretiens politiques et littéraires*, avril 1891.

437

Page 334.   *Un grain de cachou parfumé...*

Paru dans les *Entretiens politiques et littéraires*, novembre 1891.

Variante :

v. 17   Je vais m'la couler bonne

Laforgue a repris le quatrain des vers 17-18 dans le poème XXIX des *Fleurs de bonne volonté : Le brave, brave automne !*

Page 335.   *J'ai passé l'âge timide...*

Publié pour la première fois dans les *Poésies complètes* (Livre de Poche, 1970).

Variantes :

v. 1   J'ai passé mon enfance
v. 13   Quand on voit des femmes à jamais laides

Page 336.   *Ah ! que ces draps de lit, que ces rideaux me pèsent...*

Paru dans *La Revue Blanche*, octobre 1894.

Page 336.   *Lacs mucilagineux des voluptés...*

Paru dans *La Revue Blanche*, 15 mars 1896, et reproduit dans le recueil de textes de Laforgue publié en 1920 par André Malraux sous le titre de *Dragées* (Paris, La Connaissance, p. 67).

   439

VERS DE CIRCONSTANCE

FRAGMENTS ÉPARS

BROUILLONS

DU MÊME AUTEUR

Collection « *Poésie/Gallimard* »

L'IMITATION DE NOTRE-DAME LA LUNE, LE CONCILE FÉERIQUE, DES FLEURS DE BONNE VOLONTÉ, DERNIERS VERS (Poésies complètes II). Édition présentée et établie par Pascal Pia.

Collection « *Folio* »

MORALITÉS LÉGENDAIRES. Édition présentée et établie par Pascal Pia.

Ce volume,
le cent vingt-neuvième de la collection Poésie,
a été achevé d'imprimer sur les presses
de l'Imprimerie Bussière à Saint-Amand (Cher),
le 20 novembre 1994.
Dépôt légal : novembre 1994.
1ᵉʳ dépôt légal dans la collection : mai 1979.
Numéro d'imprimeur : 3053.
ISBN 2-07-032181-9./Imprimé en France.

71134